杭州市第三届重大教育科研成果

丛书主编｜沈建平

素养立意的单元教学设计

SU YANG LI YI DE DAN YUAN JIAO XUE SHE JI

徐和平 / 著

中国出版集团

现代出版社

序:期待教学改革的新实践

学科核心素养的提出,意味着学科教育的目标有了变化。从"知识立意"的学习走向"素养立意"的学习,需要教师的教学有相应的改变,教学设计也必然发生根本性的改变。

当前以"课时"为设计单位的教学设计仍是主流。这种缺乏整体设计的教学的突出问题在于,主要关注相关知识点的落实,学习目标与过程容易碎片化,未能着眼于整合性地建构知识,将知识结构化。长此以往,将会导致学生的知识学习"散""低""浅",难以达成相对"复杂的教学目标"——核心素养。

杭州市萧山区教研室徐和平老师及他的教研团队,在学习借鉴国内外教学设计理论的同时,结合教学改革实践,提出素养立意的单元教学设计的主张,尝试从教学单位的重构、教学目标的重塑、教学评价的重树和教学过程的重建四个维度破解当下学科教学设计中的现实难题,颇有现实意义与实践价值。

在教学单位的重构方面,系统阐述了"知识点与素养点、短时段与长时段、碎片化与完整性"的辩证关系,重构了兼顾"大单元"与"小单元"单元教学设计的新模板,以实现单元与课时的合二为一、教案与学案的合二为一。

在教学目标的重塑方面,阐述了"如何把目标升上去",实现从"知识本位"到"素养本位"的根本转型;"如何把目标降下来",把核心素养从"高大上"的愿景变成"可视化"的行动。

在教学评价的重树方面,根据逆向设计理论,从"输出端"开始思考与设计教学,从"学习者"的视角深度规划教学过程,突出评价任务的前置性与引领性,体现评价任务与教学目标之间的匹配度与关联度,同时研发了单元视域下的评价标准与评价工具,有较强的操作性与可行性。

在教学过程的重建方面,建构一个普适性很强的学习过程设计模型,即"核心任务驱动的双线并进结构",以核心任务为驱动,聚焦"学什么——内容的选择与布局"与"怎么学——方法的选择与布设",有效回答了"我们要到哪里去""我们凭什么到那里去""我们怎样到那里去"三大问题。

单元整体规划学习,学习活动设计先于教学过程设计。在目前多数学科教材的教学内容编排与理想的学习单元还存在差距,广大教师还普遍习惯于"课时"备课时,要迅速跨越到"大单元"教学,还有不小困难。徐和平老师及他的教研团队的单元教学设计,尝试在理想与现实中间找寻一个平衡点,为一线教师提供范式参照。

在过去的十几年中,杭州市萧山区是浙江省中小学教学改革的重要试点地区之一,今天的著作是他们深化研究的成果。期待他们今天的研究,能开启教学改革的新实践,引导老师们向着"单元整体教学设计"这一青草更青处漫溯。

张 丰

2020年10月1日

目 录
CONTENTS

第一章 理解核心素养

一、学科核心素养的三个基本问题 ……………………………………002

二、对三维目标的继承与超越 …………………………………………009

三、基于学科核心素养的学科教育本质 ………………………………013

第二章 主张单元教学

一、目前的常态:"课时主义" ………………………………………022

二、我们定义的单元 ……………………………………………………025

三、单元教学的意义 ……………………………………………………031

四、还需要怎样的单课教学 ……………………………………………039

五、用什么统领单元 ……………………………………………………045

六、系统架构学习单元 …………………………………………………050

第三章 创新设计模板

一、X区现行教学设计模板 ……………………………………………056

二、借鉴之一:逆向设计模板 …………………………………………062

三、借鉴之二:学历案模板 ……………………………………………072

四、我们研制的单元教学设计模板 ……………………………………082

五、匹配的"备课本" …………………………………………………095

第四章 设计学习目标

一、重拾确立学习目标的意义 098

二、建构学习目标的分类框架 102

三、陈述好学习目标的标准 111

四、学习目标陈述的基本法 117

第五章 设计评价任务

一、评价任务是什么 128

二、评价任务与学习目标的匹配性 132

三、评价任务的构成与呈现 144

四、评分规则的研发与使用 150

五、SOLO分类理论的尝试运用 158

第六章 设计学习过程（一）
——核心任务设计

一、设置核心任务的意义 170

二、核心任务的设计标准 176

三、核心任务的结构方式 186

第七章 设计学习过程（二）
——内容段落线设计

一、内容段落线的整体布局 190

二、段落具体内容的选定 195

三、把握内容段落大小的基本标准 199

四、内容段落的呈现方式 204

五、内容段落的具体表述 208

第八章 设计学习过程(三)

——学法组合线设计

一、目前的常态:点式课堂 212

二、秉承的理念:教学生学 218

三、借鉴的经验:先学后教 222

四、学法组合的一般范式 227

五、适配的先行学习 229

六、适配的交互学习 240

附录 单元教学设计示例三则

小学数学"长方形和正方形"单元教学设计 250

初中语文"新闻阅读、采访与写作"单元教学设计 263

普高物理"磁场"单元教学设计 280

参考文献 298

后记 302

第一章

理解核心素养

　　学科核心素养的提出，意味着学科教育有了新目标。新目标召唤新教学，新教学需要新设计。而要让新目标化为与之匹配的新教学和新设计，我们首先必须真正理解新目标——学科核心素养的内涵与价值意蕴。

　　本章将首先阐述学科核心素养的三个基本问题——为什么凝练、内涵是什么、与课程标准是什么关系，接着分析其对三维目标的继承与超越，在此基础上，重点讨论基于学科核心素养的学科教育本质——从"知识教学"升级到"知识教育"，为大家理解学科核心素养提供了一个重要视角。

一 学科核心素养的三个基本问题

2018年年初,随着《普通高中课程方案(2017年版)》(以下简称《方案》)以及语文等学科课程标准的颁布,正式提出并凝练了各学科的学科核心素养,我国教育翻开了崭新一页。

关于学科核心素养,《方案》中有这样一段总领性的文字:"中国学生发展核心素养是党的教育方针的具体化、细化。为建立核心素养与课程教学的内在联系,充分挖掘各学科课程教学对全面贯彻党的教育方针、落实立德树人根本任务、发展素质教育的独特育人价值,各学科基于学科本质凝练了本学科的核心素养,明确了学生学习该学科课程后应达成的正确价值观、必备品格和关键能力,对知识与技能、过程与方法、情感态度价值观进行了整合。课程标准还围绕核心素养的落实,精选、重组课程内容,明确内容要求,指导教学设计、提出考试评价和教材编写的建议。"①

这段话阐明了学科核心素养"为什么要凝练""内涵是什么""与课程标准是什么关系"三个基本问题,是我们准确理解学科核心素养的一把钥匙。

(一)学科核心素养为什么要凝练

《方案》明确指出,之所以提出并凝练学科核心素养,是为了更好地落实立德树人的根本任务。那么,学科核心素养与立德树人任务要求究竟有怎样的因果关联呢?要解答这个问题,我们首先需要了解《方案》中提及的另

---

① 中华人民共和国教育部.普通高中课程方案(2017年版)[S].北京:人民教育出版社,2018.

一个关于核心素养的概念——中国学生发展核心素养。

2014年3月,"学生发展核心素养"首先出现在教育部《关于全面深化课程改革 落实立德树人根本任务的意见》之中,被置于深化课程改革、落实立德树人根本任务的首要位置,并明确要求其成为修订课程方案和学科课程标准、研制学业质量标准的重要依据。

2016年9月,北京师范大学林崇德教授领衔的研究团队正式发布"中国学生发展核心素养"总体框架。它以培养"全面发展的人"为核心,从文化基础、自主发展、社会参与三个维度,凝练了人文底蕴、科学精神、学会学习、健康生活、责任担当、实践创新六大素养,并列出了每大素养各自的三个具体表现,见表1-1。

表1-1 中国学生发展核心素养

三个维度、六大素养		具体表现
文化基础	人文底蕴	人文积淀、人文情怀、审美情趣
	科学精神	理性思维、批判质疑、勇于探究
自主发展	学会学习	乐学善学、勤于反思、信息意识
	健康生活	珍爱生命、健全人格、自我管理
社会参与	责任担当	社会责任、国家认同、国际理解
	实践创新	劳动意识、问题解决、技术运用

"中国学生发展核心素养"适合于全体学生,与学科核心素养是上位与下位、整体与部分的关系。如果说"中国学生发展核心素养"是把党的教育方针具体化、细化,那么学科核心素养则是把"中国学生发展核心素养"学科化,是基于学科本质明确每一门学科课程立德树人的具体目标。"如果说核心素养是作为新时代期许的新人形象所勾勒的一幅'蓝图',那么各门学科则是支撑这幅蓝图得以实现的'构件'。"[①]

---

① 钟启泉.基于核心素养的课程发展:挑战与课题[J].全球教育展望,2016(1):8.

（二）学科核心素养内涵是什么

对学科核心素养的内涵，《方案》将其解释为"学生学习某一学科课程后应达成的正确价值观、必备品格和关键能力"。本次普通高中课程标准修订所凝练的各学科核心素养，见表1-2。

表1-2　普通高中各学科核心素养

学科	核心素养
语文	语言建构与运用、思维发展与提升、审美鉴赏与创造、文化传承与理解
数学	数学抽象、逻辑推理、数学建模、直观想象、数学运算、数据分析
英语	语言能力、文化意识、思维品质、学习能力
政治	政治认同、理性精神、法治意识、公共参与
历史	时空观念、史料实证、历史理解、历史解释、家国情怀
地理	人地协调观、综合思维、区域认知、地理实践能力
物理	物理观念、科学思维、科学探究、科学态度与责任
化学	宏观辨识与微观探析、变化观念与平衡思维、证据推理与模型认知、科学探究与创新意识、科学精神与社会责任
生物	生命观念、科学思维、科学探究、社会责任
音乐	审美感知、艺术表现、文化理解
美术	图像识读、美术表现、审美判断、创意实践、文化理解
体育与健康	运动能力、健康行为、体育品德
通用技术	技术意识、工程思维、创新设计、图样表达、物化能力
信息技术	信息意识、计算思维、数字化学习与创新、信息社会责任

对于每门学科核心素养的各要素，我们应该综合地、整体地去理解与把握，因为"学科的核心素养是一个有机体，其各个要素不是孤立存在的，彼此

在内容上相互交融,在逻辑上相互依存"①。以政治学科为例,其核心素养的四大要素之间的关系是:政治认同决定着学生成长的方向,是理性精神、法治意识、公共参与之所以有中国特色的共同标识;理性精神是达成政治认同、形成法治意识、实现公共参与的基本条件;法治意识是公共参与的必要前提,是政治认同和理性精神的必然要求;公共参与则是政治认同、理性精神和法治意识的行为表现。

(三)学科核心素养与课程标准是什么关系

学科核心素养与课程标准的关系,一言以概之,就是课程标准的研制"以核心素养为纲"。课程目标的确立、课程内容的选择与组合、学业质量标准的研制、教学与评价的建议等,都是以学科核心素养的落地为指向。而且,为促进学科核心素养的真正落实,这次普通高中课程标准的修订,各学科均有诸多的突破与创新。

比如语文学科,在课程结构与内容上,从语文学科的特点和高中生学习语文的规律出发,以语文学科核心素养为纲,以学生的语文实践为主线,创造性地设计了"语文学习任务群"(见表1-3)。②

表1-3 普通高中语文课程结构

必修	选择性必修	选修(任选)
整本书阅读与研讨	(整本书阅读与研讨、当代文化参与、跨媒介阅读与交流在选择性必修和选修阶段穿插在其他学习任务群中)	
当代文化参与		
跨媒介阅读与交流	语言积累、梳理与探究	汉字汉语专题研讨
语言积累、梳理与探究	中华传统文化经典研习	中华传统文化专题研讨
文学阅读与写作	中国革命传统作品研习	中国革命传统作品专题研讨

---

① 余文森.核心素养导向的课堂改革[M].上海:上海教育出版社,2017:49.
② 中华人民共和国教育部.普通高中语文课程标准(2017年版)[S].北京:人民教育出版社,2018.

必修	选择性必修	选修（任选）
思辨性阅读与表达	中国现当代作家作品研习	中国现当代作家作品专题研讨
	外国作家作品研习	跨文化专题研讨
实用性阅读与交流	科学与文化论著研习	学术论著专题研讨

　　"语文学习任务群"以任务为导向,以学习项目为载体,整合学习情境、学习内容、学习方法和学习资源,引导学生在运用语言的过程中提升语文素养。这样的设计完全契合语文学科核心素养养成的机理。

　　再如数学学科,为了攻克核心素养"难评价"的难题,课程标准研制了本学科核心素养的水平划分标准,如对六大素养之一的"数学抽象"的水平划分,见表1-4。①

表1-4　数学学科核心素养之"数学抽象"的水平划分

水平	素养
	数学抽象
水平一	能够在熟悉的情境中直接抽象出数学概念和规则;能够在特例的基础上归纳并形成简单的数学命题;能够模仿学过的数学方法解决简单问题 能够解释数学概念和规则的含义,了解数学命题的条件与结论;能够在熟悉的情境中抽象出数学问题 能够了解用数学语言表达的推理和论证;能够在解决相似的问题中感悟数学的通性通法,体会其中的数学思想 在交流的过程中,结合实际情境解释相关的抽象概念

---

① 中华人民共和国教育部. 普通高中数学课程标准(2017年版)[S].北京:人民教育出版社,2018.

水平	素　养
	数学抽象
水平二	能够在关联情境中抽象出一般的数学概念和规则;能够将已知数学命题推广到更一般的情形;能够在新的情境中选择和运用数学方法解决问题 能够用恰当的例子解释抽象的数学概念和规则;能够理解数学命题的条件与结论;能够理解和构建相关数学知识之间的联系 能够理解用数学语言表达的概念、规则、推理和论证;能够提炼出解决一类问题的数学方法,理解其中的数学思想 在交流的过程中,能够用一般的概念解释具体现象
水平三	能够在综合的情境中抽象出数学问题,并用恰当的数学语言予以表达;能够在得到的数学结论的基础上形成新命题;能够针对具体问题运用或创造数学方法解决问题 能够通过数学对象、运算或关系理解数学的抽象结构;能够理解数学结论的一般性;能够感悟高度概括、有序多级的数学知识体系 在现实问题中,能够把握研究对象的数学特征,并用准确的数学语言予以表达;能够感悟通性通法的数学原理及其中蕴含的数学思想 在交流的过程中,能够用数学原理解释自然现象和社会现象

　　从普通高中各学科新修订的课程标准看,总体而言,都较好地体现了"以核心素养为纲"的宗旨与意图,结合学科特点明确了各门课程相关要求与具体举措,使各学科课程与立德树人任务的总体要求有效对接。

　　那么,普通高中各学科核心素养的提出,对于义务教育段各学科教师来说意味着什么呢? 对此,余文森教授指出:"虽然本次基于核心素养的课程改革(课程标准修订)是从高中阶段开始的,但是我们确信,对于学科核心素养的研制和提炼,义务教育阶段和高中阶段在出发点和大方向上是一致的。义务教育阶段的学科核心素养不可能抛开高中阶段的学科核心素养而'另起炉灶'。所以,义务教育阶段的教师要有超前的意识,即使在义务教育课程标准尚未做新修订的情况下,也要自觉地以高中阶段的学科核心素养为参照,准确领会学科核心素养的完整内涵和实现路径,做到'为我所用'。结合学段特点,把学科核心素养有机地融入学科教学实践之中,既是义务教育阶段的教师教育教学的任务,也是高中阶段的教师培育学科核心素养的基础。"①

---

① 余文森.核心素养导向的课堂改革[M].上海:上海教育出版社,2017:前言2.

二 对三维目标的继承与超越

学科核心素养提出后,大家不禁会问,它与三维目标是什么关系呢? 与三维目标相比,学科核心素养有哪些继承与超越?

(一)教学目标变化的三个阶段

中华人民共和国成立以后,我国基础教育课程改革从学科教学目标变化的历程看,大致经历了三个阶段,如图1-1所示。

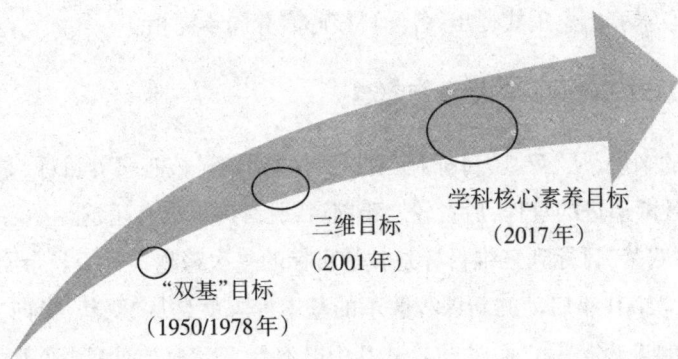

"双基"目标
(1950/1978年)

三维目标
(2001年)

学科核心素养目标
(2017年)

图1-1 学科教学目标变化历程

第一阶段:"双基"目标。1950年教育部领导在一次会议上强调要注意教材中的基础知识,但尚未提出"双基"概念。1978年后,全日制十年制中小学教学计划、各科教学大纲和教科书先后出台,这时中小学各科教学都突出强调"双基"教学,即基础知识与基本技能。1996年,最早的教学大纲出现,经过实践与修订,新的教学大纲于2000年颁布,其强调学习内容为"基础知识、基本技能"。

第二阶段:三维目标。2001年启动的新课程改革的一个基本标志就是从"双基"走向"三维"——知识与技能、过程与方法、情感态度与价值观。"知识与技能、过程与方法、情感态度与价值观"最早出自2001年教育部颁布的《基础教育课程改革纲要(试行)》的相关论述中。但从表述上看,这些政策文本只是呈现了"知识与技能、过程与方法、情感态度与价值观"的关键词而已,并没有出现三维目标的称谓,更没有对三维目标进行明确的概念界定。而将目标视为"三维",最早出现在《全日制义务教育语文课程标准(实验稿)》中,在其"课程标准的设计思路"中写有"课程目标根据知识与技能、过程与方法、情感态度与价值观三个维度设计"[①]。之后,学界对三维目标展开了持续深入的研究。从教师实践层面,随着三维目标的正式提出及其影响的不断扩大,越来越多的学校要求教师按照"三维"来编写目标。

第三阶段:学科核心素养目标。2017年"以学科核心素养为纲"的《普通高中课程方案(2017年版)》和语文等学科课程标准修订完成并于年底颁布,学科核心素养概念正式提出,各学科核心素养同步亮相。

(二)对三维目标的继承与超越

总的来说,从"双基"目标到三维目标再到学科核心素养目标,是一个螺旋上升逐渐递进的过程,后者较之于前者,既有传承也有超越。

从"双基"目标到三维目标是教学目标的一次跨越式升级。余文森教授评价说,"2001年启动的新课程改革的基本标志就是从'双基'走向'三维目标',它的进步是不言而喻的。这其中既有量变又有质变,量变就是从'一维'(双基)到'三维',质变就是由强调基础知识和技能到强调学生的发展是三维整合的结果","三维目标使素质教育在课堂的落实有了抓手。新课程改革强调三维目标的有机统一,只有实现三维目标整合的教学才能促进学

---

① 中华人民共和国教育部.全日制义务教育课程标准(实验稿)[S].北京:北京师范大学出版社,2001

生的和谐发展,缺乏任一维度目标的教学都会使学生的发展受损。显然,三维目标之于双基,既有继承更有超越"①。

同样,学科核心素养目标之于三维目标,也是既有传承更有超越。

传承的表现体现在,一是学科育人理念上保持一致。三维目标与学科核心素养目标,"共享了人们对教育培养全面发展之人的期待,承担着医治唯分数、唯升学率的应试教育这一顽疾的历史使命,从而使二者呈现出一脉相承的继承关系"②。它们在学科教育的定位上,都倡导充分挖掘学科育人价值,而不是止于知识与技能维度,以知识教学和技能训练作为唯一目标甚至终极目标。二是目标整合思路上保持一致。三维目标本质上并不是要求教师每堂课一定得从三个维度机械地、面面俱到地编写目标,而只是提供了一个挖掘、整合学科育人价值的框架性思路。再看各学科核心素养,其实大多就是依照三维目标的框架性思路凝练而成的。语文学科的"语言建构与运用、思维发展与提升、审美鉴赏与创造、文化传承与理解",物理学科的"物理观念、科学思维、科学探究、科学态度与责任",信息技术学科的"信息意识、计算思维、数字化学习与创新、信息社会责任",等等,不都是该学科的知识、能力、思维、思想、情感、态度、责任等的有机构成与综合反映吗?

那么,学科核心素养之于三维目标,又有哪些超越呢?

其一,对目标内涵的认知上,学科核心素养目标更明确。对目标内涵的认知上,余文森教授认为,"三维目标依然有不足之处:其一是缺乏对教育内在性、人本性、整体性和终极性的关注;其二是缺乏对人的发展内涵,特别是关键的素质要求进行清晰的描述和科学的界定。"③

具体地讲,三维目标作为课程目标或教学目标,只是提出了学科育人的期望以及挖掘学科育人价值的角度,并未直接回答究竟要育什么样的人;而学科核心素养则从学科课程的性质、特征出发,明确提出了学科育人到底要育什么,即学科核心素养。"如果说相对于全面发展之人的培养来说,'三维

① 余文森.核心素养导向的课堂改革[M].上海:上海教育出版社,2017:50.
② 李润洲.继承与超越——"三维目标"与"核心素养"的异同辨析[J].当代教育科学,2016(22):14.
③ 余文森.核心素养导向的课堂改革[M].上海:上海教育出版社,2017:51.

目标'只是培养全面发展之人的手段,回答了'怎样培养全面发展之人'的问题,那么'核心素养'则是全面发展之人培养本身,直接回答了'全面发展之人是什么样的'。从这个意义上说,'核心素养'就成了'三维目标'的上位概念,是对'三维目标'的超越。"①

其二,对目标落实的路径上,学科核心素养目标更科学。从三维目标提出至今近20年的历程中,三维目标的落实路径是"提法—尝试—研究","人们是先带着对'三维'目标日常、朴素的常识理解来实践的,直至发现了诸多实践问题后,才意识到有必要从学理上对'三维目标'进行系统解释"②。从各学科课程标准来看,也都是开头提出关于三维目标一些总领性的要求,但主体部分缺少从课程目标到课程实施系统化、匹配化的设计。因此,大多数教师处于"摸着石头过河"的状态。从教学实践结果看,三维目标落实的效果不佳。大多数时候,我们看到、听到的是,教案上有三维目标之"形",而课堂上只有"一维"目标之"实","过程与方法""情感态度与价值观"目标最终就成了应付检查的摆设或点缀,而学科核心素养目标则有"大不同"。在学界对核心素养、学科核心素养已有系统、深入研究的基础上,教育部集合了来自全国的各学科顶尖专家,凝练了各学科的学科核心素养,且以此为纲,研制了高匹配度的课程标准,编写了高匹配度的学科教材,而且推行的又是分批实施新教材的制度。这让我们坚信,学科核心素养遵循这样的路径去落实,一定会取得预想的效果。

---

① 李润洲.继承与超越——"三维目标"与"核心素养"的异同辨析[J].当代教育科学,2016(22):14.
② 李润洲.继承与超越——"三维目标"与"核心素养"的异同辨析[J].当代教育科学,2016(22):15.

三　基于学科核心素养的学科教育本质

从"双基"目标到三维目标再到学科核心素养目标,知识的地位和作用似乎在不断被弱化,很多教师为此感到困惑:核心素养导向下的学科教学,知识还要教吗? 知识究竟该怎么教?

毫无疑问,知识当然要教,没有知识哪来能力? 没有知识哪来素养? 关键是,在学科核心素养的目标导向下,今天我们该教什么知识? 该怎么教知识?

毋庸讳言,虽然三维目标提了近20年,但是教师以一种超稳定的习惯性理解和实践方式延续着"只见知识不见人"的教学。卜玉华教授指出:"我们发现,很多教师在课堂上大多执着于知识教学和技能训练本身,把知识学习和技能掌握作为唯一目标,看不到知识也是培养学生品格、思维品质、文化视野、学习策略等成长素养的重要手段,不能在教学中有机综合地完成知识教学与知识育人的目标。"[①]余文森教授也指出:"目前教学中存在的突出问题是,作为工具、媒介、手段、材料的知识反倒变成了教学的目的,知识被绝对化、神圣化了,教育成了为了知识的教育,而能力和素养反被弱化、边缘化,有知识、没能力,缺素养成为我们教学中最突出、最致命的问题。"[②]有学者拿我们的教育与美国教育作比较,得出的结论是,中国教育的长处和短处可能正好与美国教育相反——虽然我们重视知识,但是我们存在另一个严重的问题,那就是我们太简单地把教育等同于知识。

---

① 卜玉华.课型研究:架起理论与实践之间的桥梁[J].人民教育,2016(3-4):51.
② 余文森.核心素养导向的课堂改革[M].上海:上海教育出版社,2017:53.

那么,怎样才能让我们这个超稳定的现状有所改观呢?卜玉华教授的这番话给我们指明了路径,即要从"知识教学"走向"知识育人"!何谓"知识育人"?我们的理解是,知识既是教学的目标,更是育人的手段。在学科教育实践中,要让这样的知识观与教学观化为我们具体而有效的行为,应该采用如下教学策略。

(一)把知识教到"元知识"

李松林教授举过这样一个课例:

一名小学数学教师执教小学数学第十册(北师大版)"测量石块的体积",因为石块的不规则,它的体积无法直接测量,所以教师开课就对学生说:"我们已经学习过物体体积的测量,但那些物体都是规则的,今天我们来学习不规则物体比如石块体积的测量。我们怎样才能测量出石块的体积呢?"学生马上就反应了过来,石块的体积无法直接测量,必须借助沙或水来完成。于是,教师给每个小组分配了一个烧杯、足够的水和一个石块,让学生小组合作探索测量石块体积的方法。大约15分钟后,教师让每个小组总结自己发现的方法并加以集体交流。通过交流,学生最后总结出测量石块的三种办法:降水法、升水法和溢水法。[1]

这堂课上得怎么样?估计很多教师的结论是——上得不错!在课堂上,教师没有"满堂讲""满堂灌",也没有像时下大多数教师喜欢的"满堂问"。教师创设情境、提出任务后,引领、组织学生经历了一个自主发现三种测量办法的完整的学习过程。平心而论,从教学方法、学习方法视角看,这确实是一堂好课。但仍有不足之处。李松林教授分析说:"在这节课上,教师将重点放在了让学生探索与归纳测量石块体积的三种方法,准确地说是三种操作办法上面,却没有引导学生去思考和领悟这三种操作办法的共同点,也就是解决这类问题的数学方法——替代法,以及替代法所体现的数学思想——转化(等量转化)。"[2]

---

① 李松林.知识教学的突破:从知识到知识的知识[J].教育科学研究,2016(1):60.
② 李松林.知识教学的突破:从知识到知识的知识[J].教育科学研究,2016(1):61.

在教学目标定位上，这堂课依然停留在知识——三种测量办法上，未能深化触及这知识之后的"知识的知识"（"元知识"）——替代法（数学方法）与等量转化（数学思想）。而这样的"元知识"正是学科价值的具体体现，正是我们通过知识的教学必须让学生真正感悟到的"最有价值的知识"。试想一下，今天我们当中的绝大多数人，数学的那些知识差不多都遗忘了，但是我们为什么还要苦苦地学12年呢？其背后隐含的一个深层次的道理是，知识之后的"元知识"才是我们更需要学习的。正如普通高中数学课程标准修订组组长史宁中教授所说的："数学教育的终极目标是，一个人学习数学之后，即便这个人未来从事的工作和数学无关，也应当会用数学的眼光观察世界，会用数学的思维思考世界，会用数学的语言表达世界。"①这才是我们教数学、学数学的真谛所在。

一位物理教师介绍自己在教学中如何达成学科核心素养时这样说："我们知道，物理学家在探索未知世界的过程中积累的物理学思想方法，不仅能影响自然科学、思维科学和社会科学的发展，推动社会技术的不断进步，而且深刻影响着人们的思维方式和生活方式。伽利略去世300多年，他所发现的自由落体规律，在物理学知识的长河中所占的比例越来越小，但是，他研究问题所创造的思想方法，为后人继承和发扬，创造了比自由落体规律价值高出千百万倍的财富。爱因斯坦和英费尔德在《物理学的进化》中评论说：'伽利略的发现以及他所应用的科学的推理方法是人类史上最伟大的成就之一，而且标志着物理学的真正开端'。科学史家朱克曼曾走访41名诺贝尔奖获得者，发现其'科学鉴赏力'和'高超能力'主要得益于从名师那里'学到一种发现科学真理的思想方法和工作方法'，而不是'从导师那里获得的实际知识'。事实也表明，绝大多数学生中学毕业以后，一辈子不会去用F=ma公式计算力的大小，也不会用法拉第电磁感应定律研究电动势，三五年后大部分物理知识也渐渐地模糊、淡忘，但是，在中学所接触到的物理思想方法，

① 史宁中.学科核心素养的培养与教学——以数学学科核心素养的培养为例[J].中小学管理,2017(1):35.

却潜移默化地影响着他们的思维方式"[①]，这位物理教师的经验之谈可谓"金玉良言"。其实，他这篇文章的题目《物理学科还应教给学生什么》得改成《物理学科更应教给学生什么》，这些"更应该教的"是物理知识之后的"元知识"——思维方式与思想方法、情感态度与价值观。

关于知识，李松林教授将其分为两个层次。"根据人们的认识对象，知识可以区分成两个层次：一是认识特定对象所获得的知识，即关于事物的知识；二是将知识作为认识对象所获得的知识，即关于知识的知识，笔者将其界定为元知识。这两种知识反映了人们的两种不同认识关系：前者是'事物—知识'关系，后者则是'知识—知识'关系，两者结合起来构成的是'事物—知识—元知识'的层次性关系和相互循环关系。从微观上看，无论是关于事物的知识还是关于知识的知识，知识都是由符号、逻辑和意义三个内在要素相互关联构成的整体。其中，符号是知识的表达形式，逻辑是知识构成的规则和方法，意义是内隐于知识符号的思想、情感、态度和价值系统。人们只有把握住符号、逻辑和意义三者之间的内在关联，才能从整体上理解和获得知识。"[②]

至此，我们对该教什么样的知识已有明确的结论。这就是把知识教到"元知识"——关于事物的知识之后的学科思维方式与思想方法以及情感态度与价值观。

（二）把知识教成"活知识"

日本学者石井英真提出了认知系统"三重圆模型"，将认知系统具体分为：知识的习得与巩固（知晓），知识的意义与理解（理解），知识的有意义运用与创造（运用），如图1-2所示[③]。对知识的学习若仅在前两个阶段，难以实现知识的融会贯通，只有能够对所学知识进行有意义的运用和创造，这样才从认知角度真正完成了知识的学习。

① 任用镭.物理学科还应教给学生什么——结合实例谈物理学科核心素养如何达成[N].中国教育报，2016-07-13：012.
② 李松林.知识教学的突破：从知识到知识的知识[J].教育科学研究，2016（1）：60-62.
③ 钟启泉.基于核心素养的课程发展：挑战与课题[J].全球教育展望，2016（1）：15.

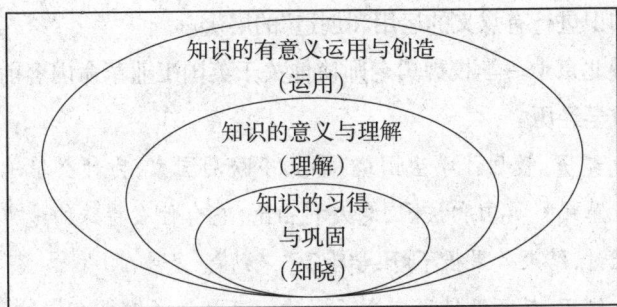

图1-2　认知系统"三重圆模型"

这个模型告诉我们,"知识教学"走向"知识育人"的另一条重要策略,就是"能够对所学知识进行有意义的运用和创造",唯有如此,才是"真正完成了知识的学习"。

笔者曾听过一堂高三语文复习课,内容是"比喻修辞运用"。课前教师让学生完成一道高考题,并在课堂上进行讲评。题目提供了一幅展现当年刘璇在自由体操比赛中的精彩瞬间的摄影作品,要求考生从比喻、比拟、排比、对偶中任选两种修辞手法,对画面进行生动形象的描写,满分为5分。让人颇感意外的是,在一个学业成绩总体不错的班里,该题平均得分竟不到2分。请看几名同学的答案:

①她面带微笑,像将军看到战争胜利般自信从容……

②画面中的刘璇如同飞翔的女超人……

③刘璇高高跃起在空中,身体弯曲得像张弓一样……

④只见刘璇在这一刻如一条遨游在大海的鲸鱼,伸鳍潜游……

试题要求学生从四种修辞方法中任选两种,从答题结果看,选择比喻的是百分之百。因为相比较而言,另外几种修辞手法难度更大。不能不让语文教师有些汗颜的是,比喻修辞学生从小学到高中整整学了10余年,那些喻体与本体"要有相似性""两者不能属于同类"之类的知识,学生不可谓不熟悉,但是看学生最后写出来的句子,是不是幼稚得可笑? 学比喻是为了用比喻,试题考查的就是学生能否用比喻的手法描绘一个"精彩瞬间",考的即是语文素养之"语言建构与运用"。由此可见,这样的知识学习远没有达到"能

够对所学知识进行有意义的运用和创造"的层次。

曾经听北京十一学校魏勇老师谈他关于英国工业革命内容前后两次效果迥异的教学经历。

第一次经历：教师让学生围绕"那么多欧洲国家，为什么单单是在英国发生了工业革命？英国和法国、意大利相比，它有什么特殊的地方？"这样的问题展开研讨，结果效果很不好，学生不"来劲"。

第二次经历：教师设计了完全不同的问题，"都说21世纪是中国的世纪，中国将成为21世纪的领导者。如果这个国家是一个时代的领导者，那它应该有足够的实力。我们看世界上这些曾经的领导者——英国、美国，它们都曾发生过技术革命。那么，在我们中国，有没有可能在21世纪发生第四次技术革命？而要看中国有没有可能发生技术革命，我们首先要看发生技术革命的条件有哪些。所以让我们先来了解英国的工业革命，以它为样本，来思考21世纪中国有没有可能发生工业革命。如果可能，理由是什么？如果不可能，我们还缺什么？"结果是圆满成功。

魏勇老师的这两个设计高低差别在哪里？从目标定位看，第一次设计只是引导学生搞清楚英国发生工业革命的原因，显然还停留在"知识教学"层次。而第二次设计把目标提升到让学生以英国工业为样本，来分析解决新情境中的新问题——21世纪中国有没有可能发生技术革命。这就是学以致用，这样教的知识才是真正的"活知识"。历史就应该这样教，这才是旨在培育核心素养的"知识育人"。

从中我们认识到，把知识教成"活知识"，就是要求我们确立这样的目标高度：学生能够用所学的知识去解决新情境中的新问题。

借鉴李松林教授关于知识两层次划分理论和日本学者石井英真的认知系统"三重圆模型"，结合我们自己对"知识教学"与"知识育人"的理解，为了帮助大家更清晰地把握"知识教学"与"知识育人"的关系，我们也做了一个模型，称之为"'知识教学—知识育人'两层结构模型"，如图1-3所示。

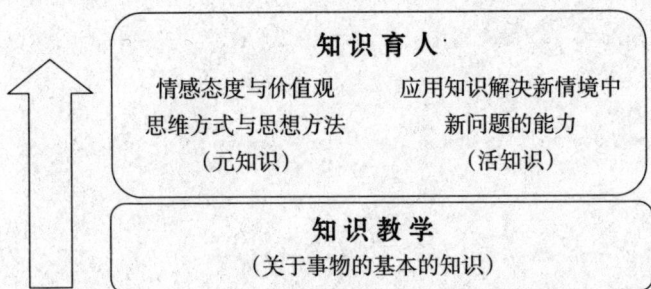

图1-3 "知识教学—知识育人"两层结构模型

　　基于上述理解,在平常做教学设计时,为了促进自己能自觉有效地从"知识教学"走向"知识教育",我们一定要追问两个问题,一是"知识从哪里来",二是"知识到哪里去"。第一次追问,旨在挖掘基本知识之后的"元知识";第二次追问,借此促使自己做好把知识教"活"的针对性设计。

　　我们还发现这样一个规律,各学科课程标准所凝练的学科核心素养,实质上大多是该学科"元知识"与"活知识"的高度概括,或者说是另一种方式的表述。如语文学科核心素养,"思维发展与提升""文化传承与理解"指的是语文这门学科所要培育的思维方式与思想方法、情感态度与价值观等"元知识";"语言建构与运用""审美鉴赏与创造"说白了就是"会读会写",这当然是语文学科最根本的"活知识"。

第二章

主张单元教学

　　实践演绎基于学科核心素养的学科教育，首先必须从重构教学单位入手，由传统的"知识本位"的课时教学转型升级为"素养本位"的单元教学，这已然成为越来越多有识之人的共识，也必将成为新一轮课程教学变革的主旋律。

　　本章在分析目前的常态——"课时主义"现状的基础上，提出了单元教学的鲜明主张，并具体从什么是我们定义的单元、单元教学的意义、还需要怎样的单课教学、用什么统领单元、系统架构学习单元等方面进行讨论。

一 目前的常态："课时主义"

我们曾做过一个小调查。2019年，笔者所在的X区举行了"核心素养导向的教学设计"征集评比活动。在下发的通知以及组织由参评教师参加的研训活动中都竭力倡导"单元整体设计"，而且提供了多课时单元设计的模板与示例。但是，结果出乎我们的意料，以中学语文学科为例，送评的课例共60篇，其设计内容与课时安排情况见表2-1。

表2-1 中学语文送评设计内容与课时安排情况统计

类型	阅读				写作		名著导读		综合
	单篇1课时	单篇2课时以上	多篇1课时	多篇2课时以上	1课时	2课时以上	1课时	2课时以上	2课时以上
初中	31	5	1	0	1	1	3	0	1
高中	13	1	0	0	1	1	0	0	0

其中，"阅读"几乎全是单篇1课时与单篇2课时，而单篇1课时的又占到73%；以多篇（群文）为单位的只有1例，而且也只有2课时，称不上是单元教学。"写作""名著导读""综合"三个部分，按理说根据教学内容要求大多是需要多课时完成的教学单位，但是看送评的8个课例，2课时设计的也只有3例。

浏览卢明、崔允漷主编的《教案的革命：基于课程标准的学历案》和尤小平主编的《学历案与深度学习》两书中收录的22份学历案，以单课为单位的21例，其中1课时6例、2课时10例、3课时5例，以专题为单位的只有1例。

在书城偶然看到《小学语文名师文本教学解读及教学活动设计》系列丛书，2019年出版，解读与设计的即是最新版统编教材。原以为在统编版教材所编的已经是"有模有样的单元"的前提下，作为敢为人先的名师们设计的肯定是单元整体教学，但是打开五年级上册，结果让人大失所望，还是一副老面孔——按照每篇课文的顺序，一课一课、一节一节地上，而且每篇课文采用的也是雷同的模块与环节。

这些设计者大多是教师群体中教学设计方面的佼佼者，但是，他们呈现的"优秀设计"却基本还是"单节单课"的。如果再去学校现场看看一线教师的教案，你一定会发现，目前几乎清一色的还是这番模样——以"单节单课"为设计单位，停留在"课时主义"。

由此可见，"课时主义"依然是我们教学设计的常态。

对于"课时主义"，钟启泉教授尖锐地批评道："多年来我国一线教师大多满足于'课时主义'，并不理会'单元设计'。然而在'核心素养—课程标准—单元设计—学习评价'这一环环相扣的教师教育活动的基本链环中，单元设计处于关键的地位。倘若离开了'单元'（学习的流程）这个课程设计与教学实施的基础单位，可能产生的第一个恶果是，那些开发出来的所谓'学科''课程'不过是一堆垃圾而已，因为构成学科的基础单位就是'单元'。可能产生的第二个恶果是，纠缠于'课时主义'。离开了单元设计的课时计划归根结底不过是聚焦碎片化的'知识点'教学而已。"①

确实如此，缺乏整体设计的"单节单课"教学难以达成相对"复杂的教学目标"——核心素养目标。即使是知识教学，如果我们在强烈的"知识点"情结驱使下，未能着眼于整合性地建构知识，把知识结构化，而是只关注相关知识点的落实，甚至要求学生死记硬背，长期下去，也必将导致学生的知识

---

① 钟启泉.基于核心素养的课程发展:挑战与课题[J].全球教育展望,2016(1):16.

学习三大不足:"一是'散',学生获得了太多孤立、零散的概念或观念。二是'低',学生获得了太多下位的概念或观念。三是'浅',学生获得了太多表层的概念或观念。"①

① 李松林.走向整合的深度学习[N].中国教师报,2020-01-22:004.

二 我们定义的单元

对于单元,教师们都不会陌生,因为我们的教材有许多是以单元的形式编写的。当然,我们今天要讨论的单元,与现行各学科教材中的单元不能完全等同。从现行各学段、各学科教材看,有些比较接近,因为教材已经按照"学习单元"思路编写,如中小学语文统编教材的大部分单元;有些差距依然很大,因为教材基本上还是按照"内容单元(章节)"来呈现的。

那么,我们所理解的单元究竟是怎样的教学单位呢?

(一)单元的定义

在崔允漷教授看来,"这里所说的单元是一种学习单位,一个单元就是一个学习事件、一个完整的学习故事,因此,一个单元就是一个微课程。现有教科书中的单元,譬如语文教材中一个单元通常是一个主题下的几篇课文,如果这几篇课文没有一个完整的'大任务'驱动,没能组织成一个围绕目标、内容、实施与评价的'完整'的学习事件,那它就不是我们所讲的单元概念。确切地说,那只是内容单位,而不是学习单位"①。崔允漷教授点明了单元的两个特征:第一,它是"学习单位"而不是"内容单位";第二,作为一个单元必须有"大任务"驱动。

郑葳认为,单元"是指基于课程标准、教材知识结构和学生兴趣需求及认知路径,分析得出的核心概念以及理解这一核心概念所需的相关知识、技

---

① 崔允漷.如何开展指向学科核心素养的大单元设计[J].北京教育(普教版),2019(2):11-12.

能、思想方法和态度等所组成的最小课程单位。一个课程单元可以是教科书中的自然单元，也可以是基于大概念组成的单一学科或跨学科的学习主题单元。它由多个课时组成，不同的课时从不同角度和深度以及用不同学习方式，对同一主题进行多元化、序列化解析"[1]。在郑葳看来，单元是"核心概念"统领的多课时组成的最小课程单位。

程菊给出的定义是，"学习单元是以学习者为核心，以学生的知识背景为基础，以学科核心素养及其进阶发展为目标，在细化课程标准的基础上，系统分析课程内容所承载的学生素养发展价值和社会应用价值，并根据学生的实际情况，将教学内容整合为具有一定主题的、结构化的学习单元。在学习单元中引导学生针对某一主题所涉及的重要概念、原理和问题进行深度探讨，将学科相关知识整合在主题所形成的脉络与情境下，使学习者获得综合、系统的知识、能力和态度，并最终聚焦到家国情怀和完整人格培育上"[2]。在这里，程菊特别强调单元是一个将教学内容整合为一个具有一定主题的、结构化的学习单位。

可以看出，在这些研究者眼里的单元，基本都是"大单元"。我们认为，基于目前大多数学科教材编排的教学内容与理想的学习单元还存在着较大距离的现实条件，对于长期习惯于"单节单课"教学的一线教师来说，一下子要跨越到"大单元"教学，显然也不现实。于是，我们试图在"大单元"与"单节单课"之间找一个中间地带，以逐步走向真正意义上的"大单元"设计与教学。

基于这样的理解，我们所要定义的单元，可以是专家眼里的一个学期两三个单元、每个单元至少需要八九节课完成的"大单元"，也可以是某一章某一节某一课只需要用二三节课完成的"小单元"。对于究竟什么是单元，我们给出的定义是：以培养学科核心素养为指向，在某个核心概念（主题、要素）统领和核心任务驱动下，把一组教学内容有机组合在一起的完整的学习单位。它是最小的课程实施单位，其中的某个课时只是一个不具备独立性的实施阶段。

---

① 郑葳.单元学习设计的价值追求[J].江苏教育,2019(30):24.
② 程菊.重构学习单元,促进核心素养落地[J].基础教育课程,2019(7):42.

(二)单元的特征

作为一个学习单元,相较于传统的"单节单课"单位,它有三个显著的特征。

1.一组教学内容

学习单元在内容上是由相互联系的"一组教学内容"组合而成的,它是针对传统"单节单课"的一篇课文、一个知识点之类提出的一种新的教学内容样态。以语文学科的三个单元为例,见表2-2。

表2-2　单元"一组教学内容"示例

单元名称	一组教学内容
小学语文:"舐犊情深"主题阅读与表达	统编版教材五年级上册第六单元《慈母情深》《父爱之舟》《"精彩极了"和"糟糕透了"》,口语交际《父母之爱》,习作《我想对您说》
初中语文:"家国情怀"主题阅读与表达	统编版教材七年级语文下册第二单元《黄河颂》《老山界》《土地的誓言》《木兰诗》,写作《学习抒情》
高中语文:实用性阅读与交流之"使命与抱负"主题阅读与表达	统编版教材高中语文必修下册第五单元《在〈人民报〉创刊纪念会上的演说》《在马克思墓前的讲话》《谏逐客书》《与妻书》四篇课文,写演讲稿

当然,对"一组教学内容"之"一组"的理解应该宽泛些,并不是所有的学习单元都像上述几个例子那样,是由若干相对独立的学习材料组合而成,更多的时候是前后相连相承的知识、技能组合起来的一节或几节教学内容。所以,"一组"可以是整本书阅读,如普高语文《乡土中国》《红楼梦》阅读单元;也可以是一项过程完整的探究实验,如普高生物"探究 pH 对过氧化氢酶的影响"单元;还可以是一个项目化的任务,如初中科学"杆秤制作"单元。

有一点特别需要解释,格兰特·威金斯教授等在阐述"大概念"作用时提及,"大概念就是一个概念、主题或问题,它能够使离散的事实和技能相互联系并有一定的意义"①。也许有人会因此产生一个疑惑,"大概念"是聚合起一组离散的事实和技能,难道教材单元里的内容都是"离散"的吗? 我们的解释是,一个教材单元中的内容当然不是"离散"的(前后之间肯定是相连、相承、相关的),但是如果我们不能将它们纳入核心概念(主题、要素)统领和核心任务驱动之下进行单元设计与教学,那么这"一组内容"依然是"离散"的。

2. 核心概念(主题、要素)统领

单元之所以成为一个完整的、有意义的学习单位,其教学内容必须由核心概念或主题、要素统领。一个单元好比一篇散文,必须"形散而神不散",这个"神"便是用来统领单元的"聚合器"。如下面两组例子见表2-3、表2-4。

表2-3 三个科学学科单元统领方式

单元名称	内容组合	统领方式
小学科学:"运动的物体"单元	教科版新教材小学科学三年级下册第一单元"运动的物体"	统领概念:运动物体可以用某个物体相对于另一个物体的方向和距离来描述该物体在某个时刻的位置;通常用速度大小描述物体运动的快慢;物体的机械运动有不同的形式,主要有直线运动和曲线运动
初中科学:"光和颜色"单元	浙教版七年级《科学》下册第二章第4节"光和颜色"	统领概念:光的传播有一定的方向和路径,当光照射到物体表面时,根据反射的色光或透过的色光来确定物体的颜色

---

① 格兰特·威金斯,杰伊·麦克泰格.追求理解的教学设计(第二版)[M].闫寒冰,等译.上海:华东师范大学出版社,2017:6.

单元名称	内容组合	统领方式
高中生物："细胞的分子组成"单元	浙科版高中生物必修 I《分子与细胞》第一单元	统领概念：细胞由多种多样的分子组成，包括水、无机盐、糖类、脂质、蛋白质和核酸等，其中蛋白质和核酸是两类最重要的生物大分子

表2-4　三个语文学科单元统领方式

单元名称	统领方式
小学语文："舐犊情深"主题阅读与表达	人文主题：舐犊情深 语文要素：场景、细节描写与结尾艺术
初中语文："家国情怀"主题阅读与表达	人文主题：家国情怀 语文要素：学习抒情方式；学做批注
高中语文：实用性阅读与交流之"使命与抱负"主题阅读与表达	人文主题：使命与抱负 语文要素：文言文知识积累；社会交往类文本（演讲稿、奏疏、书信）的基本知识及运用

上述例子中，三个科学学科单元都是由"概念"统领的，三个语文学科单元都是"人文主题"与"语文要素"统领的。

3. 核心任务驱动

按照崔允漷教授的观点，真正称得上学习单元的，还必须有"大任务（项目）"驱动。因为我们定义的单元，既包括"大单元"，也涵盖"小单元"，所以在表述上把"大任务"改为"核心任务"。核心任务置于整个单元学习之前，驱动学生带着任务进入新单元的学习，在学习过程中"通过新知的学习完成了任务，通过任务的完成掌握了新知"。如小学科学"运动的物体"单元设计的核心任务：

生活中，我们在现场或视频里看到过乘坐过山车的惊险场景，也有很多同学体验过乘坐过山车。现在，让我们结合新单元学习的内容，组建一个项

第二章　主张单元教学

目小组,合作经历一次"明确问题、确定方案、设计制作、改进完善"的过山车模型制作的学习过程,解决过山车模型制作中的各种实际问题,模拟制造过山车运动的惊险场景。

要完成这项任务,我们需要思考并解决的问题有:如何让过山车运动起来? 如何改变过山车的运动快慢? 如何改变过山车的运动形式? 如何让过山车运动得更远? 如何让过山车运动得更安全? 等等。

让我们带着这些任务,一起进入新单元学习吧!

三 单元教学的意义

根据上述我们所定义的"单元"及特征归纳，一旦"单节单课"教学转型到单元教学，那么，单元教学至少有下列三大方面的意义。

(一)提升站位：从"知识点"到"素养点"

对于"课时主义"与单元设计的优劣，钟启泉教授有一段非常精辟的论述："单元设计既是课程开发的基础单位，也是课时计划的背景条件。单元设计是'课时计划'的指引。'课时主义'把教学内容碎片化地当作知识点来处置，缺乏'全局性展望'，即教师在上某一节课时必须瞻前顾后，需关注这节课同以往的课时教学内容有着怎样的联系、往后的课时又将怎样展开。单元设计意味着打破'课时主义'的束缚。单元设计中的决定性环节是基于'核心素养'整合不同的'教学方略'。不管哪一种教学方略，'核心素养'都是共同的追求与最大的优先事项。"[①]

这段话揭示了单元设计与核心素养培养之间的因果逻辑。因为它是一种介于课程规划与课时教案之间的中观层面的设计，这种设计有助于教师突破"只见知识不见素养"的课时单点思维，而转变升格为"既见知识又见素养"的单元整体思维。

因此，从"单节单课"到单元，不是简单的设计单位由小变大的问题，而是标志着教师设计的站位从"知识点"到了"素养点"。什么样的站位决定了什么样的眼界和格局。以"知识点"为站位，看到的目标只是了解、理解、记

---

① 钟启泉.单元设计：撬动课堂转型的一个支点[J].教育发展研究，2015(4)：2.

第二章　主张单元教学

031

忆;以"素养点"为站位,看到的目标才是学科核心素养所包含的正确的价值观、必备品格与关键能力。

在单元教学设计中,为了引领教师确立素养指向的单元目标,我们尝试了这样一个非常理想的单元目标确立的流程,见图2-1。

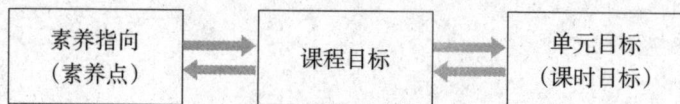

图2-1 单元目标确立的流程

"素养指向"指本单元核心素养培养的侧重点、突破点;"课程目标"指课程标准中关于本单元的相关要求;"单元目标"指本单元要达成的具体目标,"课时目标"指某一个课时中要达成的单元目标。依照这个流程进行设计,希望所设计的"单元目标"能对应"课程目标"、对接"素养指向",上下贯通,不但有依据,而且有高度。从实践结果看,在单元整体设计视角下,教师能够设计出这样的由"素养指向""课程目标"与"单元目标"三者有机结合的单元"目标群"。下面这一则普通高中物理"静电场中的能量"单元"目标群"设计,就较好地体现了这样的要求。

【素养指向】

主要指向"物理观念"之"能量观念",即从物理学角度形成的基本认识,提炼和升华概念与规律,解释和解决问题。

【课程目标】

知道静电场中的电荷具有电势能,了解电势能、电势和电势差的含义,分析带电粒子在电场中的运动情况并解释相关的物理现象。

【单元目标】

1.认识静电场中的能量相关概念。

1.1阐述电场力做功、电势能、电势能的改变量含义,并计算其数值。

1.2阐述电势、电势差的含义,并计算其数值。

1.3 已知电场线情况下描绘电场的等势面,并能够标定电势的高低。

2. 理解静电场中的能量相关概念之间的关系。

2.1 阐述电场力做功、电势能、电势能的改变量、电势和电势差之间的关系。

2.2 用概念图表示电场力做功、电势能、电势能的改变量、电势和电势差之间的关系。

3. 应用静电场中的能量相关概念解决实际问题。

3.1 在一些典型电场模型如点电荷电场、匀强电场中,计算能量相关概念。

3.2 搭建简易的"静电除尘"仪器,提出提升"静电除尘"效率的方法。

3.3 在其他类似情境如"带电物体在电场中运动"中计算其中能量相关概念。

在这三个方面的目标中,目标1、2紧扣"素养指向"中"从物理学角度形成的基本认识,提炼和升华概念与规律",目标3聚焦用所学的知识技能来"解释和解决问题"。如此,单元目标不但对接了"素养指向",同时又是把"素养指向"化成了可见的、可达成的目标。

由此可见,当设计单位从"单节单课"走向单元之时,标志着我们站到了一个"对上可对接素养、对下可观照知识"的"最佳站位",这样就能比较顺利地按照上述目标确立流程,设计出素养指向的单元"目标群"。

(二)路径匹配:从"短时段"到"长时段"

在《追求理解的教学设计》一书中,作者提到一个特别值得我们思考的问题,虽然将UbD方法(追求理解的单元教学设计)"运用到日常的单课教学中看起来也是比较自然的,但我们不鼓励这样做。单课相对简单,时间太短,以至于无法考虑大概念的深入发展,也无法探究基本问题和实际应用。

换句话说,单课时间太短,不能实现复杂的学习目标"①。他们区别了时段较短的单课与时段较长的单元在目标完成功能上的差异,相比较而言,单元因为时段较长,更能实现"复杂的学习目标"。那么,什么是"复杂的学习目标"呢?对此,我们的理解是,学科的基本知识与技能,大致上属于"简单的目标";而结构化的知识、问题解决能力、思维方式与思想方法、情感态度与价值观等,便是"复杂的目标"。在某种程度上说,"复杂的目标"即是学科核心素养目标。无论从素养形成的机理还是教学实践的效果看,的确是单元学习更能促成"复杂的目标"的实现,促进学科核心素养在课堂的落地落实。具体包括如下。

1.在整体化学习中更能促使知识结构化

单元设计一个最显著的特征,就是知识点的整合性设计。"整合性学习设计的一个重要任务是学习内容的整合性设计。无论是教师引导学生更具整合性地建构知识,还是引导学生建构更有整合性的知识,都需要对学生的学习内容进行整合性设计。"②如果我们对所要学习的相关的学科知识通过核心概念(主题、要素)统领与核心任务驱动等策略进行适度的整合,就是引导学生经历一个相对完整的知识创生的过程。学生只有经历了这样的过程,才能将知识结构化。

我们来看这样一则设计:

统编教材八年级语文上册第五单元"事物性说明文阅读与写作",课文是《中国石拱桥》《苏州园林》《蝉》《梦回繁华》四篇,写作部分是短文《说明事物要抓住特征》。单元以"事物类说明文的知识与运用"这一语文要素为统领,以下列两项核心任务为驱动。

在我们的生活中,有时我们需要将一幢历史悠久、外观独特的建筑物介绍给他人;有时我们需要将一件你钟爱的艺术品介绍给他人;有时我们也需

---

① 格兰特·威金斯,杰伊·麦克泰格.追求理解的教学设计(第二版)[M].闫寒冰,等译.上海:华东师范大学出版社,2017:9.
② 李松林.走向整合的深度学习[N].中国教师报,2020-01-22:004.

要向他人介绍你所熟悉的一种动物或植物……如何把你所熟悉的事物介绍给他人呢？

任务一：阅读文本。阅读四篇事物性说明文，学习文章是如何把建筑、图画、动物介绍清楚的，掌握事物性说明文的基本知识。

任务二：撰写文章。选择自己最熟悉的事物，借鉴事物性说明文的写法，撰写一篇文章，向身边的Ta介绍该事物。

教师把事物性说明文阅读与写作的基本知识点有机地整合在两项任务的解决过程之中，读与写有机结合，学生在整合化学习形成了"结构化知识"（见图2-2）。

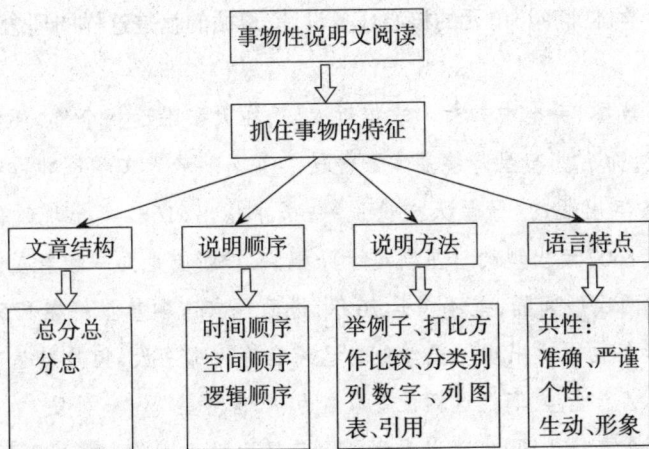

图2-2　初中语文"事物性说明文阅读与写作"单元知识结构图

2.在问题解决中学会解决问题

学科核心素养是怎样培养起来的？钟启泉教授告诉我们，不管是什么样的核心素养，都"不是直接由教师教出来的，而是在问题情境中借助问题解决的实践培育起来的"[1]。之所以如此，"一方面是因为学科知识并不是上天赐予人的现成之物，而是人在特定的社会、时代背景下，基于某(些)欲求运用某(些)方法解决某(些)问题所获得的认识结晶。确切地说，学科知识

---

[1] 钟启泉.基于核心素养的课程发展:挑战与课题[J].全球教育展望,2016(1):9.

本来就产生于某种特定的情境中,而脱离了特定的情境,学科知识就会僵化,缺乏生命力,就成了冰冷的信息符号。另一方面是因为学科核心素养本身是学生在特定的情境中提出、分析与解决问题所表现出来的正确价值观念、必备品格与关键能力,而正确价值观念、必备品格与关键能力的形成,则需学习者内化知识创生者在知识生产时所携带的正确价值观念、必备品格与关键能力"[1]。

我们主张的单元教学设计具备的显著特征之一就是核心任务驱动。要求学生通过本单元知识技能的学习去解决"新情境中的新问题"。核心任务驱动下的学习过程,实际上就是学生"置身"于新情境之中解决新问题的过程。因此,这样的单元设计是完全契合核心素养形成机理的。下面这一则普高数学学科"椭圆"单元的核心任务设计,遵循的就是这样的理念。

有些彗星,一生中只有一次接近太阳,在太阳附近拐个弯,便匆匆离开一去不返,而有些彗星却绕着太阳运转。英国著名天文学家和数学家哈雷曾在1705年出版的《彗星天文论说》一书中指出,1682年出现过的彗星与1531年及1607年出现的彗星轨道十分相似,推断应是同一颗彗星的三度光临。相邻两次的间隔,差不多是76年,进而预言这颗彗星将在1758年年底或1759年年初再次出现。虽然他自己没有等到那一天,但是彗星确实如期重返。为纪念他,人们把这颗彗星命名为"哈雷彗星"。

观察哈雷彗星图片,可以发现哈雷彗星运行的轨道为椭圆。那么,我们能否类比学习圆的方式,运用解析几何方法研究椭圆呢? 具体包括下列任务。

(1)平面内,到一个定点距离为定长的点的轨迹为圆,那么椭圆上的点又具有怎样的特征,我们能否从圆到椭圆探索哈雷彗星轨迹的几何特征?

(2)如果将上述轨道(椭圆)置于平面直角坐标系中,那么该椭圆的方程是怎样的? 参考数据:哈雷彗星近日点到太阳的距离是8800千米(0.59天文单位),远日点到太阳的距离是53亿千米(35.31天文单位)。

---

[1] 李润洲.指向学科核心素养的教学设计[J].课程·教材·教法,2018(7):38.

(3)生活中椭圆形状处处可见,那么我们如何刻画一个具体的椭圆形状,比如哈雷彗星运行轨迹与地球运行轨迹(椭圆),它们形状的差异,可以怎样刻画呢?

(4)试想一下,如果某一飞行探测器沿着直线轨道恰与哈雷彗星轨道在同一平面内飞行,那么如何判断这两个轨道的关系?也就是在平面内,如何判定一条直线和一个椭圆的位置关系,以及直线与椭圆的位置关系中,我们如何研究距离、角度、面积等问题?

这个单元用时5课时。在这样的一个大情境中,围绕这些结构化的任务依次完成了"几何感知"之"椭圆的定义","方程表达"之"椭圆的标准方程","代数刻画"之"椭圆的简单几何性质","运算度量"之"直线与椭圆的位置关系"等知识内容的学习。从核心素养培养指向看,本单元内容主要涉及直观想象和数学运算,通过直观想象实现对几何问题的直观认识,通过数学运算实现对几何问题的度量认识。应该说,在这样的解决情境化任务的学习过程中,核心素养是能真正落地于课堂的。

3.在全过程经历中感悟思想发展思维

"复杂的学习目标"中思维方式与思想方法、情感态度与价值观等,讲不出来,也练不出来,而是要悟出来。怎样才能让学生悟出来?柳夕浪教授讲得好,"让学生像学科专家那样思考解决问题""课堂上,教师应认真对学科活动进行设计,让学生经历学科活动全过程,在这个活动过程中形成相应的思维方式,花时间引导学生深入理解若干关键概念及相互之间的关系,体验相关思维方式,而不是5分钟就变换一个话题去吸引人"[1]。他还举了地理学科的一个例子,教师让学生在校园画出一个地理直径,就是让学生像地理工作者那样准备相应的工具,如水准仪、罗盘仪、小平板、GPS定位等,然后师生一起选择控制点,如进入一个边角、道路交叉点等进行测量,对各个特征进行坐标,记下该组的坐标,依据地图的标准,制作校园平面沙盘,更高的要求是建设网络资源绘制电子地图。只有让学生经历了这样的过程,学生才可

---

[1] 柳夕浪.从课堂改革走向学科育人[N].中国教师报,2018-06-06:005.

能形成相应的地理思维方式。

而对于相对"长时段"的单元设计来说，大多数时候我们是在架构一个"全过程"。有时是一个知识的创生过程，有时是一个规律的发现过程，有时是一个认识的形成过程，有时是一个作品的完成过程……这样其实是把学生推至问题开始的地方，引导他们去追根溯源，从而使教学过程成为学生主动参与的"再发现"和"亚研究"过程，让他们从中经受磨砺，增长才智。

（三）落实到位：从"不完整"到"很完整"

从目标达成可能性、可行性视角分析，单元教学除了在路径上与素养目标匹配外，还有一点就是落实更到位。之所以这样讲，最关键的因素就是与以往的"单节单课"教学比，单元教学的过程、方法从"不完整"到"很完整"。主要体现在以下两个方面。

一是学习的过程"很完整"。因为一个单元就是一个"完整的学习事件"，所以单元教学自然就能让学生经历一个在核心任务驱动下逐步递进、逐步深化的完整学习的过程，而不会再像"单节单课"教学那样，大多是点状的、零散的学习。经验告诉我们，学习过程的完整性是保障教学高效的根本路径。

二是学习的环节"很完整"。单元教学主张遵循逆向设计理论进行设计，学习目标、学习评价与学习活动必须同步、对应设计，真正做到"教—学—评"一致性。这与以前我们习惯的教学设计相比，有着以下显著优势：第一是特别要求每一条目标必须是明确具体、可观察、可测量的，否则就难以评价；第二是要求在设计目标的同时设计好评价任务，有多少目标就有多少评价任务；第三是要求根据目标与评价，再设计能让目标得以达成的学习活动。这样就形成很完整的"教—学—评"教学环节链，当然有利于实现"教了等于学了""学了等于会了"的高效课堂。

四 还需要怎样的单课教学

所谓单课，就是处于教材某个单元（章节）之中的具有一定独立性、完整性的教学内容单位，如语言类学科的一篇或几篇课文，科学、数学类学科的某一章中的某一节内容。单课有1课时完成的，也有几课时完成的。那么，在积极倡导单元教学的今天，我们还需要单课教学吗？

对此，不同的学科情况有所差异。这里我们先结合语文学科做一些探讨。

语文学科义务段2017年秋季始使用了统编新教材，普通高中从2019年秋季开始全国各省市陆续分批使用统编新教材。统编新教材在单元编排上有一个重大突破——采用了"人文主题"与"语文要素"双线组织单元的结构。

小学语文、初中语文教材编写大同小异，每个单元一般是3~4篇课文，加上"口语交际"和"习作（写作）"。

普通高中语文教材编写则有较大差别，每个单元收录课文4~6篇（也有超过6篇的），分为2~4课。"课"的划分主要根据学习任务群的要求，依据课文的内容和写法特点进行组合，一课含1~3篇课文不等。教材在课文后面安排的"单元学习任务"，一般设计3~4个活动。其中一个活动是凸显单元人文主题的，另外两个活动略有分工，从不同层面引领思考、探究和交流，还有一个活动指向写作。

浏览各段各册教材所编排的单元，特别是普通高中的必修上、必修下（选修教材尚未出版发行），应该说，大多数单元已具备了单元教学的基本要素和特征，是适合教师进行单元整体性教学设计的。这样编排较好地体现了统编语文教材的意图,希望借此突破单篇阅读、精讲细析的固定模式,让学生在自主的语文实践中学会学习,建构语文核心素养。面对这样的新教材新单元,教学策略上我们首选的理应是单元整体教学。倘若我们再沿袭老套路,仍然以单篇课文为基本教学单位,一篇一篇地讲,"比如讲散文,尽管每篇的特点不同,但教学的思路程式大致就那样,总是段落大意、主题思想、作者情思、篇章结构、写作方法等等,最后得出诸如'情景交融''比喻的手法''形散神不散'之类大同小异的结论"①,那我们的语文教育就永远滞留在"零碎、重复、随意"的几十年不变的落后状态。

那么,根据目前教材单元的编排实际,同一单元的所有课文是否一定要把它们当成一组"群文"进行整体教学呢?单课教学该不该彻底弃而不用呢?

下面以普通高中统编教材必修上第一单元"青春的价值"为例来讨论这个问题。这个单元的编写框架,见表2-5。

表2-5　普高语文必修上第一单元"青春的价值"编写框架

人文主题	语文要素	课文(或学习活动)	写作
青春激扬:树立伟大的革命抱负,理解作者对国家命运前途的关注,激发青春的热情,敞开心扉,追寻理想,拥抱未来	1.理解诗词运用意象抒发思想感情的手法,把握小说叙事和抒情的特点,体会文学作品的独特魅力 2.感受文学作品意蕴的丰富性和语言表达的特殊方法,学习从语言、形象、情感等不同角度欣赏作品,获得审美体验,提升审美能力 3.尝试诗歌写作,增强语言表现力	1.沁园春·长沙/毛泽东 2.立在地球边上放号/郭沫若 红烛/闻一多 *峨日朵雪峰之侧/昌耀 *致云雀/雪莱 3.百合花/茹志鹃 *哦,香雪/铁凝	学写诗歌

———————————
① 温儒敏.统编高中语文教材的特色与使用建议[J].课程·教材·教法,2019(10):6.

本单元安排的三课内容,第1课是毛泽东诗词1首,第2课是现代诗、外国诗共4首,第3课是现代小说2篇。以单篇计,共有7篇课文。这样7篇课文,假如教师还是以篇为单位,7篇课文一篇一篇地讲、一篇一篇地练,那可真是顽固不化了。因为,这三课虽然第2课有4首诗、第3课有2篇小说,但在教材编写专家眼里已经是最小教学单位了。我们重点要讨论的是,这三课到底是将它们整合在一起进行群文教学,还是分三课进行单课教学?如果采用前一种设计,其学习的流程应该是"感悟文意(总)——赏析写法(总)——尝试写作(总)"式,如图2-3所示。

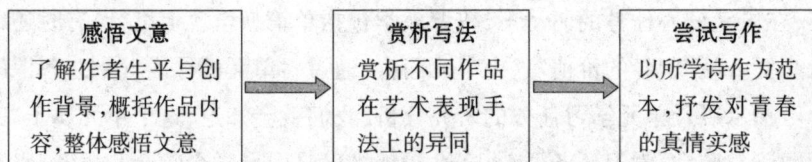

感悟文意		赏析写法		尝试写作
了解作者生平与创作背景,概括作品内容,整体感悟文意	→	赏析不同作品在艺术表现手法上的异同	→	以所学诗作为范本,抒发对青春的真情实感

图2-3　普高语文必修上第一单元教学流程之一

这种设计确实称得上是"全整合式教学"。但从教师尝试结果看,这样的"全整"不切合本单元选文的实际,因为课与课之间差异过大,很难整合。大家比较一致的意见是,采用下面"感悟文意/赏析写法(一)(分)——感悟文意/赏析写法(二)(分)——感悟文意/赏析写法(三)(分)——总结写法/尝试写作(总)"这样的"半整合式"才是更合理的选择,如图2-4所示。

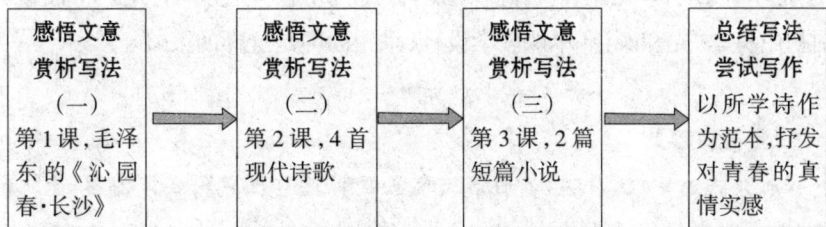

感悟文意 赏析写法		感悟文意 赏析写法		感悟文意 赏析写法		总结写法 尝试写作
(一) 第1课,毛泽东的《沁园春·长沙》	→	(二) 第2课,4首现代诗歌	→	(三) 第3课,2篇短篇小说	→	以所学诗作为范本,抒发对青春的真情实感

图2-4　普高语文必修上第一单元教学流程之二

这表明,在语文学科教育中,我们不能因为倡导单元教学而把单课教学甚至是单篇教学一概否定。温儒敏教授明确指出:"群文教学有利于调动学生的自主学习,但也不要理解为群文教学就比单篇教学更高级,也不是群文教学要一律取代单篇教学。在新教材中,单篇教学和群文教学是并存的。比如古文,有些比较深奥的经典,就仍然设计为单篇教学。"[①]

事实上,问题的关键不在于单课教学还要不要,而是我们怎样进行单课教学。格兰特·威金斯教授等对此提出了很好的建议,"单课计划理应依从单元计划:当一堂课被包含在更大的单元和课程设计中时,通常会更有目的性和连接性"[②]。由此我们得出的结论是,只要我们在单元主题、要素的统领下,在单元核心任务的驱动下,单课教学包括单篇教学不但可行,有时还很有必要。就"青春的价值"这个单元而言,通过对单元的导语、课文、各课的学习提示以及单元学习任务的研究分析,我们就会知道,这个单元属于"文学阅读与鉴赏"学习任务群,人文性目标维度是引导学会领会和思考"青春的价值",工具性目标维度则是赏析学习现代诗歌、诗化小说抒发情感的艺术手法并尝试写作现代诗歌。只要我们紧紧围绕这样的目标、任务展开单课教学,单课教学不但不会偏离单元教学的方向,也照样能促成单元教学目标顺利、圆满地达成。

前文提到,我们所定义的单元,既有"大单元",也有"小单元"。这些"小单元",教学内容往往只是教材某一章的某一节,严格来讲,只能说是一个单课。但是,如果设计者用单元教学的理念与思路对其进行设计与展开,也就是"把单课教学单元化"。对这样的创意我们应给予充分的肯定。下面这一则初中科学"光和颜色"单课教学设计,采用的即是这样的策略。

【学习内容】

浙教版七年级《科学》下册第二章第4节"光和颜色",具体内容:光源的概念,光的直线传播规律,光速,光的色散现象和本质,物体的颜色的形成,

---

① 温儒敏.统编高中语文教材的特色与使用建议[J].课程·教材·教法,2019(10):8.
② 格兰特·威金斯,杰伊·麦克泰格.追求理解的教学设计(第二版)[M].闫寒冰,等译.上海:华东师范大学出版社,2017:9.

看不见的光。

统领概念:光的传播有一定的方向和路径,当光照射到物体表面时,根据反射的色光或透过的色光来确定物体的颜色。

【学习目标】

1.理解光的直线传播规律。

1.1用自己的语言描述光源的概念,并能举例具体物体以区分光源和非光源。

1.2说出光在真空中传播的速度。

1.3归纳光直线传播的条件。

1.4归纳小孔成像的条件,解释小孔成像的原理。

2.理解光的色散原理。

2.1分析白光的组成,解释复色光和单色光的概念。

2.2解释光的色散现象,列举生活中的光的色散现象。

2.3设计实验让看不见的光显性化,说明紫外线和红外线的基本特征。

3.掌握物体颜色形成的原理。

应用透明色片来制造不同的色光,设计不透明物体颜色的实验方案,归纳透明物体和不透明物体颜色形成的原理。

4.运用色光确定物体颜色的知识解决实际问题。

4.1能准确抓住实验某一关键数据、现象论证"反射的色光或透过的色光来确定物体的颜色"这一观点。

4.2运用"反射的色光或透过的色光来确定物体的颜色"这一观点,分析论证"黑色透明物体不存在"。

【核心任务】

雨过天晴,蓝天丽日,白云悠悠,鲜花遍布草地,有红的、黄的、紫的……在广阔的东边云幕上,奇异地出现了一条半圆弧——彩虹。

大自然用它的各种色彩陶冶着我们的情操。

现在,我们手边有手电筒,三棱镜,各色透明片和各色卡纸等,利用这些工具来还原美丽的情景,制造人工彩虹,并制造各色光线改变物体的颜色。

完成这个任务,我们需要思考并解决的问题有:1.形成彩虹的光源在哪里? 光是通过怎样的传播方式进入人的眼球的? 2.太阳光是白光,为什么照射到云层中后,会形成各种颜色的彩虹? 3.彩虹形成的条件是什么? 4.为什么不同的物体会呈现各种各样的颜色,同一个物体在不同条件下也会呈现不同的颜色,物体的颜色究竟是由什么决定的?

【课时安排】

总共3课时。第一课时完成段落一"新知研学"之"光源的概念""光的直线传播规律""光速"。第二课时完成段落一"新知研学"之"光的色散现象和本质""看不见的光",段落二"方案实施"之"探究彩虹的形成条件""制造彩虹"。第三课时完成段落二"方案实施"之"物体的颜色的形成",段落三"拓展延伸"之"运用物体颜色形成的原理解决实际问题"。

从教学内容看,它是初中科学下册第二章第4节内容,属于3节课完成的一个单课。但是设计者却把它设计成了"有模有样的单元",使其基本具备单元教学的要素和功能,可谓"麻雀虽小,五脏俱全"。这样的单课教学,与我们主张的单元教学在理念上、策略上是基本一致的。

五　用什么统领单元

单元之所以称其为单元，因为它所包含的教学材料既不是单个的材料，也不是多个毫无关联的材料的简单相加，它需要一个适合的聚合器。能发挥聚合器功能的，不同学科甚至同一学科的不同单元，并没有一条可以共用的策略，可以是一个"大概念（核心概念）"，可以是一个"主题"，可以是一组"要素"，也可以兼而有之。

（一）用"大概念（核心概念）"统领

《普通高中课程方案（2017年版）》前言中对各学科课程标准有这样的评述，本次学科课程标准修订"更新了教学内容。进一步精选了学科内容，重视以学科大概念为核心，使课程内容结构化，以主题为引领，使课程内容情境化，促进学科核心素养的落实"[①]。

什么是"大概念"（也有翻译成"大观念"的）？格兰特·威金斯教授等认为，"大概念就是一个概念、主题或问题，它能够使离散的事实和技能相互联系并有一定意义。"[②]这个解释比较宽泛，"大概念"既包括概念，也包括主题和问题。林恩·埃里克森等在"概念"的基础上提出了"概念性理解"，认为"基本理解""概念性理解"和"核心学科观念"说的都是同一件事情，其表现

---

① 中华人民共和国教育部. 普通高中课程方案(2017年版)[S].北京:人民教育出版社，2018:前言.
② 格兰特·威金斯，杰伊·麦克泰格.追求理解的教学设计(第二版)[M].闫寒冰，等译.上海:华东师范大学出版社，2017:6.

形式就是表达跨越时间、地点和情境的概念性关系的句子①。按照林恩·埃里克森等的观点，"动物的行为"不是"大概念"，而"动物借助行为适应多变的环境，提高存活和繁殖的机会"则是"大概念"。我们认同林恩·埃里克森等对"大概念"的理解。

为什么需要"大概念"统领？无论是格兰特·威金斯还是林恩·埃里克森，都强调"大概念"作为"透镜""聚合器"的功能，即把离散的事实和技能聚合起来，形成意义。更重要的是，"大概念"有很强的迁移价值，能运用到新的情境中解决实际问题。对此，顿继安等以初中生物"动物的行为"一课为例做了非常通俗的解释。

有教师的教学按照动物的摄食行为、防御行为、攻击行为、领域行为、节律行为、繁殖行为依次进行，对于每种行为，都是先给出动物行为的定义，再分析该种行为对动物的意义。这样的教学是以动物的每种具体行为的学习作为独立单位，40分钟的课由6个时长在五六分钟的"微课"拼接而成，不同动物的行为以孤立事实的形象留在学生头脑中，必然是碎片化的知识。而如果教学围绕生物学科大概念"动物借助行为适应多变的环境，提高存活和繁殖的机会"进行，这些不同动物的具体摄食行为、防御行为、节律行为等就有了深层联系。对这些动物行为的学习不必平均着力，通过对一些动物行为的深度分析，学生将学到从动物行为与环境相适应的角度认识动物的各种行为，动物行为的意义和各个行为之间的相互关系，以及认识动物行为、动物与环境关系的分析思路和探究方法。这样，当遇到课本中没学过的动物行为时，学生也能够自主分析和解释其意义。②

"大概念"之"大"是相对而言的。中等程度大小的概念可以连接到较大的概念，较大的概念可以连接到更大的一些概念，即包含范围更大的概念，大小概念的关系，如图2-5所示。

---

① 林恩·埃里克森,洛伊斯·兰宁.以概念为本的课程与教学:培养核心素养的绝佳实践[M].鲁效孔,译.上海:华东师范大学出版社,2018:27.
② 顿继安,何彩霞.大概念统摄下的单元教学设计[J].基础教育课程,2019(18):7-8.

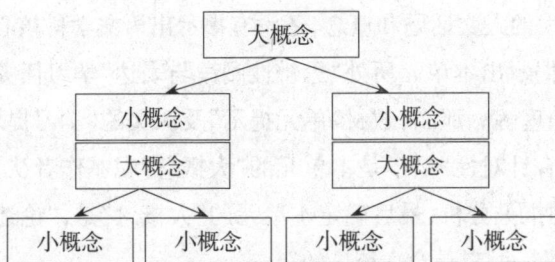

图 2-5　大小概念的关系

从教学设计实践看,用"大概念"统领单元的策略,相较而言,比较适合物理、化学、生物、地理等学科。如普高生物学必修 I 的 6 个单元,均可采用"大概念"统领的策略,见表 2-6。

表 2-6　普高生物学必修 I 各单元"大概念"

单元	统领大概念
细胞的分子组成	细胞由多种多样的分子组成,包括水、无机盐、糖类、脂质、蛋白质和核酸等,其中蛋白质和核酸是两类最重要的生物大分子
细胞的结构	细胞各部分结构既分工又合作,共同执行细胞的各项生命活动
细胞的分类	各种细胞具有相似的基本结构,但在形态与功能上有所差异
物质进出细胞的方式	物质通过被动运输、主动运输等方式进出细胞,以维持细胞的正常代谢活动
细胞内的化学反应	细胞的功能绝大多数基于化学反应,这些反应发生在细胞的特定区域
细胞的生命历程	细胞会经历生长、增殖、分化、衰老和死亡等生命进程

(二)用"主题、要素"统领

用"大概念"统领单元的策略,也并非适合所有学科。

李卫东曾对普高语文新教材必修上第六单元"学习之道"的"大概念"做过一番提炼。他认为,"学习之道"不应该是本单元的"大概念",因为"学习之道"是一个大的人文话题和概念，还没有揭示出语文学科核心素养中的关键能力，没有揭示出本单元所处"思辨性阅读与表达"学习任务群的关键的概念性关系和理解。那么，教材"单元提示"及课文的"学习提示"中都反复提到"议论要有针对性"是不是本单元的"大概念"呢？作者认为不够全面。经过多角度的推敲分析，最后确定本单元的"大概念"是，"论述既要有针对性也要有概括性，两者是对立统一的"①。

先不论这个"大概念"是否适合，我们要质疑的是根据语文学科的学科特质，是否需要每个单元都这样提炼一个所谓的"大概念"？如果非有不可，那教材编写者干吗不提炼、不提供呢？其实就语文学科来说，这样硬生生地弄出一个"大概念"来完全没有必要。因为统编语文教材每个单元都是按照"人文主题"（人文性）、"语文要素"（工具性）这样的"双线"组合的，这里的"人文主题""语文要素"即是统领单元之"神"，而且教师参考用书上附有各单元内容框架，把各单元的主题与要素讲得明明白白了。如上述这个单元教师参考用书上的说明，见表2-7。

表2-7 普高语文必修上第六单元"学习之道"编写框架

单元	人文主题	语文要素	课文(或学习活动)	写作
第六单元	学习之道：把握学习的价值、意义、原则和方法，通过读书与学习提升自身修养，培养终身学习的理念；借助理性思维，认清事物的本质，辨别是非、善恶和美丑	1.借助注释和工具书，读懂古代思辨性作品，探究其中蕴含的文化内容和传统思维方式 2.准确把握和评价作者的观点与态度，理解阐述观点的方法和逻辑，学习有针对性地表达观点 3.学会发现问题，从合适的角度以恰当的方式阐述自己的看法，论述合理，语言准确，以理服人	10.劝学/荀子 *师说/韩愈 11.反对党八股/毛泽东 12.拿来主义/鲁迅 13.读书：目的和前提/黑塞 *上图书馆/王佐良	议论要有针对性

① 李卫东.大观念和核心学习任务统领下的大单元设计[J].语文建设,2019(21):11-12.

英语学科与语文学科类似,每个单元一般也是由"人文主题"与"语言要素"统领,如初中英语七年级下册教材部分单元的统领方式,见表2-8。

表2-8　初中英语七下教材部分单元统领主题与要素

单元	统领主题与要素
Unit 4 Don't eat in class.	人文主题:"人与自我"之规章制度 语言要素:围绕"规章制度"这个主题的听、说、读、看、写的语言技能训练
Unit 5 Why do you like pandas?	人文主题:"人与社会"之人与动物 语言要素:围绕"人与动物"这个主题的听、说、读、看、写的语言技能训练
Unit 8 The neighborhood.	人文主题:"人与社会"之街坊邻居 语言要素:围绕"街坊邻居"这个主题的听、说、读、看、写的语言技能训练
Unit 11 How was your school trip?	人文主题:"人与自我"之学校组织的游览活动 语言要素:围绕"学校组织的游览活动"这个主题的听、说、读、看、写的语言技能训练

用"大概念"统领单元,一有"聚合"作用,二有"迁移"作用。也许有人会问,那么,用"主题"或"要素"等来统领单元,"聚合"作用比较明显,而"迁移"作用是不是弱化、虚化了呢? 我们认为,这种担心是没有必要的。仔细分析统领单元的"主题"或"要素",不难发现,"主题"所蕴含的情感与价值观,"要素"所涵盖的学科方法、思维与思想等,都是从单元整组学习材料中概括提炼出来的,与"大概念"类似,因此它们同样能发挥"迁移"的作用。

六 系统架构学习单元

"单节单课"教学的时候，只要依照教材序列按部就班地把教材教完就行了。但单元教学可就大不一样了，就某一册教材而言，根据内容的特点与教学的实际，哪些内容、多少内容可以或应该组成一个学习单元？整册教材可以分成几个"大单元"、几个"小单元"？这些都需要我们事先进行系统化的谋划。

根据我们的实践，以一册教材为范围，学习单元的架构不外乎两种思路，一是完全遵循教材，二是适当调整教材。

（一）完全遵循教材

从2020年普高秋季实施的新教材看，大多数学科是以"章+节"形式呈现的，语文、历史学科是以"单元+课"形式呈现的，而思想政治学科则直接是以"课"形式呈现的。义务段各学科教材的编写体例也大同小异。理论上讲，这些学科的"单元"（或"章"、或"课"）应该就是我们所指的学习单元。因此，如果教材编排的每一个单元完全适合开展单元教学的要求，那我们也无须再做调整与重组。在架构整册教材学习单元时，只要完成提炼统领各单元的概念或主题、要素并安排好课时计划等就可以了。如普高物理必修第一册学习单元设计，见表2-9。

表2-9 普高物理必修第一册学习单元设计

教材章节	学习单元	课时	统领概念(主题、要素)
第一章 运动的描述	运动的描述	4	定量描述一个运动需要借助质点、参考系、时间、位移、速度和加速度等概念
第二章 匀变速直线运动的研究	匀变速直线运动	5	物体加速度恒定且不为零的直线运动是匀变速直线运动,该运动的速度、位移、时间符合一定的规律
第三章 相互作用	常见相互作用及其规律	6	相互作用是物体间联系的表现,物理上分析相互作用需要明确其产生原因、作用方式与计算方法。作用在不同物体上的一对相互作用满足牛顿第三定律;同一个物体上的相互作用可以合成与分解,在一定情况下存在平衡的情况
第四章 运动和力的关系	运动和相互作用的关系	7	运动和相互作用的关系遵循牛顿三大定律,物体的相互作用决定了其运动情况

(二)适当调整教材

当然,从实际使用的情况看,大多数学科教材所编写的单元很难直接拿来作为我们的学习单元,还必须根据教学内容特点与教学实际做适当的调整。如初中语文八年级上册学习单元设计,见表2-10。

表2-10 初中语文八年级上册学习单元设计

教材单元	调整后单元	课时	统领概念(主题、要素)
第一单元	1.新闻阅读、采访与写作	7	语文要素:新闻阅读、采访与写作的知识与运用
第二单元	2.回忆性散文、传记阅读与写作	9	语文要素:回忆性散文、传记的知识与运用

素养立意的单元教学设计

教材单元	调整后单元	课时	统领概念(主题、要素)
第二单元	3.综合性学习活动	2	人文主题:人无信不立 语文要素:演讲稿的知识与运用
第三单元	4.古诗文阅读与写作	9	人文主题:感受自然山水之美 语文要素:景物描写的知识与运用、文言文字词积累与阅读方法
	5.《红星照耀中国》纪实作品阅读	4	人文主题:传承与发扬革命精神 语文要素:纪实作品的阅读方法
第四单元	6.散文阅读	7	人文主题:感受丰富多彩的自然景象和社会生活 语文要素:不同类型散文的阅读方法
	7.写作:语言要连贯	2	语文要素:语言连贯的要领与运用
	8.综合性学习活动	2	人文主题:我们的互联网时代 语文要素:利用互联网学好语文的策略
第五单元	9.事物性说明文阅读与写作	7	语文要素:事物类说明文的知识与运用
	10.《昆虫记》科普作品的阅读	4	语文要素:科普作品阅读的方法
第六单元	11.古代诗文阅读	7	人文主题:人的志趣与品格 语文要素:文言文字词积累与阅读方法
	12.写作:表达要得体	2	语文要素:表达得体的要领与运用
	13.综合性学习活动	2	人文主题:身边的文化遗产 语文要素:遗产项目申报、答辩的知识与运用
第一单元 第五单元	14.口语交际(讲述、复述与转述)	4	语文要素:讲述、复述与转述的技巧和运用

设计者把教材编排的7个"大单元"调整为14个学习单元。之所以要进行这样的调整,是因为教材把阅读(包括单篇阅读与名著阅读)、写作、口语交际、综合性学习分置于各个大单元之中。从实际情况看,有些是用"同一个人文主题+同一组语文要素"统领的,这符合我们所定义的学习单元的要求,不必另起炉灶;而有些则并非如此,需要再做一些调整。调整后的14个学习单元,有读写结合的(因为阅读与写作在语文要素上匹配),如"新闻阅读、采访与写作""回忆性散文、传记阅读与写作""古诗文阅读与写作""事物性说明文阅读与写作"4个单元;有阅读与写作分列的(因为两者在语文要素上不匹配),如"散文阅读"与"写作语言要连贯","古诗文阅读"与"写作表达要得体";还有各自独立的名著导读、综合性学习以及口语交际等。

再如小学数学四年级下册学习单元设计,见表2-11。从表中我们可以看出,设计者对教材章节进行了结构性的调整。调整后的单元更能彰显作为一个学习单元就是一个"完整的学习事件"的特征,便于按照单元整体教学要求进行设计与实施。

表2-11　小学数学四年级下册学习单元设计

教材章节	调整后的学习单元	课时	统领概念(主题、要素)
第1章　四则运算	运算有意思	3	四则运算的抽象与推理(四则运算的意义与四则混合运算的运算顺序)
第3章　运算定律	运算有规律	7	运算模型的优化与应用(运算定律、运算性质与简便计算)
第2章　观察物体(二)	图形的静与动	8	图形的静态抽象与空间观念(由立体图看出三视图形)
第7章　图形的运动(二)			图形的动态抽象与空间观念(在网格图描述与绘制轴对称与平移)
第5章　三角形			平面图形的要素与空间观念(三角形的特性、三边关系、分类与内角和)

教材章节	调整后的学习单元	课时	统领概念(主题、要素)
第4章 小数的意义和性质	生活中的小数	12	数系的产生、形成与完善(小数意义和性质以及在加减法中的应用)
第6章 小数的加法和减法			
第8章 统计	会说话的数与图	2	数据的整理分析和数据分析观念(平均数、复式条形统计图)
第1章 例5租船问题	精打细算会假设	3	问题解决和数学思维模型(假设法解决问题)
第9章 数学广角			

第三章

创新设计模板

　　要让单元教学的意愿与理念化为可持续常态化的实践行动,首先要有与之匹配的单元教学设计模板。倘若我们依然袭用现行的"课时主义"设计模板,那么旨在实现核心素养目标的教学单位的重构之路将寸步难行。

　　本章将在剖析X区现行教学设计模板所带来的桎梏、评述当前在国内颇具影响力的逆向设计模板和学历案模板的基础上,重点阐述与介绍我们研制的单元教学设计模板——一个试图把单元与课时合二为一、把教案和学案合二为一的全新模板。

一 X区现行教学设计模板

为了加强教学常规管理、促进教师认真备课，几乎所有的学校无一例外地给教师下发了备课本，在备课本上印制了统一的教案设计模板（教学设计模板）。以X区为例，目前大多数学校依旧使用的是该区教研部门10多年前在全区统一使用的设计模板，当然也有部分学校研发使用了自己的设计模板。

从该区使用的各种设计模板以及教师的使用现状看，存在的问题主要如下。

（一）价值定位：止于"底线要求"

先看该区使用最广的一个教学设计模板，见表3-1。

表3-1 X区教学设计模板1

上课日期：_____月_____日 星期_____

课　题		教学程序与策略	
教学目标			
重点难点			
教学程序与策略			
		教后反思	

这是一则"一课时两页"的设计模板。该模板最大的特点就是给教师设置了一个教学设计的"底线要求"。从内容栏目看,写明每节课的"教学目标""重点难点""教学程序与策略""教后反思"四个方面即可。从呈现方式看,两个页面,又是手写,其实就是写个简案而已。这样的模板为何能"经久不衰"呢? 究其原因,第一,是设计模板本身的"要求低、栏目少";第二,从学校教学管理层面看,大多数学校在教师备课管理上只是满足于"教师每节课都写了教案"这样的"底线要求"。这从学校开展的"备课检查"可见一斑。临近学期结束时,学校组织相关领导数一数、看一看教师备课本上的教案,与实际课时数吻合度较高的、写得稍微详细工整一点的即是"备课认真""备课优秀"。在一项"您按照学校要求在备课本上写教案的主要目的是什么"的调查中,竟有超过50%的教师回答的是"应对学校的备课本检查"。

(二)设计理念:囿于"单节单课"

看下列两个教学设计模板,见表3-2、表3-3。

表3-2 X区教学设计模板2

教师_____ 学科_____ 课题_____ 　　　上课日期:___年 __月___日___星期__

时间段落	教学目标	内容段落	教学过程与方法	时间段落	教学目标	内容段落	教学过程与方法
第1段__分钟				第3段__分钟			
第2段__分钟				课后反思			

表3-3　X区教学设计模板3

课题			总课时		第　课时	
	学习目标					
	重点难点					
时段	课堂环节	各环节目标	学生活动		教师活动	
课前	先行自学					
课中	小组合作					
	班内展示					
	深入探究					
	达标自测					
	交流展示					
	课堂反思					

　　这两个模板倒是名副其实的"创新版"。模板2,学校称其为"三段式模板"。将一节课切分为若干个段落(一般为三个段落),然后按照段落叙写教学目标、内容、过程与方法等。应该说,这样设计确实能倒逼教师把目标等写得尽量明确具体,有利于目标的落实。采用模板3的学校,是该区课堂教学改革先锋。这个模板的意图很明确,就是引领教师按照"先学后教"的理念和策略来设计每节课的教学流程。

　　但是,两个设计模板在设计单位上存在着与其他传统模板同样的问题——囿于"单节单课"。模板2,在研制者眼里的设计单位,不仅仅是单节课,甚至是单节课内的一个"小段落"。模板3,模板第一行要求教师写明"总课时"与"第几课时"。但这里的"总课时"所指的是单课(如语文学科用3课时教完一篇课文),也并非一个单元。

　　为什么在倡导单元整体教学背景的当下,大多数教师眼里依然只有"单节单课"？这也不能全归咎于教师,区域层面或学校层面提供的囿于"单节单课"的设计模板也难辞其责。

(三)设计步骤:惯于"两段设计"

从我们收集到的10余种设计模板看,教学设计的步骤基本上就是如下两步,见图3-1。

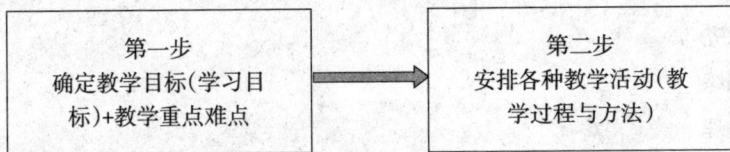

```
┌─────────────────────┐        ┌─────────────────────┐
│       第一步          │        │       第二步          │
│  确定教学目标(学习目    │───────▶│  安排各种教学活动(教    │
│  标)+教学重点难点      │        │   学过程与方法)        │
└─────────────────────┘        └─────────────────────┘
```

图3-1　教学过程两段设计

我们称这种只有两个步骤的设计为"两段设计"。它虽然回答了一个教学设计必须回答的"我们要到哪里去""我们怎样到那里去"两大问题,但是忽略了教学设计不可或缺的另一个问题"何以证明我们有没有到达那里"。长期使用这样的设计模板,导致大多数教师对课堂教学过程中及时进行教学评价的"无意识""无行动"。在问卷调查中,针对"您认为有没有必要每一条目标都要设计匹配的评价任务"一问,回答"有必要"的只有33%,"说不清"的有"8%",而认为"没有必要"的竟然高达"59%"。

(四)项目设置:限于"经验主义"

在设计栏目设置上,不同学校的不同设计模板之间可谓差异巨大。我们再来看两个模板,见表3-4、表3-5。

表3-4　X区教学设计模板4

时　间		主备人		审核人		使用人	
课　题				课　型		编　号	
学习目标							
重点难点							
预习反馈 梳理探究 课堂训练 学后整理							

表3-5　X区教学设计模板5

课　题			课　型		单元课时	
教学目标						
预学作业 分析						
导学方案 设计	教学流程	教师组织	组织目标	学生活动		活动目标
	流程一 （分钟）					
	流程二 （分钟）					
	流程三 （分钟）					
教学札记						

　　这两个同为普通高中使用的设计模板,除了"教学目标"栏一致外,其他无一雷同。按理,一个设计模板总该以公认的、普适的教学设计理论为支

撑,要求教师思考解决教学设计的共性问题,所以不同学校之间的设计模板可以有差异,但这差异应当是"大同小异"。之所以会差异巨大,源自模板研发者们的"经验主义",凭自己的"老经验""想当然"。

比如,"教学重点难点"这个栏目,上述两个模板一个设置,一个未设。当我们追问"为什么要设置"时,研发者的解释就是"大家都如此""向来就是如此"。而事实上我们应该知道,设置"教学重点难点"一栏纯属多此一举。这倒不是说没有重点难点,而是因为教学目标所涵盖的即是重点难点。课堂教学要达成的目标,当然都是经过教师精心选择的重点难点。这从教师在面对"您认为教案设置'教学重点难点'一栏是否有必要""您所写的'教学重点难点'是否就是教学目标中的某一点或者某几点"的矛盾回答中可以得到进一步佐证。面对第一问,82%的教师回答"有必要",这是因为他们习惯成自然了。面对第二问,同样是82%的教师回答"是",正好说明教师所写的"重点难点"就是重复呈现了某几条教学目标而已。

(五)呈现方式:固于"统一手写"

先看我们对教案呈现方式的调查数据:针对"您喜欢用哪一种教案呈现方式"一问,选"电子教案"的有36%,选"纸质(手写)教案"的有21%,选"都可以"的有43%。针对"你们学校对教案呈现方式的要求是什么"一问,答"所有教案都是纸质(手写)教案"的有59%,答"纸质(手写)教案与电子教案均可"的有37%,答"没有要求"的只有4%。

调查结果表明,学校管理层面大多要求"统一手写",而教师层面大多则希望"灵活多样"。

那么,学校管理层面为何几十年来一成不变青睐于"统一手写"呢?理由其实很简单,为了防止教师采用网上粘贴的手段抄袭教案。另外,统一写在备课本上,检查管理相对方便。

我们认为,固执地坚持"统一手写"的呈现方式确实已经不合时宜。第一,假如教师要用抄袭的手段应对学校检查,那么他们用手写的方法不是照样可以做到吗?第二,每一节课的教案都是机械地填写在两页固定格式与位置的表格上,与很多教师的实际需求、个人风格是难以匹配的。

二　借鉴之一:逆向设计模板

近年来,逆向设计的热度颇高。学界也有一个趋同的观点,追求高效的教学设计,必须遵循学生学习的思路,进行逆向设计。那么,什么是逆向设计? 其设计模板我们是否可以全盘照搬? 基于现实可能性,我们应该借鉴的主要是哪些方面?

(一)什么是逆向设计

逆向设计是由美国教育评估专家格兰特·威金斯和杰伊·麦克泰格提出的教学设计逻辑。他们认为,教学设计不能像大多数教师习以为常的"从输入端开始思考教学,即从固定的教材、擅长的教法,以及常见的活动开始思考教学",而应该"从输出端开始思考教学,即从预期结果开始思考教学"[①]。

依照逆向设计的逻辑,一个学习单位的教学设计应该按照如下三个阶段进行,见图3-2[②]。

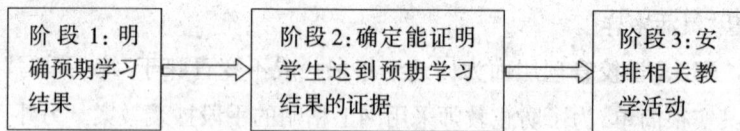

| 阶段1:明确预期学习结果 | → | 阶段2:确定能证明学生达到预期学习结果的证据 | → | 阶段3:安排相关教学活动 |

图3-2　逆向教学设计过程的三个阶段

① 格兰特·威金斯,杰伊·麦克泰格.追求理解的教学设计(第二版)[M].闫寒冰,等译.上海:华东师范大学出版社,2017:15.

② 格兰特·威金斯,杰伊·麦克泰格.理解为先单元教学设计实例:教师专业发展工具书[M].盛群力,等译.宁波:宁波出版社,2020:4.

阶段1：明确预期学习结果

预期的学习结果指依据课程标准和需要深入持久理解的内容，预测学生在单元教学结束之后应该知道什么、能够做什么、什么内容需要深入持久地理解。这个环节是后续两个阶段的前提和基础，起着根本的导向作用。

阶段2：确定能证明学生达到预期学习结果的证据

预期了学习结果之后，教师就必须确定能够证明学生已经达到目标的有效证据：何以知道学生是否已经达到了预期结果？哪些证据能够证明学生的理解和掌握程度？

阶段3：安排相关教学活动

这个阶段需要教师安排相关的教学活动和学习体验，使其与前两个阶段的预期目标及评估方式保持一致，确保学生通过设计的一系列教学活动真正达成目标。

不难看出，逆向设计特别主张评价设计优先于教学活动，即先确定预期学习结果的教学目标，然后基于目标预设评价方式与标准，最后设计教学活动。实际上，从逻辑上讲，逆向教学设计其实是正向的、合理的。在通常的教学设计中，教师常在活动设计、实施之后，再制定相应的评价方式及标准，甚至在某些情况下，教学过程中教师并未明确指出评价标准，导致师生都难以清晰地评估学习目标的达成度。而逆向设计强调的是"以终为始"，"先明确预期结果，再确定预期结果达到的证据，将评价设计提到教学活动设计的前面，使评价嵌入教学过程，成为诊断和驱动教学的工具"①。

为了增强逆向设计的可操作性，格兰特·威金斯等总结了逆向设计模板（简称"UbD模板"）。根据细化程度的不同，该模板又分成单页模板（见表3-6）②、两页模板和六页模板。这三个模板主要是篇幅格式上的差异，设计的内容栏目基本一致。

---

① 叶海龙.逆向教学设计简论[J].当代教育科学,2011(4):24.
② 格兰特·威金斯,杰伊·麦克泰格.追求理解的教学设计(第二版)[M].闫寒冰,等译.上海:华东师范大学出版社,2017:23.

表3-6 包含设计问题的单页模板

阶段1——预期结果	
所确定的单元教学目标： 此设计将达到什么目标（例如：内容标准、课程或项目目标、学习结果）	
理解： 学生将理解…… ●大概念是什么 ●期望他们获得的特定理解是什么 ●可预见的误解是什么	基本问题： ●什么样的启发性问题能够促进探究、理解和学习迁移
学生将知道…… ●作为本单元的学习结果，学生将会获得哪些关键知识和技能 ●习得这些知识技能后，他们最终能够做什么	学生将能够做到……
阶段2——评估证据	
表现性任务： ●学生通过哪些真实的表现性任务证明自己达到了预期的学习目标 ●通过什么标准评判学习成效	其他证据： ●学生通过哪些其他证据（如小测验、考试、问答题、观察、作业、日志）证明自己达到了预期结果 ●学生如何反馈和评价自己的学习
阶段3——学习计划	
学习活动： 哪些学习体验和教学能够使学生达到预期的结果？将设计如何 W=帮助学生知道此单元的方向 (Where) 和预期结果 (What)，帮助教师知道学生从哪里 (Where) 开始（先前知识、兴趣） H=把握 (Hook) 学生情况和保持 (Hold) 学生兴趣 E=武装 (Equip) 学生，帮助他们体验 (Experience) 主要观点和探索 (Explore) 问题 R=提供机会去反思 (Rethink) 和修改 (Revise) 他们的理解及学习表现 E=允许学生评价 (Evaluate) 他们的学习表现及其含义 T=对于学生不同的需要、兴趣和能力做到量体裁衣 (Tailor)（个性化） O=组织 (Organize) 教学使其最大限度地提升学生的学习动机与持续参与的热情，最终提升学习效果	

(二)不能完全照搬的缘由

格兰特·威金斯等在谈到逆向设计模板使用时指出,教师意识到逆向设计有普遍意义,然后,当他们第一次使用该方法时仍会感到不自然,"除非你已经掌握它的精髓,否则这种工作方式在应用时会让你觉得有些棘手和耗时,但这种努力是值得的,正如学习使用一款好软件一样,一开始是困难的,可一旦熟练掌握便带来极大帮助"[①]。但对中国老师来说,使用"这款软件"可能不只是"一开始是困难的"。难怪《追求理解的教学设计》自2017年第一版后,虽经10次印刷,但是难见哪所学校、哪位教师在日常教学实践中能常态化使用。

这其中的原因,我们认为,不是设计理念有什么问题,主要是逆向设计模板在操作层面上的确与我们的现实需求较难适配。主要表现在如下方面。

一是模板具体栏目、表述方式与我们不适配。

在三个阶段中,"阶段2——评估证据"分为"表现性任务"和"其他证据"两栏,提醒教师首先要考虑用"表现性任务",然后再用其他评估方式,指向明确、分类清晰,应该说教师理解与仿效都没有问题。

但是,"阶段1——预期结果"和"阶段3——学习计划"两个阶段的栏目设置与表述方式,对我们大多教师来说,要真正理解和操作都是比较困难的。

比如阶段1,要求教师先编写"单元教学目标",然后再分写"学生将理解……""学生将知道……""学生将能够……",中间还夹杂了一栏"基本问题"。这显然是格兰特·威金斯等对教学目标分类思想的具体体现。但是,我们教师习惯的是"双基目标""三维目标"分类标准与表述方式,再加之"理解……""知道……""能够……"这样的分类与表述确实容易混淆,因此,如果我们要求教师统一地照搬这样的栏目与表述方式,很难想象他们会编出

① 格兰特·威金斯,杰伊·麦克泰格.追求理解的教学设计(第二版)[M].闫寒冰,等译.上海:华东师范大学出版社,2017:22.

怎样的设计来。

我们来看一则套用逆向设计模板设计的实例。这是高中化学"氧化还原反应"阶段1设计,见表3-7[①]。

表3-7　高中化学"氧化还原反应"阶段1设计

阶段1——预期结果	
所确定的单元教学目标: 会从宏微结合的角度认识氧化还原反应,理解其中的变化与守恒规律,并能够通过证据推断化学反应类型	
学生将理解: ●氧化还原反应的特征是有化合价变化 ●氧化还原反应的本质是电子的得失和偏移 ●氧化还原反应中的对立与统一、变化与守恒的关系	**基本问题:** ●怎样将氧化还原反应中的微观电子得失或偏移宏观展示出来 ●通过什么活动,理解氧化还原反应中的电子得失守恒
学生将知道: ●氧化还原反应与四大基本化学反应类型的区别和联系 ●氧化剂与还原剂的基本性质和强弱规律 ●氧化还原反应中存在化合价升降相等、电子得失守恒的现象 ●氧化还原反应的普遍存在及其对人类生产生活的影响	**学生将能够做到:** ●从化合价升降的角度判断氧化还原反应 ●能找出氧化剂和还原剂并比较 ●能对氧化还原反应进行简单的计算和配平

与见诸刊物的其他逆向设计相比,应该指出,这个设计总体上当属上乘。但是,问题也还是不少。其一,"学生将理解""学生将知道"两栏中的具体内容在逻辑上有诸多杂糅与错位。其二,从总目标与分目标看,似乎所有目标还只是停留在"知识与技能"维度上。

---

① 张旭东,孙重阳,由峰至原:中学化学逆向教学设计的探讨与实践[J].化学教学,2019(3):41-45.

二是模板在"单元—课时"设计上与我们不适配。

查阅格兰特·威金斯等的《追求理解的教学设计(第二版)》以及《理解为先单元教学设计实例:教师专业发展工具书》中介绍的三个模板以及所有的设计实例,我们发现,单页模板、两页模板均没有设置课时安排方面的栏目;六页模板上有设置,其设置的方式是:第1页单元封面"课时"栏目上先注明本单元总共用多少课时(见表3-8),第6页再概要说明每一周每一天的主要安排(见表3-9)。

表3-8　六页模板(第1页)

单元封面	
单元题目:_____ 年级水平:_____ 学科/主题领域:_____ 关键词:_____ 设计者:_____ 课时:_____ 学区:_____ 学校:_____	

表3-9　六页模板(第6页)

阶段3——安排学习经验和教学				
星期一	星期二	星期三	星期四	星期五

在《理解为先单元教学设计实例:教师专业发展工具书》中附有一则营养课程的教学设计,单元题目为"人如其'实'",课时为"三周",第6页模板上填写了三周中每天的"学习经验和教学"[①]。

如第一周星期一的安排是:

1. 以饮食习惯和青春痘的讨论吸引学生。

2. 介绍基本问题和关键术语。

3. 让学生开始用食物日记来记录他们的日常饮食方式。

第三周星期五的安排是:

…………

20. 单元总结:学生结合其个人饮食习惯进行自我评价。让每个学生为其健康饮食的目标制订一份个人行动计划。

从中我们可以发现,逆向设计模板着眼于单元整体设计,而在目标、内容、评价、活动等"课时化"设计上远没有我们这样重视和精细化。这恐怕也与不同国家课程设置、教学管理等的差异相关。今天我们倡导单元整体教学,设计单位虽然要由"单节单课"变为单元,从"一课时"变为"多课时",但是,无论是从教学管理层面还是从教师操作层面,在单元整体设计的观照下的"课时化"设计依然是我们的不二选择。所以,在"单元—课时"设计要求上,逆向设计模板显然也不能与我们的需求相适配。

(三)值得我们借鉴的地方

逆向设计模板虽说在具体操作上有与我们的实际需求不够匹配之处,但它依然是我们研制单元教学设计模板时最需要借鉴的模板之一。而最值得我们借鉴的当是其提出的逆向设计的理念与方法。

格兰特·威金斯等认为"'逆向'是最好的",对此,我们也高度认同。理由就是,"生本"与"有效"。

先说"生本"。

---

① 格兰特·威金斯,杰伊·麦克泰格.理解为先单元教学设计实例:教师专业发展工具书 [M].盛群力,等译.宁波:宁波出版社,2020:53-56.

格兰特·威金斯等在批判从固定的教材、擅长的教法以及常见的活动这些"输入端"思考教学的行为时明确指出，教师这样做，"只关注自己的'教'，而不是学生的'学'。他们首先花大量时间思考的是：自己要做什么、使用哪些材料、要求学生做什么，而不是首先思考为了达到学习目标，学生需要什么"①。逆向设计则完全是从学生立场来思考教学，教学设计展开遵循的是学生的学习思路，而不是教师的教导思路。李润洲教授认为，要真正落实学科核心素养，教学设计就必须"遵循学习的思路，开展逆向设计"，"在目标指向上，作为对教学的事先筹划，指向学科核心素养的教学设计是以育人为本的教学设计，其着眼点需要从'教师之教'转变为'学生之学'。不过，在有些人看来，教学设计只是一种关于教师'教什么'和'怎么教'的方案。此种观点就隐含着一种明显的教师立场，而缺乏应有的学生立场。倘若仅仅围绕着教师的教导思路筹划教学，那么往好处说，教学设计就成了教师个人才能的展示；往坏处说，教学设计就成了既定教学任务的罗列。倘若教学内容脱离了学生的认知基础，那么其结果就是教师讲得越多，学生越困惑。其原因在于，不关注学生学习的教学设计，既违背了教师之教是为了学生之学服务的宗旨，也使教师之教因未能对接学生的学习需求而失去了其应有的意义"②。

再说"有效"。

尹后庆在《追求理解的教学设计（第二版）》序言中对逆向设计有这样的评价："本书认为教师在考虑如何开展教与学活动之前，先要努力思考学习要达到的目标到底是什么，以及哪些证据表明学习达到了目的；必须首先关注学习的期望，然后才有可能产生适合的教学行为；认为最好的设计应该是'以终为始'，从学习结果开始的逆向思考。这个概念和方法对于我们为追求有意义、有效果的教学设计以及思考和寻找教师教学行为转变的路径颇有启迪。"③

① 格兰特·威金斯，杰伊·麦克泰格.追求理解的教学设计（第二版）[M].闫寒冰，等译.上海：华东师范大学出版社，2017：25.
② 李润洲.指向学科核心素养的教学设计[J].课程·教材·教法，2018(7)：35-36.
③ 格兰特·威金斯，杰伊·麦克泰格.追求理解的教学设计（第二版）[M].闫寒冰，等译.上海：华东师范大学出版社，2017：序.

用逆向设计实施的教学为什么"有效"？因为其蕴含的实质就是"教—学—评"一致性的思想。一致性的思想虽然不是格兰特·威金斯等首先提出的,在《追求理解的教学设计(第二版)》一书中也没有专门的阐述,但是他们的逆向设计模板却正是对这一思想的生动精彩的演绎。

对于"教—学—评"一致性的理解,崔允漷教授等在结合美国学者研究的基础上,建构了"教—学—评"一致性三因素理论模型,如图3-3所示。[①]

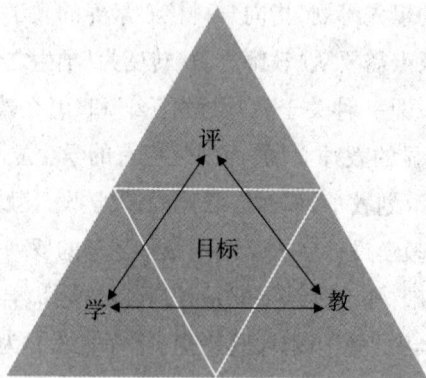

图3-3 "教—学—评"一致性三因素理论模型

崔允漷教授等将"教—学—评"一致性定义在整个课堂教学系统中教师的教、学生的学和对学生学习的评价三个因素的协调配合程度,它们共同指向对课程目标的理解。因此,"教—学—评"一致性本质上就是"目标—教—学—评"一致性,其中"目标"指学生学习目标,"教"指教师帮助促进学生实现目标而安排的教学活动,"学"指学生为实现目标而付出的种种努力,"评"指师生为观察检测学生的目标达成而对学生学习表现进行的评估活动。"教—学—评"一致性三因素模型强调在目标指引下的三项一致,即在特定的课堂活动中,要以清晰的学习目标为前提,教师的教、学生的学以及对学生学习的评价应具有高度的一致性。这种一致性体现为教、学、评三者都服务于学

---

① 崔允漷,雷浩.教—学—评一致性三因素理论模型的建构[J].华东师范大学学报(教育科学版),2015(4):16-17.

习目标。简言之,所教即所学,所学即所评,所评即所教。

读完格兰特·威金斯、杰伊·麦克泰格教授的两部专著,我们不难发现,"教—学—评"一致性是他们遵循并演绎的核心思想。在论及为什么要"确定达标证据"时,书中指出:"确定阶段1的预期目标之后,设计者经常习惯性地跳过阶段2,直接规划阶段3的相关教学活动,但这容易导致教学活动偏离'为理解而教'的教学目标,教师无法监控学生是否已经获得正式的理解或者已经达到了怎样的理解程度,因此,鉴于逆向设计要求的协调一致性,规划教学活动之前,教师首先要确定能够证明学生已经获得理解的有效证据,每个学习单元设置一定的评估标准,利用这些评估反馈理解学生的学习情况,并进一步指导自身的教学。"①

因此,要改变"教了不等于学了""学了不等于会了"的低效现状,良策之一便是遵循学生学习的思路,开展逆向设计。

---

① 格兰特·威金斯,杰伊·麦克泰格.理解为先单元教学设计实例:教师专业发展工具书[M].盛群力,等译.宁波:宁波出版社,2020:7.

二 借鉴之二：学历案模板

学历案是崔允漷教授等最初提出的。自 2013 年秋起，崔允漷教授研究团队与浙江元济高中、江苏南京一中等学校合作，在学历案——教案变革方面进行有益的探索。当我们对学历案做深入学习与研究后发现，现行的学历案虽说还不能直接拿来做单元教学设计模板，但它在很多方面确实能为我们研制新模板提供借鉴。

(一)什么是学历案

所谓学历案，崔允漷教授的解释是"关于学习经历或过程的方案"，"是在班级教学情景下，基于学生立场，围绕某一学习单元，从希望学生学会什么出发，设计并开展学生何以学会的过程，便于学生自主建构或共同建构经验的专业方案。它是教师设计的、规范或引导学生学习用的文本，是通向学生目标达成的脚手架;它是一种学校课程计划、学习的认知地图、可重复使用的学习档案，是师生、生生、师师互动的载体，也是学业质量监测的依据"①。

一份学历案的基本要素是：1.学习主题/课时；2.学习目标；3.评价任务；4.学习过程(学法建议、课前预习、课中学习)；5.检测与练习；6.学后反思。学历案基本要素与编写提示，如表3—10所示。②

① 崔允漷.学历案:学生立场的教案变革[N].中国教育报,2016-06-09:6.
② 包旭东,尤小平.学历案:促使每位学生"真学习"——江苏省南京市第一中学课堂教学方案的整体性变革探索[J].人民教育,2017(19):68.

表3-10　学历案基本要素与编写提示

基本要素	编写提示
1.学习主题/课时 在多少时间内学习什么?	1.1内容:课文或主题或单元;来自何处、知识地位 1.2时间:2～6课时,依据目标、教材、学情确定一个完整的学习单元
2.学习目标 期望学生学会什么?	2.1依据:课程标准、教材、学情、资源等 2.2目标:3～5条;可观察、可测量、可评价;每条指向学科关键能力或素养;相互之间有关联;三维叙写;可分解成具体任务或指标;至少三分之二的学生能完成
3.评价任务 如何指导学生学会?	3.1要求:包括情境、知识点、任务;学生完成此任务后的表现与上述任务或指标一致 3.2评价与目标无须一一对应
4.学习过程 经历什么过程才能学会?	4.1学法建议:达成目标的资源、路径、前备知识提示 4.2课前预习:定时间,有任务 4.3课中学习:学习的进阶(递进或拓展);评价任务的嵌入;体现学生自主建构或谁建构的真实的过程
5.检测与练习 如何巩固已学会的东西?	5.1要求:包括课前、课中与课后作业,整体设计作业;论述或综合题要求包括情境、知识点(可多个)与任务 5.2明确功能:检测题、巩固题与提高题
6.学后反思 反思征集是如何学会的?	6.1引导学生思考梳理已学知识、梳理学习策略 6.2诊断自身问题、报告求助信息

(二)没有完全照搬的缘由

随着卢明、崔允漷主编的《教案的革命:基于课程标准的学历案》和尤小平主编的《学历案与深度学习》两本书的先后出版,对学历案的研究者、实践者逐渐增多。但是,如果要把目前学历案的这套实操办法全盘照搬到单元教学设计上,我们认为还存在着诸多问题,主要如下。

一是尚未建构一个适配于多课时单元教学设计的模板。

梳理《教案的革命:基于课程标准的学历案》《学历案与深度学习》两本书中编录的学历案以及见诸刊物的若干学历案,我们发现,学历案的编写模板主要是如下两种(见表3-11、表3-12)。

表3-11　学历案模板1

【内容出处】
【课标要求】
【学习目标】
【评价任务】
【学习过程】 资源与建议 课前预习 课堂活动1、2、3……
【检测与作业】 课堂检测 课后作业
【学后反思】

表3-12　学历案模板2

【学习主题】
【课标要求】
【学习目标】
【评价任务】
【学法建议】
【学习过程】 一、课前准备 二、课中学习 第一课时 第二课时 第n课时 三、课后检测
【学后反思】

　　模板1显然比较适配1课时的学习单位。模板2虽说在"学习过程"之"课中学习"中分设了课时,但也只是把"课中学习"从1课时拉长到几课时而已,感觉就像是连着上了几节课。我们统计了26份学历案的课时数,1课时的10份,2课时的10份,3课时的5份,而4课时以上的只有1份。这从一个侧面说明这样的设计模板相对适配于1~2课时的学习单位,而这样的学习单位就只能是"单节单课"了。在这些学历案中,语文的《始得西山宴游记》(2课时)、数学的"椭圆及其标准方程"(2课时)、物理的"牛顿第三定律"(1课

时)、化学的"钠的氧化物"、历史的"物质生活与习俗的变迁"等,都只能归入单课的范畴。

二是部分要素(栏目)设置流于形式。

如"课标要求"。设置这个要素(栏目),主观愿望很好,试图借此促进教师在设计每一个学习单位时务必再先行研读课程标准,所设计的目标能真正做到基于课程标准。但实际情况如何呢?理论上说,"课标要求"是上位目标,单元(课时)目标是下位目标,下位目标应该紧紧围绕上位目标。但是从各学科课程标准看,其实并不是每个单元(课时)都能从课标中找到"明确的、对应的"上位目标,很多情况下,我们找到的只能是一些比较"共性的、普适的"上位要求。我们又发现,对于能找到"明确的、对应的"上位目标的来说,"课标要求"往往又比较接近于单元(课时)目标,或者说确立了单元(课时)目标也就明确了"课程要求",这样"课程要求"当然也没有重复叙写之必要。而对于较难找到"明确的、对应的"上位目标的来说,教师只能把那些"共性的、普适的"课程要求在不同的单元(课时)中不断地重复。比如,《学历案与深度学习》收录的"小说专题阅读"中所写的"课标要求"①。

【课标要求】

精读古今中外优秀的文学作品,感受作品中的艺术形象,理解欣赏作品的语言表达,把握作品的内涵,理解作者的创作意图。结合自己的生活经验和阅读写作经历,发挥想象,加深对作品的理解,力求有自己的发现。

"入乎其中,出乎其外",根据诗歌、散文、小说、剧本不同的艺术表现方式,从语言、构思、形象、意蕴、情感等多个角度欣赏作品,获得审美体验,认识作品的美学价值。

养成写读书提要和笔记的习惯。根据需要,可选用杂感、随笔、评论、研究论文等方式,写出自己的阅读感受和见解,与他人分享,积累、丰富、提升文学鉴赏经验。

了解文学批评理论和方法的新进展,尝试运用到文学中去。

---

① 尤小平.学历案与深度学习[M].上海:华东师范大学出版社,2017:161.

与《普通高中语文课程标准(2017年版)》中学习任务群5"文学阅读与写作"的学习目标与内容的表述相比,只是增删了少许文字。试想,在整个高中阶段,"文学阅读与写作"有多个单元(专题),每个单元(专题)前面都把这要求重复一遍,有必要吗?

再如"学法建议"。先看一个实例。①

【学法建议】

(1)匀速圆周运动是一种重要的曲线运动,通过实例让学生深刻理解它是一种变速运动。

(2)匀速圆周运动的向心加速度方向是本节教学的一个难点,教学中要让学生自己去领悟,运用探究和牛顿第二定律两个方法得到,而且还要让学生掌握其方向时刻在变化。

(3)在实际应用中,让学生去掌握向心加速度的大小两个表达式的不同点。

(4)学历案中的A组作业练习为合格要求,B组为较高要求。

这一则"学法建议",教师在站位上首先出了问题。按理说,"学法建议"是指导学生怎么去"学会"的方法,而不是教师怎么把学生"教会"的策略。教师之所以犯这样的低级错误,原因在于"学法"本身确是一个"仁者见仁,智者见智"的概念,当教师将其化为具体"建议"时,肯定是"很主观、很随意"的呈现。再有,学历案所设计的学习毕竟不是学生全程自学,而是在课堂教学情境中,在教师的组织、引领、帮助下的自主学习。因此,各种各样的学法渗透、嵌入在具体的教学过程中会更合理、更灵活、更可行,没有必要设置这样一个栏目"先行书面告知"。

三是未能解决学历案与教案"合二为一"的问题。

---

① 卞望来.指向深度学习的高中物理学历案设计研究——以"向心加速度"教学设计为例[J].物理教师,2019(10):25.

先看学历案"小说专题阅读"专题学习中一节课"课中学习"的设计。①

课堂活动一：感受和质疑。

1.教材编者在编选的时候把标题改为"林黛玉进贾府"，可能是出于何种考虑？

2.《红楼梦》"蒙府本"侧评写到"写宁（荣）府第,总借黛玉一双俊眼传来",此评语是否恰切？

课堂活动二：认识和思考。

1.介绍小说"多方皴染"笔法的程序性知识。

2.结合《红楼梦》,说说曹雪芹"多方皴染"的妙处何在？

课堂活动三：辨析和探究。

1.林黛玉在贾府看到了什么？

2.贾政、贾赦府第的位置、建筑风格、屋内陈设、丫鬟姬妾有什么不同？

3.探究贾政、贾赦的志趣爱好、胸怀抱负。

4.作者运用"背面敷粉"手法的意图。

学历案中只设计了要展开哪些"课堂活动"。那么,这些课堂活动教师将怎样来组织展开？独立思考、小组合学、全班研讨等学习方式如何有机安排？学习时间如何掌控？最后这些问题通过研讨要达成怎样的共识?教师用什么样的标准来评价学生的学习？等等。这些都是教师课前必须"备"好的内容。这表明,仅有上面这样的学历案对于大多数教师来讲是难以确保顺利完成教学任务的,教师还得同步设计一个供自己使用的教案。那么,对使用学历案的学校来讲,写了学历案还要求写教案吗？要写教案(实际上是必需的)的话,用怎样的方式呈现呢？

是的,正像包旭东老师说的,"一些教师没有走出'内容立场''教师中心'的思维惯性,过于关注'教什么'和'怎么教',以教定学,重教轻学,根据知识体系、个人趣味和习惯进行课堂教学设计,只关注信息的输入,以教师

---

① 尤小平.学历案与深度学习[M].上海:华东师范大学出版社,2017:165.

讲授为主,进行一言堂和注入式教学,忽视了学生在课堂的主体地位"①。但是,我们也切忌矫枉过正。在我们看来,教师设计"教什么""怎么教"与设计"学什么""怎么学"同等重要,我们千万不能因为强调了"学"而偏废了"教"。因此,"教案"与"学案"都得有,需要我们研究解决的是怎样最大程度地让"教案"与"学案"合二为一。

(三)特别值得借鉴的地方

学历案特别值得我们借鉴的地方,主要是两个方面。

一是让"学习者中心"的教育理念真正落地。

崔允漷教授认为,学历案体现了教学方案的专业性,而体现其专业性的首要方面,即是"体现了'以学习者为中心'的教育理念。所谓'以学习者为中心',主要关注两个方面:一是个体学习者——关注学生的遗传、经历、观点、背景、天赋、兴趣、能力和需要等;二是学习者的学习——关注学生如何最有效地开展学习以及这种学习是如何发生的,即关注学习过程与结果。学历案充分尊重学生个体特征、学习需求,体现在目标确定、学法指导、作业分层、反思学习等要素以及学习的进度与速度中。同时,学历案从本质上讲是一种指向学习者最近发展区的可视化支架。学习过程特别强调学生的自主建构或社会建构,倡导多样化、多感官参与的学习方式,创造丰富的机会,引导学习者与方案发生持续的、高品质的互动"②。有位教师形象地描述了在学历案教学中教师与学生所担任的不同角色,教师是以"导游"角色深度规划学习流程,学生则是以"游客"角色深度融入学习过程。在学历案教学的课堂上,学生是学习过程的主人,是"游览活动"的主体,推动和演绎着属于他们的"游览经历"。

二是成功地把"逆向设计三阶段"理论本土化。

学历案在编写内容、叙写次序上,与传统的教案、学案相比有重大变化,特别是强调评价任务的设计紧跟目标之后,置于学习过程设计之前,构成了

① 包旭东,尤小平.学历案:促使每位学生"真学习"——江苏省南京市第一中学课堂教学方案的整体性变革探索[J].人民教育,2017(19):66.
② 崔允漷,尤小平.教学变革:从方案的专业化做起[J].当代教育科学,2017(9):5.

"学习目标—评价任务—学习过程"三个阶段。这种设计的意义或价值在于,既方便检测评价任务与目标的匹配性,又便于清晰地把评价任务镶嵌在后续的学习过程中,实现课堂教学、学习和评价都围绕目标而展开,让"教—学—评"达成了一致性。这是对"逆向设计三阶段"理论的一次成功实践。请看语文"小说阅读专题"第四课时的"三阶段"设计。①

【学习目标】

(对应逆向设计三阶段步骤阶段1)

1.对祥林嫂的人物形象做深度解读。

2.理解祥林嫂悲剧命运的社会根源。

3.探究小说的深刻主题。

【评价任务】

(对应逆向设计三阶段步骤阶段2)

1.完成课堂活动一,能准确地理解、把握人物。(检测目标1)

2.完成课堂活动二,通过情节梳理思考人物的命运逻辑。(检测目标2)

3.完成课堂活动三,探寻祥林嫂的悲剧原因,探究小说的深刻主题。(检测目标2)

【学习过程】

(对应逆向设计三阶段步骤阶段3)

课堂活动一:交流祥林嫂的形象特征。

课堂活动二:走进人物的内心深处。

1.祥林嫂有没有幸福时光?

2.面对不幸的命运,祥林嫂有没有抗争过? 她抗争的结果是什么?

3.为什么祥林嫂的反抗加速了她的死亡?

课堂活动三:探讨祥林嫂悲剧的原因。

1.从祥林嫂一生几次重大变化分析悲剧的原因。

2.丁玲说:"祥林嫂是非死不行的,同情她的人和冷酷的人,自私的人,是

---

① 尤小平.学历案与深度学习[M].上海:华东师范大学出版社,2017:165-166.

一样把她往死路上赶,是一样使她精神上增加痛苦。"你同意这种说法吗?

　　在这里,"学习目标""评价任务""学习过程"分别对应于逆向设计三阶段步骤1~3阶段,而且将它们切分到专题学习的每一个课段(课时)之中。这样的一种呈现方式在我们研制单元设计模板时是完全可以"拿来"的。

四　我们研制的单元教学设计模板

在借鉴逆向教学设计、学历案设计等思想理念、栏目格式与表述方式的基础上，结合对单元整体教学的理解以及一线教师操作的现实可能性，我们研制了普适于各学科的单元教学设计模板。

（一）单元教学设计模板的基本要素

我们研制的单元教学设计模板，由"单元教学整体设计"与"分课时教学设计"两个部分组成。其中，"单元教学整体设计"部分，见表3-13。

表3-13　单元教学设计模板"单元教学整体设计"部分

"＿＿＿＿＿＿＿＿"单元教学设计
【学习内容】 内容组合：…… 统领概念（主题、要素）：……
【学习目标】 目标1…… ①…… ②…… …… 目标2…… 目标3……

"＿＿＿＿＿＿＿＿＿＿"单元教学设计
【核心任务】
【课时安排】

本部分设置了四个要素,其编写要点与示例如下。

设计要素1:学习内容

内容组合:说明本单元由哪些内容组合而成,内容出在何处。

统领概念(主题、要素):说明统领本单元的概念(主题、要素)是什么。

示例1　普高地理"洋流"单元学习内容

内容组合:湘教版高中地理必修Ⅰ第二单元第四节"洋流"。

统领概念:地球表面组成自然地理环境的大气、水、岩石、地貌、生物和土壤等要素,通过大气循环、水循环、生物循环和地质循环等物质运动与能量交换,彼此间发生着密切的相互联系和相互作用,从而体现了地理环境的整体性。

示例2　小学语文"'舐犊情深'主题阅读与
表达"单元学习内容

内容组合:统编本教材五年级上册第六单元《慈母情深》《父爱之舟》《"精彩极了"和"糟糕透了"》,口语交际《父母之爱》,习作《我想对您说》。

统领主题:舐犊情深。

统领要素:场景、细节描写与结尾艺术。

设计要素2:学习目标

要求从两个以上方面陈述本单元的学习目标,每一方面目标一般先表

述一般目标,然后再列举具体表现。

示例　普高"椭圆"单元学习目标

1. 认识椭圆的几何特征。

1.1 说出椭圆的定义,并能与同学合作手工画出椭圆。

1.2 归纳出历史上数学家研究椭圆的思想方法:借助模型,运用类比,探求不变量等。

2. 运用坐标法建立椭圆的标准方程。

2.1 会用"建系、设点、列式、化简、检验"的步骤求解曲线方程。

2.2 能化简得到椭圆标准方程,并能依据代数式特征有效进行代数运算。

2.3 评述椭圆标准方程的数学之美:对称美、简洁美、和谐美等。

3. 运用代数方法认识椭圆的简单几何性质。

3.1 会用类比的方法探究椭圆的简单几何性质。

3.2 解释椭圆离心率的意义,并能运用定义计算椭圆离心率。

4. 运用坐标法研究直线与椭圆的位置关系。

4.1 运用坐标法判断直线与椭圆的位置关系:相交、相切和相离。

4.2 运用坐标法研究一些基本问题:距离、弦长、面积、斜率、中点等。

4.3 运用函数观点探究直线与椭圆位置关系中的最值问题和定值问题。

设计要素3:核心任务
呈现本单元驱动学生学习的主要任务。

示例　普高历史"变革中的两宋"单元核心任务

英国史学家汤因比说:"如果让我选择,我愿意活在中国的宋朝。"中国学者余秋雨也说:"我最向往的朝代是宋朝。"浏览网络,赞美"宋朝是最好的朝代""是幸福指数最高的时代",希望回到宋朝者不计其数。当然,也有学者认为,宋朝并不如我们想象的那么美好,专制制度继续加强、思想继续禁锢、广大民众依然苦难。那么,宋朝到底是怎样的一个王朝呢?

"唐宋变革论"(唐宋之际发生了一场具有划时代意义的社会变革)已经成为学界认同的学术观点,可以为我们深入分析两宋提供思路。本单元的学习中,请你参考"唐宋变革论"的观点,运用相关史料,从"变革"的视角解释宋朝到底是怎样的王朝。

设计要素4:课时安排

说明本单元学习用几课时完成,每一个课时分别完成哪一个或哪几个内容段落。

示例1　普高生物"细胞的分子组成"单元课时安排

本单元学习共5课时。第一课时完成段落一"微观认知";第二课时完成段落二"结构解读";第三课时完成段落三"科学鉴定";第四课时完成段落四"归纳推理";第五课时完成段落五"模型构建"。

示例2　初中英语"Unit 3 How do you get to school?"单元课时安排

本单元学习共6课时。第一、二课时完成段落一"学习理解"之"感知注意""获取梳理";第三、四课时完成段落二"应用实践"之"内化运用""深入文本";第五、六课时完成段落三"迁移创新"之"应用输出""评改作文"。

单元教学设计第二部分是"分课时教学设计",如表3-14所示。

表3-14　单元教学设计模板"分课时教学设计"部分

第一课时
【内容段落】
【侧重目标】
【评价任务】 1.完成 ＿＿＿＿＿＿＿＿＿＿＿ 评估目标＿＿＿＿＿＿＿＿＿＿＿ 2.完成 ＿＿＿＿＿＿＿＿＿＿＿ 评估目标＿＿＿＿＿＿＿＿＿＿＿ ……
【学习过程】 一、先行学习 二、交互学习 三、后续学习
第二课时
（同第一课时）
第n课时
（同第一课时）

每课时设计也设置了四个要素,其编写要点与示例如下。

设计要素1:内容段落

说明本课时要完成的学习内容段落。

设计要素2:侧重目标

说明本课时侧重要达成单元目标中哪几条具体目标。

设计要素3:评价任务

按照"完成任务……评估目标……"的方式列出本课时所有评价任务,与本课时"侧重目标"完全匹配。评价任务与目标可以一对一,也可以一对多、多列一。

设计要素4:学习过程

按照"先行学习—交互学习—后续学习"三步设计学习过程,其中"先行学习""后续学习"两步应该根据学习内容、条件、学力等灵活安排。"交互学习"中的具体学习环节,如"小组合学""深化研讨""练习运用""当堂检测""学后反思"等,根据需要灵活安排与组合。

示例　初中英语"Unit 3 How do you get to school?"
单元第一课时设计

【内容段落】

段落一,"学习理解"之"感知注意"。

【侧重目标】

1.了解日常出行以及问路与指路方式。

1.1 说出不同交通工具,能用"How do you go to ...?"询问乘坐交通的方式。

1.2 使用 by train,take a bus 等与交通相关的动词表达法和介词表达法来表达乘坐交通工具的信息,正确区别多种交通方式的表达法。

1.3 用"How far is it? How long does it take? "句型就两地距离与所需时间进行问答,比较 how 引导的特殊疑问句和一般现在时的疑问句及回答的异同。

1.4 概述基数词构词的特点。

【评价任务】

1.完成"小组合作",评估目标1.4。

2.完成"深化研讨",评估目标1.3。

3.完成"练习运用",评估目标1.1、1.2、1.3。

【学习过程】

一、先行学习

课前用20分钟时间完成下列任务。

任务1:利用课本1a主题图,认读1b中的人物名字,观察1a主题图,猜测或标识图中人物名字并描述场景:Different students come to school using different means of transportation. 凭借主题图, 熟悉核心句型 How does he\she get to school? 区别 take, ride, walk 的含义。

任务 2: 朗读下面的单词, 并且英译中。

train_____ bus_____subway_____ ride_____ new_____

bike_____ minute_____ far _____kilometer _____

任务 3: 完成书本 1a 练习, 补充更多的交通工具。

任务 4: 用英语写出 1~100 的基数词形式。

任务 5: 句型转换, 画线提问。

①I get to school by bike.

②Jane takes the bus to school.

③The bus ride takes me about 20 minutes from home to school.

④It is about 10 kilometers from his home to school.

二、交互学习

〖小组合学〗

围绕先行学习中的五个任务, 通过小组交流、展示评析, 学生能:

1. 记住和理解本课生词, 积累交通主题表达方式, 使用"How do you go to ...?"句式询问乘坐交通的方式。

2. 对英语数词的构成规律归类。

3. 用本课时的核心句型进行以下对话:

①A: "How do you get to school?How does he\she get to school?"B: ...

②A: "How long does it take? "B: ...

③A: "How far is it?"B: ...

〖深化研讨〗

研讨问题: 英语数词有什么构成规律?

通过独立思考、全班研讨, 学生能归纳出英语数词的构成规律:

①1~12_____

②13~19_____

③20~90(整十)_____

④十位数或百位数+个位_____

〔练习运用〕

1.完成1b听力任务,利用听力文稿,进行朗读与模仿,注意语音、语调,感知语言结构,以小组为单位分角色朗读对话,模仿对话。

2.观察2b表格,猜测任务要求,完成2b听力任务。

3.根据2b听力信息,两人一组编制对话。

A:How do you get to school?　　　　B:I ...

A:How long does it take ...?　　　　B:It takes ...

A:How far is it from .... to ...?　　　B:It's about ...

〔学后反思〕

完成自我评价表,总结本节课学习的收获,反思存在的问题。

1.掌握下列词汇(totally16)	Yes	Not sure	No
train_____ bus_____ subway_____ ride_____ new____ bike_____ minute_____ far_____ kilometer_____ sixty- one_____ninety- nine____seventy- two____ eighty- four _____ one hundred and five _____ two hundred_____ from ... to ... _____			
2.能正确使用下列表达方式 (totally 7)			
Take the train ___take the bus___ take the subway____ ride a bike____ walk____ by bus by____ car by bike			
3 能用本课时目标语正确对话(totally 6)			
A:How do you get to school?　　B:I ... A:How long does it take ... ?　　B:It takes ... A:How far is it from ... to ... ?　　B:It's about ...			
本部分评分标准: 一个Yes得1分,一个No扣1分,一个Not sure不加分也不扣分。 本部分总分计:_____ 你的遗憾是:_____			

(二)试图解决模板设计的两大问题

与其他设计模板相比,我们研制这一个模板有诸多创新之处。这些创新并非刻意求新求异,而是试图解决模板设计的两大问题。

1.如何把单元与课时合二为一

X区现行的教学设计模板大多属于传统模板,共性就是一律是分课时设计。富有创意的逆向设计模板着眼于整个单元的总体安排,相对淡化了分课时设计。而学历案的设计单位是课时还是单元,在相关的论述中未有提及,只是在他们的"编写提示"中提到了"2~6课时",但并没有明确要求分课时设计。因此,在处理单元与课时的关系上,都没有引起这些模板设计者足够的重视。

单元整体教学是落实核心素养的必由之路,这已经被越来越多的教师所认同。要实施单元整体教学,当然首先要进行单元整体教学设计。问题在于,在着眼于单元整体教学设计的前提下,是否意味着可以淡化、弱化分课时设计? 对此,我们的答案是否定的。理由很简单,因为我们每周每天的课程表是按照课时安排的,像语文、数学这样的大科,课与课之间至少也要相隔一天,这就意味着每节课都有课前、课后学习时段。假设一个五六节课的学习单元不按照课时设计教学,恐怕很多教师会"脚踩西瓜皮滑到哪里是哪里"。再有,我们竭力倡导的"教—学—评"一致性技术,只有分课时设计与实施才能得到最好的运用。还有一点,分课时设计也的确便于学校对教师进行备课常规的管理。因此,我们认为,不但需要分课时设计,而且需要精细化的分课时设计,当然,这是在单元整体教学设计的视角之下。

其实,广大教师对此也是高度认同的。在一项"您是否认同从单元整体教学视角来设计每一课时的观点"的问卷调查中,认同的高达88%,不认同的只有5%。

所以,对于我们来说,最要紧的是研制一个能把单元与课时真正合二为一的设计模板。我们的单元教学设计模板就是为此创生的。各设计要素在单元整体设计与分课时设计中的分布,我们的处理方法,见表3-15。

表3-15　各设计要素在单元整体设计与分课时设计中的分布

设计要素	单元整体设计	分课时设计
学习内容	总体说明	—
学习目标	呈现单元全部目标	点明课时侧重落实的单元目标
核心任务	呈现单元核心任务	分任务贯串、分置于课时之中
评价任务	—	分置于课时之中
学习过程	总体说明	呈现课前、课中、课后学习全程

这样的处理，使各设计要素内容前后照应、互为补充，不重复、不冗杂，非常有利于教师理解与实操。

2.如何把教案与学案合二为一

对于教案、学案与学历案，有人做了这样的比较：相比传统的教案、学案，教案解决的是教师怎么教的问题，是站在教师的立场，侧重于教师的教，使用者是教师；传统的学案解决的是学什么的问题，侧重于学习的内容，使用者主要是学生；虽然学历案的使用者同样是学生，然而学历案解决的是何以学会的问题，则更加关注学生的学习历程，学习历程中的每个步骤、每个内容都有着明确的指向性，这就意味着学习历程中的每个环节都在为最终实现学习目标而服务。

这样的比较有一定的道理，但问题在于，我们是否有必要先给教案、学案、学历案进行一番"自定义"，然后再去比较孰优孰劣呢？我们以为，对一线老师来说，完全没有必要去纠缠概念或者发明一个新概念。教案与学案两个概念足矣。导学案、教学案、学讲案、学历案，其实都是学案。

实际上，一个学习单元的教学设计应该有两个版本，教师使用的就是教案，学生使用的就是学案。需要我们着力解决的则是如何让教案和学案最大程度地合二为一。因此，我们的单元教学设计模板对此给予了充分的考虑。两案的设计模板通用，所用要素全部一致，不同的只有"学习过程"这一设计要素的具体呈现方式而已。如初中语文"事物性说明文阅读与写作"单元第二课时教案与学案"学习过程"呈现方式。

第二课时教案

【学习过程】

一、先行学习

任务1：请你阅读四篇文章，完成如下表格。

	《中国石拱桥》	《苏州园林》	《蝉》	《梦回繁华》
写作对象				
对象特征				

任务2：依据文本内容，以中国石拱桥、苏州园林、《清明上河图》为例，评述古人的非凡智慧和杰出创造力，以《蝉》为例，评述科学家身上探究科学的精神、方法、态度。

二、交互学习

〖小组合学1〗

围绕先学任务1，通过小组研讨、展示评析，学生能归纳出：

	《中国石拱桥》	《苏州园林》	《蝉》	《梦回繁华》
写作对象	中国石拱桥	苏州园林	蝉	《清明上河图》
对象特征	形式优美、结构坚固、历史悠久	务必使游览者无论站在哪个点上，眼前总是一幅完美的图画	第一部分写蝉从幼虫到成虫的生长过程；第二部分写蝉从产卵到幼虫的成长过程	描绘了京城汴梁从城郊、汴河到城内街市的繁华景象

〖深化研讨〗

研讨问题：为了说明中国石拱桥、苏州园林、蝉、《清明上河图》的关键特征，作者是怎么写的？

通过独立思考、全班研讨，学生能归纳出：

事物性说明文往往为了说明对象的关键特征，采用多角度、多方面的写法。

①中国石拱桥列举了赵州桥、卢沟桥,从桥的基本情况、桥梁结构设计的基本特点、桥的审美特征和桥的历史文化意义来说明特征。

②苏州园林从讲究亭台轩榭的布局、讲究假山和池沼的配合、讲究花草树木的映衬、讲究近景远景的层次来说明特征。

③蝉的第一部分从地表、洞穴、地上三个方面来说明从幼虫到成虫的生长过程;第二部分从产卵的经过、遇到的危险、蝉卵的孵化和幼虫的活动来说明从产卵到幼虫的成长过程。

④《清明上河图》从内容、艺术特色和地位来说明特征。

〖小组合学2〗

围绕先学任务2,先小组交流,然后派代表全班交流,能按照任务2要求进行评述即可。

第二课时学案

一、先行学习

任务1:请你阅读四篇文章,完成如下表格。

	《中国石拱桥》	《苏州园林》	《蝉》	《梦回繁华》
写作对象				
对象特征				

任务2:依据文本内容,以中国石拱桥、苏州园林、《清明上河图》为例,评述古人的非凡智慧和杰出创造力,以《蝉》为例,评述科学家身上探究科学的精神、方法、态度。

_____

_____

_____

_____

二、交互学习

〖小组合学1〗

研讨评析先学任务1,修正表格所填的内容。

〖深化研讨〗

研讨问题:为了说明中国石拱桥、苏州园林、蝉、《清明上河图》的关键特征,作者是怎么写的?

归纳出说明对象关键特征的写法:

_____

_____

〖小组合学2〗

研讨评析先学任务2,要点记录如下:

_____

_____

　　教案与学案"学习过程"呈现方式的差异只有两个地方:一是教案设计每个教学环节的教学方法,如"围绕先学任务1,通过小组研讨、展示评析",学案则没有(因为课中教师会提出要求);二是教案呈现了每项活动要达到的学习结果(这其实也是评价任务的内容评价标准),此处的学案换成了供学生书写的空间。

五　匹配的"备课本"

几十年来，教案写在备课本上，而且统一用手写的方式，这好像已经成了天经地义的教学规矩。但这规矩确实也需要改一改了。

在问卷调查中，面对"您认为教师备课要不要写教案"和"您认为教案是否一定要写在备课本上"两个问题，第一问认为"必要"的高达88%；第二问认为"没有必要"的占63%。这说明绝大多数教师认同备课是需要写教案的，他们反对的是一定要把教案写在定制的备课本上的形式。

如果要施行我们研制的单元教学设计模板，适配的"备课本"有两种。

一是允许教师写电子教案。

这是应该首选的方式。分析起来，第一，因为电子教案不受格式、空间的限制。第二，容易保存修改，便于二次使用。第三，便于教师制作课件、编写学案。因此，大多数教师对此是非常欢迎的。

二是采用"三张活页"的呈现方式。目前的教师队伍中，确实也有部分教师因为习惯、技术等原因，不喜欢或不擅长电子备课，那我们可以采用"三张活页"的呈现方式，见表3-16、表3-17、表3-18。

表3-16　"三张活页"第1页

"＿＿＿＿＿＿"单元教学设计
【学习内容】

"_____"单元教学设计
【学习目标】
【核心任务】
【课时安排】

表3-17　"三张活页"第2页

第　课时
【内容段落】
【侧重目标】
【评价任务】
【学习过程】

表3-18　"三张活页"第3页

【学习过程】

　　其中,"三张活页"第1页用以填写单元整体设计的四个要素,第2、3页填写某一个课时的四个要素。第3页其实是一张空白页,可以按需增添。这样的"备课本"是非常灵活且实用的。

第四章

设计学习目标

　　学习目标与传统的教学目标内涵其实是相同的,之所以如此表述,是为了凸显"以学习中心"的理念,且与我们的单元教学设计模板中"学习内容""学习过程"等保持一致。

　　在整个单元教学设计中,学习目标设计处于最关键的位置。确立怎样的目标,决定了教学的高度;目标陈述得怎样,决定了教学的效度。

　　本章将在阐明重拾确立学习目标意义的基础上,诠释我们尝试建构的"让素养可见"的单元学习目标的分类框架,并着重介绍如何遵循学习目标陈述的标准、借鉴运用当代著名的评价与测量专家诺曼·E.格朗伦德等提出的"一般+具体"目标陈述法把学习目标陈述好。

一　重拾确立学习目标的意义

学习目标是教学设计的首要环节,也是实施单元教学的出发点与归宿。然而,在很多教师眼里,教学设计就是简单回答"我要在课堂上完成哪些任务",教学目标意识相当淡薄。笔者了解到,在一次全国级的课程教学改革成果展示活动上,28位参加课堂教学展示的优秀教师的教学设计中,竟然也有多位不写教学目标的。参加国家级课堂教学展示的教师尚且如此,何况一般教师的日常教学设计行为? 教师对目标确立与陈述的不重视或者说缺乏意愿,主要表现在:置之不理——不写教学目标,认为没用;照搬照抄——从网上或其他参考资料上直接抄袭;做个摆设——随意写几点,应付一下;先上后补——先上课,后补写;写教脱离——写是写,教是教。

因此有必要重拾确立学习目标的意义,让学习目标真正成为教学设计的首要环节与先导行为。对于目标确立的意义,各种教学设计专著中的阐述大同小异,归纳起来,主要就是两个方面,一是导好教,二是导好学。

(一)导好教

确立目标对教师教学的指导作用,贯穿在教学全过程之中。

从教学设计阶段看,确定目标是单元教学设计的第一步,是教师完成教学任务所要达到的要求或标准,其指导作用体现在以下几个方面。

首先,体现在教学内容的选择上。"在课堂教学中,教师需要确定将完成的具体教学目标。这样可以帮助教师选择教学内容和确定教学效果。在大多数的课堂教学中,学生固定,教学内容比较明确,而教师面临的主要问题是:哪些内容最为重要? 哪种学习活动最有利于学生学习? 怎样的教学计划最为有效？教学目标为这些问题的回答确定了出发点。"①事实上，大多数时候，教学内容是明确的，但教师往往会遭遇"内容太多、课时太少"的矛盾，因此需要对教学内容进行选择，而选择的唯一依据只能是先行确立的目标。

其次，体现在教学方法的选择上。诺曼·E.格朗伦德等认为："表述为预期结果的教学目标，可以为教师选择教学方法和教学材料提供一个依据，以最大限度地使学生产生预期的行为。如果想要学生理解概念，那么教师就要选择有助于学生消除错误理解、形成正确概念的方法和材料。如果想要学生发展推理能力，那么教师就要提供给学生能运用推理能力的机会。如果想要学生具备解决问题的能力，那么教师就必须计划能为学生提供一系列真实复杂问题的教学项目。好的教学目标往往能够为教师在设计各种有助于获得预期教学成果的教学类型时提供有效的框架。"②概括起来，就是目标所确立的是哪方面的学习成果类型，教师就必须选择运用与其匹配的教学方法、教学活动，否则就不能达成预想的结果。

最后，体现在教学评价的选择上。我们希望"教—学—评"能做到一致，以确保"教了等于学了，学了等于会了"。但是，选择怎样匹配的评价任务呢？关键还是要看目标。"没有清晰的目标，就无所谓教—学—评的专业实践；没有清晰的目标，也就无所谓一致性，因为判断教—学—评是否一致的依据就是教学、学习与评价是否都围绕共享的目标展开的。"③也正因为如此，有研究者索性就把"教—学—评一致性"称为"'目标—教—学—评'的一致性"。可见，目标对评价等其他要素所起的决定性作用。对此，诺曼·E.格朗伦德等也有同样的看法，"教学、学习和评估是内在统一的，而教学目标则能为三者更好地协调提供基础。比如，如果期待学生能获得问题解决这一学习成果，那么教师所设计的教学活动、评估程序就应该与这一预期学习成果相对应"，"在一个精心编制的教学—学习—评估三位一体的教学方案中，

① 皮连生.教学设计：心理学的理论与技术[M].北京：高等教育出版社，2006：50.
② 诺曼·E.格朗伦德，苏珊·M.布鲁克哈特.设计与编写教学目标（第八版）[M].盛群力，郑淑贞，冯丽婷，译.北京：中国轻工业出版社，2017：10-11.
③ 崔允漷，雷浩.教—学—评一致性三因素理论模型的建构[J].华东师范大学学报（教育科学版），2015（4）：8.

这三个教学阶段很难严格区分开来,因为所有的阶段都直接指向同一个预期学习的结果,并共享同一个目标——促进学生学习"[1]。

从教学实施阶段看,如果确立了可达成、可评价的目标,教师就再也不会步入自己也不明白"我们要到哪里去"的尴尬境地,而自觉地在目标的指引下,在学习活动与评价任务的同步展开过程中,对目标是否顺利达成做出准确的推断并做出合理的教学决策:目标达成了就自然进入下一环节的学习;倘若未能顺利达成,就必须马上反思可能的原因并迅速做出教学的调整。

(二)导好学

有人做过一个小实验[2]:把同一个班的学生分成两个小组,领他们去郊区农村参观。出发前告诉第一小组的学生:"你们注意观察谷物的生产情况,看哪里有什么,长得怎样。"告诉第二小组的学生:"你们注意观察蔬菜和水果的生产情况。"回来后让他们分别把观察所得写下来。学生们一般都有比较详细、具体、生动的描述。接着,教师让第一小组的学生描写蔬菜和水果的生长情况,让第二小组的学生描写谷物的生长情况。这样,只有极个别学生能够写出自己的印象,大多数学生的叙述是含糊、模糊的。这个结果清楚地表明了目标的导向作用对学生观察的影响,说明学生学习的效果与目标的导向作用有着密切的关系,在目标所指向的结果上能够取得好的教学效果,而在其他结果上则难以取得什么效果。

对此,皮连生教授从心理学视角进行了进一步的解释:"学生的学习一般是有意注意的学习,是在具体教学目标指引下的学习。在上课一开始,教师清晰地告诉学生学习的目标,引起学生的注意,使他们把注意集中在要掌握的目标上。在课堂学习过程中,目标导向的教学测量和评价也会给学生提供他们应如何学习的重要信息,可使学生有意识地选择相应的学习方法和策略,促使自己达到目标的要求。同时,在课堂学习之后,在目标确

---

[1] 诺曼·E.格朗伦德,苏珊·M.布鲁克哈特.设计与编写教学目标(第八版)[M].盛群力,郑淑贞,冯丽婷,译.北京:中国轻工业出版社,2017:11.

[2] 李秉德.教学论[M].北京:人民教育出版社,1991:66.

定的标准上,学生可以自我评估这堂课的学习效果,反思学习活动的有效性"①。

　　正因为如此,在学案的设计上,我们要求教师能把单元学习目标与分课时的侧重目标、评价任务一律提前告知学生,这样做的意图也是希望学习目标能在学生学习的过程中发挥更好的导向引领作用。

---

① 皮连生.教学设计:心理学的理论与技术[M].北京:高等教育出版社,2006:53.

二 建构学习目标的分类框架

三维目标时代,目标确立遵循的就是三维目标分类框架。那么,来到了学科核心素养目标新时代,目标确立又该遵循怎样的分类框架呢? 因此,建构一个与学科核心素养培养相匹配而且大家能认同、可实操的学习目标分类框架,就是一个急需解决的现实问题。

(一)目标分类框架使用的现状

虽然学科核心素养提出已有三四个年头了,但是查阅教师们的教学设计,目标设计大多依然是沿用三维目标的分类框架,当然也有少部分教师试图在目标设计中"让素养可见","想当然"地使用了下面两种分类写法。

一种是在原有分类框架基础上加上"素养目标"一类。如普高生物"探究pH对过氧化氢酶的影响"一课的目标设计。

1.**知识目标**:分析酶的催化作用受pH的影响,进一步学习变量的概念,实验设计的原则。

2.**技能目标**:运用依据实验目的、操纵和控制自变量、限制和控制无关变量、观察和测量因变量的科学方法,体验控制变量、设置对照组和重复实验;在教师指导下设计比较可行的实验方案,对探究的过程和结果进行简单的评估。

3.**情感目标**:尝试与同学合作设计并共同完成实验方案;乐于学习生物科学,养成质疑、求实、创新及用于实践的科学精神和科学态度。

4.素养目标:培养科学探究的生物素养,具有好奇心和想象力;能不畏困难,有坚持不懈的探索精神;能大胆尝试,积极寻求有效的问题解决方法等。

这样分类设计的问题是显而易见的。在"知识""能力""情感"基础上加了"素养",这在逻辑上说不通,因为"素养"与其他几个维度是互相交融的关系,而不是彼此并列的关系。

另一种是全盘按照所教学科核心素养的几个方面写,每一个单元都确立与所有素养对应的目标。如普高历史"经济全球化"一课的目标设计。

1.唯物史观:……理解生产力决定生产关系,经济基础决定上层建筑等一般规律,树立正确的唯物史观;理解人民群众创造历史并推动历史向前发展的唯物史观。

2.时空观念:……帮助学生体会任何历史事物都是在特定的、具体的历史时间和地理条件下发生的,有助于培养学生的历史时空观。

3.史料实证:学会从史料中提取有效信息,从而对世贸组织的建立、原则等问题有全面的认识……

4.历史解释:能够区分历史叙述的史实与解释,并能对各种历史解释加以评析和判断;结合史料,学会合理分析历史事件、人物和现象,从而形成正确的历史解释……

5.家国情怀:……感受到中国在世界贸易中所受到的不公正待遇,增强学生的爱国主义精神和民族自豪感,形成为实现中华民族伟大复兴的中国梦而不懈努力的共同理想追求,实现家国情怀教育。

在这里,历史学科的五大素养都涉及了,但这样设计能切合教学的实际吗?大家都知道,学科核心素养是一门课程的"大目标""总目标",一个单元(课时)在确立"素养指向"时应该依据单元内容的特点有所侧重、有所突破。像这样每个学习单元(其实上述课例只有1课时)都去"挖掘"所有素养的对应点,既没有必要,也没有可能。

这些就是今天很多教师碰到的困惑。他们希望自己设计的目标能指向核心素养，但又不知道遵循怎样的目标分类框架把单元目标确立好、陈述好。

(二)尝试建构的学习目标分类框架

我们尝试构建的学习目标分类框架，把学习结果大致分为"基础知识与基本技能""问题解决""思维方式与思想方法""情感态度与价值观"四种类型，其中"基础知识与基本技能"为第一层，其余三类归入第二层，所以称为"素养指向的两层四类目标分类框架"(简称"两层四类"框架)，如图4-1所示。

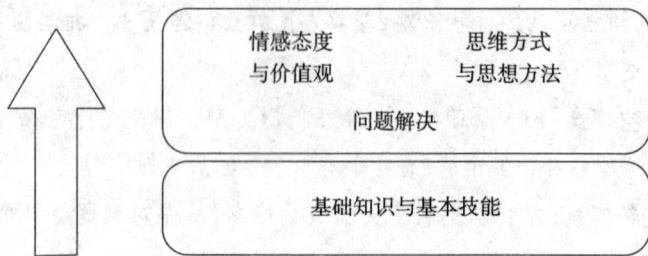

图4-1 素养指向的两层四类目标分类框架

为什么列出这样四类学习结果？这是基于我们对学科核心素养本质的理解。前文已经阐明，每一门学科的核心素养本质上都是对学科"活知识——用知识、技能解决新情境中新问题的能力"和"元知识——学科思维方式与思想方法以及情感态度与价值观"的高度凝练。所以，当我们面对一个单元思考选择哪些目标时，要求教师在明确"基础知识与基本技能"这一类目标的同时，再确立"问题解决""思维方式与思想方法""情感态度与价值观"三类目标(当然也不求面面俱到)，这样便能很好地促进教师充分挖掘学习内容的素养要素，更好地发挥学科育人的功能。

构建这个分类框架时，我们特别借鉴了颜士刚、李艺等提出的核心素养"三层结构"模型。颜士刚、李艺等认为，核心素养要落地，"与其相协调的教育目标分类体系至关重要"。基于此,他们提出了核心素养"三层结构"模型,如图4-2所示。[①]

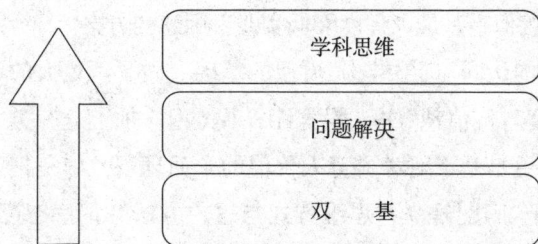

图4-2　核心素养"三层结构"模型

"三层架构形成一个完整系统,三层有内在的密切联系。其中'双基'层最为基础,学科思维层最为高级,而问题解决层发挥着承上启下的作用。从上到下或从下到上,三个层面遵循'向下层层包含,向上逐层归因'的规则,相互依托,又相互归属。三层架构可解读为,问题解决以'双基'为基础,学科思维以'双基'和问题解决为基础;学科思维层是学科课程的灵魂,也是学科课程与'人的内在品质'相应的本质之所在,它作为人的内在品质的基本背景,唤醒并照耀着问题解决层和'双基'层,使之一并产生价值和意义,失去了学科思维层的唤醒和照耀,问题解决和'双基'便失去色彩,人便沦为工匠。"[②]

对于"问题解决"所对应的学习结果,颜士刚等进一步解释说:"'问题'指称个体面临的、不能直接用已有知识加以处理,必须重组已有知识或认知结构才能使之得到解决的疑难情境。问题解决则指以问题为目标的认知操作过程。可见,'问题解决'特指提供差异化问题情境的信息加工过程,在外延上,它大致对应布氏分类体系之应用、分析、评价及创造四层级所表征的知识内化的心理过程。于是,若将'问题解决'作为'基础知识与基本技能'与'学

---

① 颜士刚,冯友梅,李艺.聚焦核心素养的教育目标分类体系构建——兼论"三层结构"模型的生成逻辑[J].中国电化教育,2018(10):49.
② 李艺,钟柏昌.谈"核心素养"[J].教育研究,2015(9):22.

科思维'之过渡,其一,因其与反省抽象及经验抽象对应同一心理过程,故可保证学理意义上的合理性;其二,于实践意义,首先,有'基'与'顶'作为知识聚类的指引,'问题解决'之协调与抽象机制便可最大效率运作,其次,中间仅一层而非更多的过渡似乎是最大程度降低实践者困惑的方案。"①

我们在基本认同"三层结构"模型的基础上做了两处大的调整。一是加上了"情感态度与价值观"这一类学习结果类型。加上这一类,既是对"三维目标"的继承,更是基于对学科育人价值的全面理解。二是把三层结构简化为两层结构,把"问题解决""思维方式与思想方法""情感态度与价值观"置于同一层。之所以这样调整,是因为在我们看来,"思维方式与思想方法"等固然是在"问题解决"中得以培养的,但在实际教学过程中往往是"你中有我,我中有你",难分先后,难分高低。另外,根据我们的观察,教师在目标设计与编写时,大多数时候采用的是整体上按"双基"与"问题解决"两层陈述,而把"思维方式与思想方法"等其他类目标融合在"问题解决"层之中的策略。因此,这样分类分层也更切合教师目标设计的实际。

当然,"两层四类"框架还是一个粗线条式的框架,特别是关于目标的分层,它只是揭示了四类学习结果目标整体上的层级关系,即"双基"是第一层,其他三类是第二层。而在一个单元学习目标设计过程中,我们还需要参考一些公认度较高的目标分类(分层)框架,特别是布鲁姆的认知目标新分类框架,它们有助于我们获得更综合的结果和更合理的预期学习结果清单,把每一类学习结果的目标具体类型与层级关系梳理得更为清晰。

(三)"两层四类"框架下的学习目标呈现方式

参照"两层四类"框架设计与编写目标,并不等于每个学习单元都非要分四类依次加以呈现。实际上,"两层四类"也只是我们确立单元学习目标的依据。一个单元究竟确立哪几类目标并以什么方式呈现,应依据单元学

---

① 颜士刚,冯友梅,李艺.聚焦核心素养的教育目标分类体系构建——兼论"三层结构"模型的生成逻辑[J].中国电化教育,2018(10):52.

习内容的差异确定,不必拘于一格,不必面面俱到。

从各学科教师设计实际情形看,使用频度最高的呈现方式是"双基+问题解决"。运用这种方式,"双基"类目标一般又根据认知维度的层级分成若干个方面呈现,"问题解决"中往往有机融合了"思维方式与思想方法""情感态度与价值观"两类目标。

示例1 初中数学"特殊平行四边形"单元学习目标

1.理解矩形、菱形、正方形的概念。

1.1 概括出矩形、菱形、正方形的共同性质。

1.2 根据图形的主要特征说出矩形、菱形、正方形的概念。

2.掌握矩形、菱形、正方形的性质定理。

2.1 从边、角、对角线三个方面得到矩形、菱形、正方形的性质定理。

2.2 会证明矩形、菱形、正方形的性质定理。

3.掌握矩形、菱形、正方形的判定定理。

3.1 从边、角、对角线三个方面得到矩形、菱形、正方形的判定定理。

3.2 会证明矩形、菱形、正方形的判定定理。

4.综合运用矩形、菱形、正方形的性质定理和判定定理解决四边形问题。

4.1 应用矩形、菱形、正方形的性质定理和判定定理解决"中点四边形"问题。

4.2 综合应用矩形、菱形、正方形的性质定理和判定定理解决四边形问题。

4.3 用几何语言完整地表述解决问题的整个过程,表述过程中能体现言之有理、落笔有据的推理意识。

示例1中目标1为"理解",目标2、3为"掌握"(包括简单运用),目标4为"综合应用",其中4.3融入了逻辑推理、逻辑表达等思维方式类型的目标。这个单元的目标设计既有分类又有分层,目标呈现得全面而清晰。

示例2 小学语文"'舐犊情深'主题阅读与表达"单元学习目标

1.正确朗读课文,积累词语。

1.1 正确认读识字表中的31个生字,读准多音字"龟"。

1.2 正确书写写字表中的26个生字,词语表中的37个词语。

1.3 正确解释"失魂落魄、怂恿、压抑、颓败、龟裂、舐犊情深"等词语。

2.赏析文本中的场景与细节描写。

2.1 用"人物+事例"的形式梳理文本的场景和细节。

2.2 例析场景或细节描写中蕴含的人物情感。

3.撰写习作《我想对您说》。

3.1 联系生活实际说出对父母们不同的表达爱的方式的看法,并能选择恰当的材料支持自己的观点。

3.2 给父母写一封信,用恰当的语言表达自己的看法和感受。

3.3 从具体事例、场景、细节等多个角度修改自己的习作。

该学习单元的人文主题是"舐犊之情,流淌在血液里的爱和温暖",这种情感的体会与表达显然只能融合在文本的赏析与习作的撰写之中。设计者把"情感态度与价值观"的相关目标置于"赏析""撰写"(问题解决)两个维度之内,是一种非常合理的处理。

使用频度列第二的呈现方式是"双基+问题解决+情感态度与价值观"。这种呈现方式与前一种方式的不同只有一点,即"情感态度与价值观"一类目标单独呈现。

示例3 普高历史"变革中的两宋"单元学习目标

1.了解两宋新变化的具体表现。

1.1 画出两宋政权变迁的时间轴并指出疆域范围,列举北宋强化专制集权的措施。

1.2从富国、强兵、取士三个方面概述王安石变法内容和作用,复述南宋的建立和宋金对峙的概况。

1.3画出宋朝经济结构的框架图,归纳北宋经济变革的表现。

1.4列举两宋文化的总体特点,归纳两宋时期理学、宋词、话本、书法、绘画、科技方面的具体表现和特征。

2.解释两宋新变化的原因。

2.1解释北宋统治面临的军事和财政两个方面的危机以及北宋强化专制集权的原因。

2.2解释两宋经济变革的原因,解释古代经济重心南移的表现和原因。

2.3解释理学兴起和"俗文化"兴起的原因,解释两宋文化为何是华夏文化发展历程中的一座高峰。

3.评价两宋新变化,并用变革理念解决实际问题。

3.1评析北宋强化专制集权的影响,归纳出两宋加强专制主义中央集权制度过程中"事为之防,曲为之制"的特征。

3.2评价王安石变法,评价"旧弊虽防,新弊渐生"的局面及变法并未能挽救北宋衰亡的命运。

3.3评析两宋经济变革和经济重心南移的影响。

3.4评析两宋文化高峰方面的具体影响。

3.5用变革的理念解决两宋经济、文化等情境材料中的具体问题。

4.认同"两宋经济文化是封建社会发展历程中的高峰"的结论。

4.1以两宋经济变革、文化繁荣表现等为依据阐明"两宋的经济文化是封建社会发展历程中的一座高峰,同时也走在当时世界前列"的结论。

4.2从两宋理学"气节、道德和责任"的内涵,两宋词的辉煌,市民文化的兴起等优秀传统文化变革的成就等视角阐明我们要树立文化自信的观点。

本示例中,目标1~3从"理解表现"到"解释原因"再到"评价运用",正好是历史知识认知维度的三个层级。目标4所表述的是"情感态度与价值观"类型的目标,希望学生能认同"两宋的经济文化是封建社会发展历程中的一座高峰,同时也走在当时世界前列"的结论,进一步树立文化自信、民族自信心和自豪感。单独呈现,更能凸显这类目标在单元教学中的重要性。

三 陈述好学习目标的标准

　　确定目标之后,我们必须把它们陈述出来,没有写下来的目标不能算是真正的目标。从目标陈述的角度看,怎样才能称得上是一条"好目标"呢?综合中外教学设计专家的一致看法,标准就是两条:一是写应该写的,二是把它写明确。

(一)写应该写的

　　先看两则常见的学习目标设计。

例1　小学数学"克和千克"目标设计

　　知识与技能:在具体生活情境中,使学生感受并认识质量单位克与千克;初步建立1克与1千克的质量观念,知道1千克=1000克。

　　过程与方法:使学生知道一些用秤称物体的方法,并能进行一些称物体质量的操作;在实践操作活动中,使学生感受并认识质量单位克与千克;初步建立1克和1千克的质量观念,知道1千克=1000克;在建立质量观念的基础上,培养学生估测的意识。

　　情感态度与价值观:培养学生观察能力、动手操作能力、推理能力、合作学习能力及应用意识。

例2 高中历史"罗马文艺复兴时期的文化遗产"目标设计

1.通过小组讲解、演示西斯廷小教堂的基本状况,概述文艺复兴时期绘画的特色之处,能够脱离教材,根据作品的作者分类默写西斯廷小教堂中的著名壁画,并厘清《创世记》《最后的审判》等壁画反映的主题内容,归纳其在世界绘画史上所处地位及所体现的深刻内涵。

2.通过关于圣彼得大教堂的问题链设计以及小组的合作探究和自主的观察思考,能够复述圣彼得大教堂的主要设计者及其克服的技术难题,对古希腊建筑的继承创新之处以及教堂所体现的历史、宗教和艺术成就;通过考察并提炼文艺复兴时期罗马的绘画和建筑等历史表象及其所具备典型特征,增强对史料的收集、整理和辨析能力。

3.通过合作建构米开朗琪罗的生平履历,能够结合文艺复兴的时代背景,推断分析佛罗伦萨与罗马对米开朗琪罗的深刻影响,通过对观点"文艺复兴时期的罗马与米开朗琪罗的关系"进行史学争鸣,认识米开朗琪罗等艺术巨匠在世界文化史上的地位,阐释时代与巨人的因果关系,评析导致不同解释的原因,提升对历史事物、现象背后深层因果联系的揭示能力。

例1完全是站在教师立场来陈述目标的,"使……""培养……",主语全是教师,这样写规范吗? 例2只是一节课的教学目标,但内容繁杂,所写的都有必要吗?

要对这两则目标陈述是否规范做出评判,我们首先要搞清楚目标究竟是什么。

皮连生教授早就指出,目标陈述的是预期的学生学习的结果,"目标要描述通过教学后学生在知识、技能,学习方法和情感态度方面的变化"[①]。对于目标应陈述的内容,张轶等进行了进一步解释,他们认为,第一,"教学目标规定的主体是学生,教学目标是预期经过教学后学生表现的行为,而不是

---

① 皮连生.学与教的心理学(第五版)[M].上海:华东师范大学出版社,2011:96.

教师的行为。如果主体是教师,那么教师实施了教学,就算是达到了教学目标,可是学生却不一定发生变化";第二,"教学目标是学与教的结果而不是学与教的过程。教学目标规定了教师和学生在经过一系列的教学活动之后,最终要求学生达到什么标准,或学生能够做什么,而如何达到这一结果的过程则不属于教学目标";第三,"教学目标是学习的结果而不是发展的结果。学习是指学习者与环境相互作用所引起的能力或行为倾向的相对持久的变化。这一变化是由后天引起的。而发展的概念比较宽泛,它既包含后天经验引起的变化,也包括自然成熟而引起的变化"[①]。

诺曼·E.格朗伦德等结合几个目标表述的具体事例阐述了教学目标究竟是什么。"教给学生气象地图上的术语""向学生演示气象地图的绘制"这一种表述说明了教师要做什么,"学生掌握气象地图上的术语""学生学会绘制气象地图"这一种表述指出了学生将学什么。这两种表述共同的缺陷是只传达了教学的目的。为弥补这一缺陷,"必须采用一种更为有效的目标表述方法,即根据预期的学习结果来表述目标。这样做能够表明,教师愿意接受学生哪些类型的学业表现,作为证明其学了教师希望他们学会的东西的证据"[②]。因此上述几例表述应修改为:

1.学会用自己的语言来解释天气术语的含义。

2.学会在气象地图上把这些术语与符号对应起来。

3.学会使用相关的术语描述气象地图的特征。

4.学会解释在同一气象地图上不同位置的气象条件。

至此,我们明白了目标要陈述的是"预期的学生学习的结果",目标陈述的主语必须是学生。以此为标准再来评判前面列出的两则实例,例1的毛病不止一处,除重复交叉、含糊笼统之外,就是基本上都是以教师为"主语",陈述的是教学的目的而不是教学的目标。例2的目标陈述比较明确一点值得肯定,但是多处"通过……"纯属多此一举,这些都是教与学的过程,不是目标陈述的内容。如果把这些都删了,目标会变得更简洁、更清晰。

① 张轶.教学原理与设计[M].北京:化学工业出版社,2010:39.

② 诺曼·E.格朗伦德,苏珊·M.布鲁克哈特.设计与编写教学目标(第八版)[M].盛群力,郑淑贞,冯丽婷,译.北京:中国轻工业出版社,2017.4-5.

(二)把它写明确

下面两则目标陈述的例子,例1是小学数学的,例2是小学美术的。如果你正好是其中一门学科的教师,根据出示的目标,你能猜出教学内容具体是什么吗?

例1 小学语文某课的目标设计

1. 依据文本的特点,择要精读,通过小组合作学习等方式,抓住重点的词句,从具体的字里行间读懂语言。

2.通过与原文的比较、反复的品读、小组的合作等,领悟作者的写法。

例2 小学美术学科某课的目标设计

1.了解并运用传统和现代的媒材、技术,结合美术语言,通过观察、想象、构思等过程,创造有意味的视觉形象。

2.表达自己的意图、思想和情感。

3.联系现代生活,结合其他学科知识,运用美术的手法,解决问题。

恐怕大家很难猜出来。答案是,示例1是小学语文四年级《新奇的纳米技术》,示例2是小学六年级美术"我的千里江山图"。我们不禁要问,既然如此,把它们作为其他教学内容单位的目标不是也可以吗?这样的目标能发挥什么样的功能呢?

从目标陈述视角分析,这两例犯了同样的毛病——不具体、不明确。

对此,教学设计专家们的观点高度一致,"教学目标的陈述应力求明确、具体,可以观察和测量,尽量避免用含糊的和不切实际的语言陈述目标。克服目标的含糊性是心理学对教育的重要贡献之一"[1]。

---

① 皮连生.教学设计[M].北京:高等教育出版社,2006:62.

目标为什么必须明确、具体？因为它的功能就是导好教、导好学。我们今天倡导的逆向设计，它要求在整个教学过程中"教—学—评"保持一致性。而要做到一致性，首先目标本身是明确具体的。对此，格兰特·威金斯教授等解释道："在教育领域中，当你尝试从习惯和传统教学的'逆向'视角去理解时，你就会发现这是非常合理的。与常规教学实践相比，这种视角的一个主要变化是，设计者在决定教什么和如何教之前必须思考如何开展评估，而不是在一个单元学习即将结束时才构建评估（或者依赖教材编写人员提供的测试，而这些测试可能不会充分，或恰当地评估标准和教学目标的达成程度）。逆向设计要求我们在开始设计一个单元或课程的时候，就要通过评估证据将内容标准或学习目标具体化。"①如果我们无法"把学习目标具体化"，设计匹配的评价任务、安排匹配的学习活动等就无从谈起。

对于究竟什么样的目标称得上明确，崔允漷教授所讲的一个故事能给我们以很好的启迪。有一位小学二年级的语文教师准备上一节阅读课，写了一条目标是"正确、流利、有感情地朗读课文"。崔教授问这位老师为什么这样写目标，她说课标就是这样写的。可是，再往下看课标，第二学段一直到第四学段，都写着"正确、流利、有感情地朗读课文"。如果一堂课就把这个目标实现了，那么就朗读而言，以后的语文教师就没事可做了。崔教授请这位老师再想想："这一堂课主要解决'正确、流利、有感情地朗读课文'中的什么问题？你的重点是什么？"她想了一想说，二年级朗读的重点应该是"正确朗读"。崔教授说"正确朗读"又意味着什么呢？怎样把"正确朗读"表达清楚？她说那应该是读准字音、不添字、不漏字之类的。崔教授说这就对了，如果你的目标写成"读准什么字或哪几个字的字音；在朗读课文的过程中，能够不添字、不漏字……"，我们就知道你今天想教什么，学生要学什么啦。

这个故事告诉我们，所谓明确，就是你所写的目标"可达成、可观察、可评价"。

---

① 格兰特·威金斯，杰伊·麦克泰格.追求理解的教学设计（第二版）[M].闫寒冰，等译.上海：华东师范大学出版社，2017:20.

故事也道出了很多教师为何不能把目标写明确的其中一个原因,就是习惯于把课程"大目标"中的表述套用到单元(课时)目标当中来。这样一来,目标往往就"大小不分"了。请看下列目标:

1. 初步培养有序地、全面地思考问题的意识,并培养初步的观察、分析、推理能力以及有条理地阐述自己推理过程的数学表达能力。(小学数学)

2. 理解技术与人类文明的有机联系,具有初步的工程思维。(小学科学)

3. 在动手动脑中,激发学生的好奇心、想象力和勇于探究的热情,进一步培养学生的探索精神;在动手与动脑的结合中,培养学生对手工劳动的热爱。(小学劳动与技术)

4. 通过阅读和仿写,培养学生以读促写的能力,从而提高学生的语言运用能力素养。(初中英语)

5. 树立节约用水、人地和谐的意识,参与国家正在推行的"一带一路"建设,培养青少年的家国情怀和责任担当。(初中历史与社会)

6. 捕捉灵感,尝试诗歌写作,抒写自己的青春岁月,正确认识自我,树立远大理想,为中华民族伟大复兴而努力。(高中语文)

7. 通过体验科学家的科学探究过程,激发学生的科学探究兴趣,提升学生的科学探究能力,培养学生严谨的科学探究思维,提升学生的生物学科核心素养。(高中生物)

这样的目标套用的都是课程"大目标"里的表述,对于一个单元(课时)来讲,它们难达成、难观察、难评测,也就成了"正确的废话"。

四 学习目标陈述的基本法

教学单位从"单节单课"到了单元,教学内容更加丰富,要陈述的目标自然就更为复杂。那么,采用怎样的方式才能把单元学习目标陈述得既条理分明又明确具体呢? 通过对各种陈述方式的比较研究并初步实践,我们首推诺曼·E.格朗伦德等在"内外结合陈述法"基础上提出"一般+具体"目标陈述方法。我们把它当作单元学习目标陈述的基本法。

(一)"一般+具体"目标陈述法的背景介绍

为了让目标能充分发挥导教、导学作用,在西方心理学界发起了克服教学目标含糊性运动。1962年,马杰在其《准备教学目标》一书中,根据行为主义心理学提出了行为目标的理论与技术。行为目标有时也称作业目标,指用可观察和可测量的行为陈述的目标。马杰提出,写得好的行为目标具有三个要素:一是说明通过教学后,学生能做什么(或说什么);二是规定学生行为产生的条件;三是规定符合要求的作业标准。为此,在目标陈述时要注意三点:第一,要避免使用描述内部心理过程的动词,如"知道""理解""欣赏"等,而应该使用行为动词,如"解释""选择""写出"等;第二,要有在评价学习者的学习结果时的条件要素;第三,要有衡量学习结果的最低要求,即评判标准。按照这样的要求编写行为目标,其优点是非常清楚的,那就是避免了用传统方法陈述目标的含糊性,但是它本身也有缺点。它只强调了行为结果而未注意内在的心理过程,教师可能因此只注意学生外在的行为变化,而忽视了其内在能力和情感的变化。如果教师只着眼于学生的外显行为,而忽视了支持这些行为的内在情感过程的变化,则教学可能停留于表面形式。

为弥补行为目标的不足,1978年,诺曼·E.格朗伦德在其《课堂教学目标的表述》中提出,先用描述内部过程的术语来表述教学目标,以反映理解、应用、分析、创造、欣赏、尊重等内在的心理变化,然后列举反映这些变化的行为样品,从而使内在的心理变化可以观察和测量。如初中语文学科的一条目标可以这样陈述①。

理解议论文写作中的"类比法":

(1)用自己的话解释运用类比的条件。

(2)从课文中找出运用类比法阐明论点的句子。

(3)对提供的含有类比法和喻证法的课文,能指出包含类比法的句子。

这样陈述的目标强调的总目标是"理解",而不是表明"理解"的具体行为实例。这些实例只是表明理解的许多行为中的行为样品。这样的目标既避免了单一的行为目标陈述的缺陷,也克服了传统方法陈述目标的含糊性。

当我们看到诺曼·E.格朗伦德等所著的《设计与编写教学目标(第八版)》时,发现作者在这个问题上表述得更为宽泛,适用性、操作性更强。如何用预期的学习结果来表述教学目标?"先表述一般目标,然后列举各种教师能接受的,可以作为目标达成证据的学生学习结果表现类型,以进一步阐明目标"。所谓"一般教学目标","是对预期的教学结果的概括表述,一般用能表征学生某种行为表现的概括性术语(如'理解一份书面材料的字面含义')。一般教学目标要通过一系列的具体的学习结果做进一步说明,以明确教学的意图"。所谓"具体学习结果","是对具体学习结果的具体表述,一般用能表征学生某种行为表现的具体的、可观察的术语来表示(如'在一篇短文中找出一些显而易见的细节')。具体学习结果表征的是学生在达成一般教学目标后可以展现出来的表现类型(具体学习结果也叫作具体目标、表

---

① 皮连生.教学设计:心理学的理论与技术[M].北京:高等教育出版社,2006:61.

现性目标和可测量目标)"①。下面是采用这种"一般+具体"方式陈述的一份完整的单元目标②。

经济学领域学习单元的目标实例

1.知道基本的术语。

1.1 将相同意思的术语联系起来。

1.2 选择与某个特定定义最贴切的术语。

1.3 识别用于特殊经济学问题的术语。

1.4 正确运用术语描述经济问题。

2.领会经济学概念和原理。

2.1 识别经济学概念和原理的实例。

2.2 用自己的语言描述经济学概念和原理。

2.3 识别经济学原理之间的相互关系。

2.4 根据相关的经济学概念和原理解释经济状况的改变。

3.在新情境中运用经济学原理。

3.1 识别解决一个现实问题所需要的经济学原理。

3.2 预测一个设计经济学原理的行为可能导致的结果。

3.3 根据相关的经济学原理描述如何解决一个现实的经济学问题。

3.4 区分可能与不可能的经济学问题。

4.解释经济学数据。

4.1 区分相关与无关信息。

4.2 区分事实与推论。

4.3 识别数据中的因果关系。

---

① 诺曼·E.格朗伦德,苏珊·M.布鲁克哈特.设计与编写教学目标(第八版)[M].盛群力,郑淑贞,冯丽婷,译.北京:中国轻工业出版社,2017:15-17.

② 诺曼·E.格朗伦德,苏珊·M.布鲁克哈特.设计与编写教学目标(第八版)[M].盛群力,郑淑贞,冯丽婷,译.北京:中国轻工业出版社,2017:7、138-139.

4.4描述数据中的趋势。

4.5区分由数据得出的有根据的与无根据的结论。

4.6描述数据时成熟适当的条件。

这样"一般教学目标与具体学习结果相结合"的目标陈述法,既关注内部心理结构的变化,又重视外部行为的表现,达到了"以内养外,以外表内,内外一致,表里贯通"的理想要求。

(二)"一般+具体"目标陈述法的具体要求

在具体陈述"一般目标"与"具体目标"时,还有哪些技术层面的要求?还要注意些什么呢?

先说"一般目标"陈述的具体要求。

诺曼·E.格朗伦德等在讲述"一般目标"时,列举了教师在陈述时容易犯的四个错误[①]。

错误之一,在表述目标时说的是教师在课堂上要做什么,而不是学生的学业表现。如"增强学生的学习能力"。

错误之二,表述目标时运用的是学生学习的"过程",而不是学习的"结果"。如"获得有关基本原理的知识""学习气象地图的符号"等。

错误之三,在目标中仅仅列举学科内容。如"电学原理"。

错误之四,一个目标中有不止一个学习结果。如"指导某种科学方法并有效地运用该方法"。

其实,"一般目标"所写的也是"预期的学生学习的结果",所以它也必须具备目标该有的两个基本特征,一是主语是"学生",当然我们叙写时一般把它省略了;二是宾语是"学习的结果",因此不要根据教师的行为、不要根据学习过程、不要把重心放在学科内容上,当然这个"学习结果"具有一定的概括性,尚未明确到可观察、可测量的程度。所以,只有"一般目标"还不是完

---

① 诺曼·E.格朗伦德,苏珊·M.布鲁克哈特.设计与编写教学目标(第八版)[M].盛群力,郑淑贞,冯丽婷,译.北京:中国轻工业出版社,2017.24-27.

整的目标,加上"具体目标"才是完整的目标。

再说"具体目标"陈述的具体要求。

教师在为"一般目标"细分列举"具体目标"时,将会碰到一个具体的问题是,列举多少才是恰当的。对此,诺曼·E.格朗伦德等的建议是,"要想在一般教学目标下穷尽所有的具体学习结果是很难的。我们能做的,是列举能证明学生达到目标的具体表现类型的样例。我们的目标是尽可能地选择有代表性的样例,样例中学生表现可以作为统一教学目标下其他类似学习结果的示范"[1]。

解决这个问题的路径只有一条,就是需要我们对课程标准、教材内容、学生实际等进行充分而有深度的研究。唯有如此,我们才能正确预期希望得到的"学习结果",才能选择好具有代表性的行为样品。

要把"具体目标"陈述好,我们还必须掌握行为目标陈述的一些基本要领。如果说在目标的整体表述上,我们学习的是诺曼·E.格朗伦德等的"一般+具体"的陈述法,那么在"具体目标"陈述上,我们还是要学习马杰的行为目标陈述法。前文已经提到,马杰提出写得好的行为目标具有三个要素,即表明学习的行为、条件和标准。用马杰的教学目标陈述法来编写就使教学目标具体而明确,具有可观察性、可测量性。在教学设计实践中,有学者认为有必要在马杰的三个要素的基础上,加上对教学对象的描述。这样,一个规范的教学目标就包括四个要素。为简洁起见,他们称之为ABCD法。

A——主体(audience):指目标所指的对象。

B——行为(behavior):指学习的具体行为。

C——条件(conditions):指行为出现的条件。

D——标准(degree):指可接受的行为水平。

当然,在具体操作时,其实大多数时候并不需要ABCD四要素齐全。第一,既然主体全是学生,所以在陈述时可以省略。第二,并非所有行为的发

---

① 诺曼·E.格朗伦德,苏珊·M.布鲁克哈特.设计与编写教学目标(第八版)[M].盛群力,郑淑贞,冯丽婷,译.北京:中国轻工业出版社,2017:33.

生都需要有特定的条件,需要时才写。第三,标准是行为完成质量可接受的最低程度的衡量依据,教师可以根据目标、学情等酌情确定;如果不写,表明教师希望学生能百分百地达到。

关于"一般目标"与"具体目标"在具体陈述要求上的相同点与不同点,我们用表格梳理,见表4-1。

表4-1 "一般目标"与"具体目标"陈述要求的异同

目标	相同点	不同点	
一般目标	目标陈述的是预期的学生学习的结果	所陈述的目标具有一定的概括性,尚未明确到可观察、可测评的程度	常用心理动词:知道、了解、理解、掌握、运用、领悟、认同……
具体目标		所陈述的目标必须可达成、可观察、可测评	常用行为动词:说出、辨认、列举、解释、归纳、概述、推断、设计、撰写……

(三)"一般+具体"目标陈述法的适用范围

在实践中我们欣喜地发现,这种"一般+具体"目标陈述法适用于所有类型目标的陈述,包括"双基"、问题解决、思维方式与思想方法、情感态度与价值观等。比如,情感态度类目标,以往我们在陈述时为什么只会说一些"加强……教育""增强……情感""养成……态度"之类的不可观察、不可评价的大话、套话呢?恐怕其中的一个原因就是我们不知或不会使用这种陈述法。如果我们掌握了,也照样可以把情感态度类目标陈述得具体明确。如下面一则目标的陈述①。

1. 领悟走可持续发展之路是人类的必然选择。

1.1 能用自己的话语表述可持续发展的含义。

---

① 吴金财.高中地理"情感态度与价值观"目标及其设计、实施与评价[J].地理教学,2012(14).29.

1.2能列举3个以上不符合可持续发展的实例,并指出它们的危害或防治对策。

1.3对教师提供的包含不符合可持续发展思想的例子的材料或现象,能指出这些例子或现象并做出评判或评述。

1.4能在政府行为、市场行为和公众行为方面各列举3个以上符合可持续发展思想的行为实例,并说明其必要性或意义。

诺曼·E.格朗伦德等在专著里虽然也提到用预期学习结果来表述教学目标的另一种方法——把教学完成之后预期的学生要表现的具体结果一一列举出来。实际上就是只写"具体目标",不写"一般目标"。我们判断,这种方法可能仍旧适合与知识点单一、目标类型单一的"单节单课"教学,但对于单元教学设计来说,完全可以束之高阁了。

(四)"一般+具体"目标陈述法的实例评析

例1　初中语文"事物性说明文阅读与写作"单元学习目标

1.能正确朗读文章,积累字词。

1.1正确朗读和书写"读读写写"栏目中的70个字词。

1.2正确解释"读读写写"栏目中12个词语的意思。

2.整体感知文章的主要内容。

2.1依据文本内容,以中国石拱桥、苏州园林、《清明上河图》为例,评述前人的非凡智慧和杰出创造力。

2.2以《蝉》为例,评述科学家探究科学的精神、态度与方法。

3.建构事物性说明文的基本知识。

3.1给"事物性说明文"下定义。

3.2找出四篇文章中说明对象的关键特征,归纳出多方面、多角度说明事物特征的写法。

3.3梳理每篇文章的结构与顺序。

3.4归纳四篇文章运用的说明方法,并结合具体内容分析各种说明方法的作用。

3.5归纳四篇事物性说明文语言的共性与个性特点。

4.撰写一篇事物性说明文。

4.1设计出事物性说明文评价量表。

4.2选择一个熟悉的事物,撰写一篇600字以上的事物性说明文。

4.3能从说明对象的特征、说明方法、结构顺序、语言特点等多个角度,修改自己的文章。

【评析】这份单元学习目标设计基本符合目标陈述的要求。整体上,分"积累字词(朗读)""整体感知""建构读写知识""撰写"四个方面陈述,分类分层清晰。每一类目标中的"一般目标"与"具体目标"内容上保持一致。特别可贵的是,"具体目标"中每一项"学习结果"都是可达成、可观察、可测量的。如"整体感知"中的两条目标要求学生结合文本内容"评述前人的非凡智慧和杰出创造力""评述科学家探究科学的精神、态度与方法",这样就把属于"情感态度与价值观"类型的目标可视化了。

例2 高中地理"洋流"单元学习目标

1.明确洋流的成因,总结其规律与在全球的分布情况。

1.1运用气压带和风带分布图设计洋流模拟实验,观察并解释实验现象。

1.2绘制洋流模式图,说明成因并归纳其规律。

1.3绘制世界表层洋流的分布图,概述不同纬度和不同海区的洋流系统具体表现。

2.探究洋流对自然环境与人类活动的影响。

2.1用地理语言列举"鸭子舰队"可能会有的所见所遇并分类归纳。

2.2具体说出洋流对地理环境和人类活动的影响及表现。

3．应用洋流及其对地理环境的影响解决相关问题。

3.1归纳海洋垃圾污染的严重程度和恶劣影响,阐述其可能会带来的危害。

3.2解释海洋受污染程度及海洋污染的成因。

3.3提出基于洋流规律的海洋垃圾污染和生态问题解决对策。

【评析】这份单元学习目标设计在分层分类以及"一般目标"与"具体目标"一致性上基本符合要求。主要问题是,"一般目标"中"总结其规律与在全球的分布情况""探究洋流对自然环境与人类活动的影响"这样的表述属于"学习过程",而非"学习结果",应该分别改成"知道洋流的成因、规律与分布情况""能归纳解释洋流对自然环境与人类活动的影响"。

例3 小学英语"How tall are you?"单元目标设计

1．正确朗读文本,积累单词句型。

1.1听说读写单词：younger, older, taller, shorter, longer, smaller, bigger, thinner, heavier, stronger。

1.2听说读写句型：How tall is it? Maybe 4 metres. How tall are you? I'm 1.65metres. I'm taller than this one. What size are your shoes? Size 7. Your feet are bigger than mine. How heavy are you? I'm 48 kilograms. You are heavier.

1.3用升降调、连读、失爆、重音等正确的语音、语调规范地朗读文本。

1.4在小组合作中按要求扮演某一个角色进行文本演绎。

2．理解形容词比较级的意义。

2.1归纳形容词比较级的构词规则。

2.2理解形容词比较级所涉及的文本与语篇。

3．正确运用形容词比较级。

3.1运用以下句型发现、判断并描述事物或人物间因比较而存在的异同：How tall are you? I'm ... How heavy are you? I'm ... I'm ... than you.

What size are your shoes? My shoes are ...

3.2综合运用形容词比较级及句型The ... is / are getting(becoming) ...er and ...er简说光影变化等自然现象,写4~5句有关身边家人朋友、动植物等日常生活中的常见变化。

4．树立和而不同的理念。

4.1从东西方鞋码标注方法等方面的不同中体会并认同中西方生活习惯方面的文化差异。

4.2通过比较中西方生活习惯方面的异同,初步树立和而不同的理念,解释和而不同的具体内涵。

【评析】这份单元学习目标设计在分层分类上是清晰合理的,主要问题是部分目标陈述还显得比较含糊。如目标2.2,把用于"一般目标"的心理动词"理解"置于此处,导致目标的不明确,应该改为"解释形容词比较级所在文本与语篇表达和体现的意义"。特别是目标4,无论是"一般目标"还是"具体目标",都犯了"大而空"的毛病。我们说"一般目标"具有一定的概括性,但它只是对下属"具体目标"的概括与总领,下属"具体目标"是对其的具体解释和说明,因此两者不能脱节。其中的两条"具体目标",目标4.1中的"体会与认同"、目标4.2中的"初步树立",均不符合可达成、可评价的要求。目标4可以改成:

4．能认同中西方生活习惯等方面的文化差异。

4.1从中美鞋码标注方法等方面比较中西方生活习惯方面的文化差异。

4.2从课堂交流表达中体现出对中西方生活习惯方面文化差异的认同。

第五章

设计评价任务

单元教学的一个显著特点是"教一学一评"一致性。遵循逆向设计理论,学习目标设计之后紧接着要设计与之匹配的评价任务——确定能证明学生达到预期学习结果的评估证据。评价任务与学习目标的高匹配度,是保障"教一学一评"真正做到一致性的关键要素之一。

本章将在诠释评价任务的定义以及与教学决策、教学活动的关系基础上,重点从评价任务与学习目标匹配的三个维度、评价任务的构成与呈现、评分规则的研发与使用、尝试运用SOLO分类理论将思维评价可视化等方面向大家介绍这一设计策略。

一 评价任务是什么

借用学历案设计模板的表述，我们将置于学习目标之后的学习评价称为"评价任务"。那么，在单元教学实施中，评价任务究竟是怎样的一种任务？它与教学过程中的教学决策有着怎样的因果关联？与教学活动又有什么联系和区别？这些均需要有明确的界定。

（一）评价任务的定义

对于什么是评价任务，崔允漷学历案研究团队先后有两个解释。卢明等认为："评价任务是指为检测学生的学习目标达成情况而设计的检测项目。"[①]尤小平等解释得更清楚："评价任务的设计，就是将学习目标转化为可以收集学生关于学习结果的行为反应的检测项目。"[②]我们认为，应该把"检测项目"改为"评估项目"，因为"检测项目"容易让教师误以为评价就得用试题来检测，这样会窄化对评价任务的理解。所以我们给出的定义是，评价任务是将学习目标转化为可以收集学生学习结果的行为反应的评估项目。

这个定义揭示了评价任务的两个"关键要义"。一是评价的内容是"学习目标的转化"。为什么必须如此？在王少非教授看来，"关键在于，如何确保评价目标与学习目标的匹配？最重要的是，尽管教师应当认可实际学习过程中生成的、预定学习目标之外的、有价值的学习结果，但必须自始至终拿预定的学习目标来衡量学生的学习表现，不能随意提高或降低标准。在

---

① 卢明，崔允漷.教案的革命：基于课程标准的学历案[M].上海：华东师范大学出版社，2016:48.

② 尤小平.学历案与深度学习[M].上海：华东师范大学出版社，2019:95.

设计作业、试题等正式的评价任务时,更需要关注评价任务和认知要求上与学习目标要求保持一致。所有学习目标若作简化陈述,从语法结构上看都是相同的,都是'动词+名词'的结构,'名词'规定了学生要学的内容,'动词'则规定了在此内容上学生应学到的程度"①。二是评价的内容应该是可以收集学生学习结果的行为反应,也就是说,评价活动中学生关于学习结果的行为反应是可以观察、可以收集的,能够借此直接、客观地评估学生学习目标的达成情况。

(二)评价任务与教学决策

评价任务的设计与展开绝不能是"为评而评",它的意义主要在于,通过收集学生关于学习结果的行为反应,借此评估推论学习目标达成情况并进而做出教学决策。

对此,周文叶教授的解释是,"学生在评价中的表现应该被看作是一种标志,表明学生达到预期的学习目标的程度与水平。教师可以利用这一结论来制订教学决策"②,如图5-1所示。③

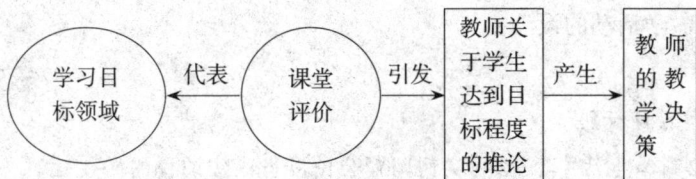

图5-1　教学决策链

因此,教学过程中每一项评价任务的展开,作为教师,首先要做的是对学生达到目标程度进行评估与推论,在此基础上迅速及时地做出决策,目标达成了当然是顺利进入下一个教学环节;倘若没有达成或达成度不高,教师

---

① 王少非.促进学习的课堂评价[M].上海:华东师范大学出版社,2018:163-164.
② 周文叶.中小学表现性评价的理论与技术[M].上海:华东师范大学出版社,2014:140.
③ 詹姆斯·波帕姆.促进教学的课堂评价[M].国家基础教育课程改革"促进教师发展和学生成长的评价研究"项目组,译.北京:中国轻工业出版社,2003:204.

必须反思找寻问题产生的原因并做出教学的调整,或增减教学活动,或调整学习方式。总之,不能为了赶时间、赶进度而对现状"置之不理",否则,评价任务的设置就失去其意义了。

(三)评价任务与教学活动

为了更好地把握评价任务的内涵,有必要再对它与教学活动的区别和联系做进一步阐释。有人说,"评价即教学"。那是不是意味着,在"教—学—评"一致性的要求之下,课堂教学过程中所有的评价任务就是教学活动呢? 对此,我们的理解是:

其一,评价任务即是教学活动。这里所指的评价任务与传统的纸笔测验评价不同。传统的纸笔测验一般置于一个单元(阶段)的教学过程结束之后,教师关注的是最终的测验分数,"从而忽视了很多的更为重要的教学内容。教学是教学,评价是评价,两者彼此分离的线性关系给教与学带来了很多负面作用"[①]。与此相比,我们设计并实施的评价任务大多是把评价任务镶嵌在教学过程之中,教学与评价有机地融合在一起。

我们来看一则普通高中思想政治"财政与税收"单元第三课时一处评价任务与教学活动的设计。

【学习目标】

3.2 列举生活中1~2则实例阐释公民应当依法纳税的必要性。

3.3 能就如何践行依法纳税义务提出1~2条建议。

【评价任务】

完成"小组合学",评估目标3.2、3.3。

〖小组合学〗

任务:教师引出"国家征税真'赚'大了"的话题,学生围绕"国家的钱从哪里来,用到哪里去"的议题,先独立思考,再小组讨论,完成下列两项任务。

(1)每个同学列举生活中有关税收征管与使用的实例,然后选择最恰当

---

① 周文叶.中小学表现性评价的理论与技术[M].上海:华东师范大学出版社,2014:138.

的一则,阐释公民依法纳税的必要性。

(2)每个同学各自就如何践行依法纳税义务提出建议,然后选择最好的1~2条建议在全班交流。

通过小组交流、展示评析,学生能做到:

(1)归纳出依法纳税的必要性。

①在我国国家、集体、个人的利益在根本上是一致的,我国的税收是"取之于民、用之于民"的。

②建设港珠澳大桥、开发国产高铁等重大工程说明政府职能的履行需要国家财政作为坚实后盾。税收作为财政收入的最主要、最基本、最稳定的来源,对推动中国特色社会主义事业发展起到至关重要的作用。

③收入过多或过少都会影响财政的增加及经济的发展。影响财政收入的主要因素有经济发展水平和分配政策,其基础性因素是经济发展水平,直接因素是分配政策。因此要制定合理的分配政策,既保证国家职能的顺利履行,又促进经济社会的持续发展。

(2)就如何践行纳税意识提出建议。

依据"纳税意识是权利意识与义务意识的统一",围绕"既要履行依法纳税的义务,也要积极行使监督权利,关注税收的征管与使用"提出主动索要发票、关注税务宣讲、参与宣传教育等建议。

在这个教学过程中,教学活动与评价任务均是围绕两条目标展开的,整个过程既是教学活动,也是评价活动。"教—学—评"完全融合,真正做到了所教即所学、所学即所评,在这里,评价任务即是教学活动。

其二,评价任务又不完全等于教学活动。两者的区别在于,教学活动贯穿始终,所有的活动均为教学活动;评价任务包含在教学活动之中,是教学活动的组成部分。大多数情况下,一个完整的教学活动之中,当学生的学习开始进入学习成果呈现阶段时,评价任务就自然展开了。上述思想政治学科这个课例中,学生在独立思考、小组研讨阶段,主要是学生根据任务要求自己学习;而当进入展示评析、全班研讨阶段之后,教学与评价就同步展开了。

评价任务与学习目标的匹配性

怎样的评价任务是理想的？评判的标准就是看其是否能与学习目标高度匹配，是否与目标保持一致性。评价任务与学习目标的匹配性，具体又体现在任务数量、认知层次、评价方法三个维度。

（一）任务数量与目标匹配

要实现"教—学—评"一致性，评价任务的设计首先必须做到数量上能涵盖单元所有目标内容，有多少学习目标就得有多少对应的评价任务，如图5-2所示。

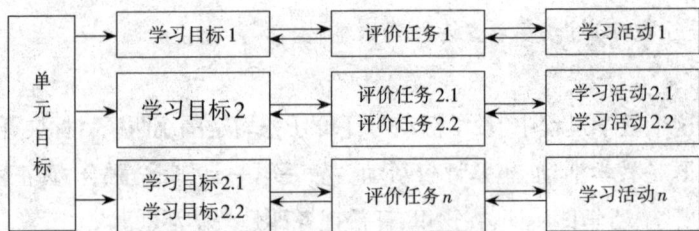

图5-2　学习目标与评价任务对应关系

当然，根据学习目标内容的差异，可以"一对一"设计，也可以"一对多"设计、"多对一"设计。

1."一对一"设计

"一对一"设计，即一个评价任务评估一个学习目标。这类评价方式适合于知识点相对单一、情境任务相对简单的教学活动，其优点是针对性强，评估效度高。

示例1 小学数学"鸽巢问题"单元评价任务设计

【学习目标】
1.3能用"总有……至少……"句式来解释结论。

【评价任务】
完成"练习应用",评估目标1.3。

〖练习运用〗
用8分钟完成下面三项任务。

1.把5本书放进4个抽屉,总有一个抽屉里至少放2本书。为什么?

2.一副扑克牌有54张,去掉大小王后,从余下的牌中任意抽取了5张,总有一个花色至少有2张牌。请你解释这个游戏的原理。

3.一副扑克牌有54张,去掉大小王后,从余下的牌中任意抽取了14张,那么,这些牌里至少有一个"对子"(点数相同的两张牌组成一个"对子")。请你说明理由。

通过独立思考、交流研讨,学生能解释:

1.把5本书放进4个抽屉,假设每个抽屉里放1本,剩下1本无论放进哪个抽屉,都满足"总有一个抽屉里至少放2本书"。

2.四种花色相当于4个抽屉,5张牌就是被分的物品,所以总有一个花色至少有2张牌。

3.点A到K的13张牌相当于13个抽屉,抽取的14张牌是被分的物品,所以至少会有一个对子。

示例2 初中语文"'家国情怀'主题阅读与表达"单元评价任务设计

【学习目标】
4.4归纳文章的抒情手法特点。

【评价任务】

完成"深化研讨",评估目标4.4。

〖深化研讨〗

研讨问题:本文抒情手法有哪些特点?

通过独立思考、展示评析,学生能归纳:

①运用呼告手法,直接倾诉感情。

②通过有特色、有意味的景物描写间接表达情感。

③大量运用排比、铺陈,造成连贯的、逐渐增强的气势。

④直接抒情和间接抒情相结合。

示例1与示例2中两个设计组合,每组中都是"一个学习目标+一项评价任务+一项学习活动",均是一一对应的关系。当然,评价的方式不同,示例1是主要通过练习的方式,示例2则是主要通过研讨的方式。

2."多对一"设计

"多对一"设计,即多个评价任务连续评估同一个学习目标。这种设计方式评估的知识点、能力点,一般是需要通过接续的多个教学活动来逐步落实、不断强化的内容。从评估的角度看,采用持续的、形成性的评价,多次反复在不同的情境中进行评估,以增强评估的效度和信度。当然,还有一种情况的"多对一",有时可理解为是"一对一"设计的变式,因为它评估的目标往往涉及的内容点较多,如果把这样的"多点"目标拆分开来分条陈述,"多对一"评价即可转化成"一对一"评价。

示例 初中数学"直线与圆的位置关系"单元评价任务设计

【学习目标】

2.3能选择合适的方法来判断一条直线是圆的切线。

【评价任务】

完成"深化研讨""小组合学""练习运用",评估目标2.3。

【学习过程】

〖深化研讨〗

研讨问题:已知,如图,A 是 $\odot O$ 外一点,AO 的延长线交 $\odot O$ 于点 C,点 B 在圆上,且 $AB=BC$,$\angle A=30°$。求证:直线 AB 是 $\odot O$ 的切线。

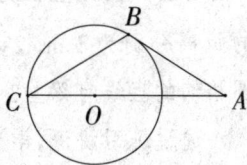

通过独立思考,展示评析,学生得到:

1. 需要添加辅助线,连接 OB;

2. 根据 $AB=BC$,$OB=OC$,$\angle A=30°$,可求得 $\angle OBA=90°$;

3. 由 $OB\perp AB$,可得直线 AB 是 $\odot O$ 的切线。

达成如下共识:

要证明直线与圆相切,若直线与圆的公共点确定,则作出过公共点的半径 OB,证明其与直线 AB 垂直。"经过半径的外端"和"垂直于这条半径"这两个条件缺一不可。

〖小组合学〗

合学任务:如图,O 为正方形 $ABCD$ 的对角线 AC 上一点,以 O 为圆心,OA 的长为半径的 $\odot O$ 与 BC 相切。求证:CD 与 $\odot O$ 相切。

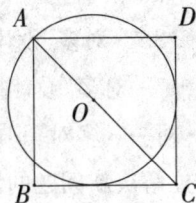

围绕合学任务,通过小组研讨、展示评析,学生得出:

1. 过 O 作 $OM\perp CB$,$ON\perp CD$,由 AC 平分 $\angle BCD$,可得 $OM=ON$;

2. 由 $\odot O$ 与 BC 相切,可得 $OM=r$,等量代换得 $ON=r$;

3. 由 $ON=r$,可得 $\odot O$ 与 CD 也相切。

通过对比"深化研讨",达成共识:

要证明直线与圆相切,如果直线与圆的公共点没有确定,则应过圆心作直线的垂线段,证明圆心到这条直线的距离等于半径。

〖练习运用〗

1.已知圆的直径为4cm,圆心到直线 l_1 , l_2 , l_3 , l_4 的距离分别为2cm, $2\sqrt{2}$ cm,4sin30°cm,1.5cm,问:与圆相切的直线有哪些? 为什么?

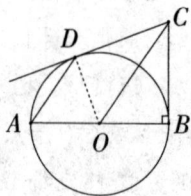

通过练习讲评,学生得出:

l_1 , l_3 。理由: $d=r$ 。

2.已知:如图, AB 是⊙ O 的直径, $BC\perp AB$,弦 $AD\parallel OC$.求证: DC 是⊙ O 的切线。

通过练习讲评,学生能解析:

连接 OD ,证△ BOC ≌△ DOC ,可得∠ BOC =∠ DOC =90°。

DC 是切线即证。

在这个教学环节中,聚焦"能选择合适的方法来判断一条直线是圆的切线"一条目标,先后安排了"深化研讨""小组合学""练习运用"三项"学习活动+评价活动"。

3."一对多"设计

"一对多"设计指一个评价任务同时评估两个或两个以上学习目标。与"一对一""多对一"式评价任务相比,它所呈现的一般是综合运用新知识、新技能解决新问题的情境与任务,它所评估的往往能涵盖该单元的多个学习目标甚至是所有目标。

示例 小学英语"How tall are you?"单元评价任务设计

【学习目标】

目标1.1、1.2,目标2.1、2.2,目标3.2。(目标详见本书第四章)

【评价任务】

完成"练习运用",评估目标1.1、1.2、2.1、2.2、3.2。

〔练习运用〕

1.独立完成书本上的第三大题,圈出文中含有"er"的单词,以形容词比较级为基点,理解文本主题changes。

2.在小组内说一说自己以及家人朋友或动植物的变化。

3.结合自己所说的有关自己以及家人朋友或动植物的变化,选择并完成相应的写作任务。

Level 1

Hi, I'm _____. I'm getting _____er and _____er.

I'm also getting _____ and _____er.

My _____ (friend/dad/mum/dog/cat/plant ...) is becoming _____er and _____er.

Level 2

Hi, I'm _____. I'm getting/ becoming _____er and _____er.

I'm also getting/ becoming _____.

My_____ is getting/ becoming _ _____.

这是这个单元最后一节课的"评价任务+学习活动"设计,1、2、3项分任务构成了一个结构化任务群,借此来评价学生学习本单元之后"综合运用形容词比较级及句型"的说与写的能力。

(二)认知层次与目标匹配

评价任务与学习目标的匹配还体现在认知水平上的一致性。

周文叶认为:"评价与目标的认知类型是相一致的。也就是说,完成评价任务所需要的认知要求与目标的要求时一样。我们不能通过对事物性知识的记忆来考查学生的问题解决能力。"[①]尤小平等指出:"一方面,评价任务

---

① 周文叶.中小学表现性评价的理论与技术[M].上海:华东师范大学出版社,2014:64.

与学习目标有相应的内容主题,这些主题都来自于课程标准;另一方面,评价目标与学习目标有同样的认知要求,依据课程标准在期望学生'应当知道什么'和'应当做什么'的目标上时匹配的。"①

在评价任务设计时,如何让评价任务的认知评价层次与学习目标所确定的层次精准对接?王少非教授给我们提出了操作性很强的建议:"学习目标上的动词实际上表明了对学生认知水平活动的要求,在设计评价任务时就得考虑,给予学生的任务能否引出学习目标所评要求的那种认知活动,比如,学习目标是'辨认三角形、正方形、长方形等简单几何图形',那么给予学生的评价任务就应该是要求学生'辨认'的。给定一个图形,要求学生给图形命名,能够证明学生能否辨认;要求学生在一堆图形中找出某种特定形状的图形,也能引发学生的辨认活动。但仅要求学生说出某种图形的特征,那就无法引发辨认活动;同样,要求学生对任意两种简单几何图形进行具体的比较也就超出了辨认的要求。"②

下面列举的普高语文"实用性阅读与交流之'使命与抱负'"单元中三项评价任务的设计,看看设计者是如何让评价任务的认知层次与学习目标的认知层次——匹配的。

【学习目标】

2.1 读准《谏逐客书》《与妻书》两文疑难字。

3.3 归纳各篇的主要立场、观点和所包含的思想情感。

4.2 以"我们的使命"为题,写一篇不少于800字的演讲稿,能表达对"我们的使命"的积极看法。

上述三条目标的认知层次高低非常显著,目标2.1属于记忆层次,目标3.3属于分析层次,目标4.2属于运用、创造层次。请看该单元所设计的对应的评价任务。

【目标2.1评价任务】

通过小组朗读、当堂检测,学生能读准下列字的读音:

---

① 尤小平.学历案与深度学习[M].上海:华东师范大学出版社,2019:97.
② 王少非.促进学习的课堂评价[M].上海:华东师范大学出版社,2018:164.

《谏逐客书》：

缪mù公　　　蹇jiǎn叔　　　殷yīn盛　　　鄢yān　　鄄yǐng　　成皋gāo

膏腴yú　　　功施yì到今　　　穰ráng侯　　太阿ē　　纤xiān离　　灵鼍tuó

驶騠juétí　　傅玑jī之珥ěr　　阿缟gǎo　　　搏髀bì　　黔qián首

藉jiè寇兵而赍jī盗粮

《与妻书》

能彀gòu　　依依旁bàng汝　　的的dídí非吾所忍　　大恸tòng

【目标3.3评价任务】

在学生课前独立完成表格的基础上，通过小组研讨、展示评析，学生能归纳：

作品	社会事件、现象或问题	立场、观点或行为	情感
《在〈人民报〉创刊纪念会上的演说》	这个时代工业和科学的力量超乎想象，却流露出衰颓的征兆	站在无产阶级的立场，认为无产阶级将结束这个时代	冷静与理性、赞美与期待、信任与自豪
《在马克思墓前的讲话》	欧洲社会革命力量萌芽中，工业和技术发展带来生产力和社会关系的巨大对抗	无产阶级登上历史舞台，宣扬无产阶级将终结资本主义	沉痛与惋惜、赞美与评价、自豪与敬佩、爱戴与尊崇
《谏逐客书》	秦王驱逐客卿，自身岌岌可危	劝说君王收回成命，维护秦国根本利益	焦虑与担忧、不平与急迫、坦率与诚恳
《与妻书》	万马齐喑，满街狼犬	抛妻别子，挺身而出，勇赴死地，为天下人谋永福也	悲与愤、勇与爱、家与国、缠绵悱恻与荡气回肠

【目标4.2评价任务】

完成《我们的使命》演讲稿,字数不少于800字。评价标准见下表。

序号	评价条目	评分办法
1	体现时代精神	总分100分,每个栏目10分,按照下面五档评分。第一档:9~10 第二档:7~8 第三档:5~6 第四档:3~4 第五档:1~2
2	价值取向正确	
3	能够把握社会现象和问题的本质	
4	事实可信,概况准确、简明扼要	
5	现象、事实与问题分析深入透彻	
6	事实、论述与观点具有逻辑关系	
7	结构严谨,顺序清晰	
8	论证方法多样,有针对性	
9	语言特色鲜明,与演讲主题吻合	
10	情感饱满,具有鼓动性、感染力	

针对目标2.1评价任务,通过当堂检测评估学生是否记住了疑难字的读音;针对目标3.3评价任务,通过小组研讨、展示评析评估学生是否理解文章的立场、观点和思想情感;针对目标4.2评价任务,通过作品呈现、量表评价评估学生是否能写出一篇符合要求的演讲稿。这三项评价任务分别对应目标2.1记忆层次,目标3.3理解层次,目标4.2运用、创造层次,认知层次上完全匹配。

(三)评价方法与目标匹配

课堂教学中评价的方式多种多样,如纸笔测试、现场观察、对话交流、小组分享、自我反思等,每种评价方式都有自身的优势和局限,不同的评价方法适合不同的学习目标。

著名评价专家布鲁克哈特研制了"布鲁克哈特的课堂评价方法分类框架"(见表5-1)[①],从中我们可清晰地看到,各种评价方法的"最适当的用途"

---

① 王少非.促进学习的课堂评价[M].上海:华东师范大学出版社,2018:168.

"主要优点"以及"潜在的缺陷"。

表5-1　布鲁克哈特的课堂评价方法分类框架

评价方法	客观评分	主观评分	最适当的用途	主要优点	潜在的缺陷
纸笔测验	选择是非匹配填空	用评分规则或评分量表来判断的展示性问题	评价一个内容领域的知识和技能，或者评价心向和兴趣	评价一个内容领域的知识和技能的最可靠方式，覆盖大量事实和概念的最佳方式	需要从一个内容领域中适当抽样表述清晰的试题；最容易变成回忆层面的问题
表现性评价	运用检核表对任务中的表现进行判断	运用评分规则和评分量表对任务中的表现进行判断	评价一个领域中的深入思考，或者评价所获得的技能或所创造的产品	可以测量无法评价的深度思考、技能或产品	需要对任务和评分的期望提供有意义的评价信息
口头问题评价	答案是对错的课堂提问	用评分规则或评分量表评价的讨论或会谈	在教学过程中评价知识和思考，或评价心向和兴趣	为教学提供反馈，确定学生的概念和错误概念；发现学生的兴趣和观念	学生可能不愿在班级中说话或给出他们诚实的回答
档案袋评价	能将检核表用于档案袋条目，但没有针对特定目的的建议	学生一段时间的作品和反思的集合；条目可以单独评分，也可以整体评分	记录进步或发展，展示一系列技能的复杂成就	可以评价学生发展和学生的某些自主权与控制权	需要清楚的目的、有焦点的结构和长期的关注，以提供比单独的评价更有用的信息

另一位美国评价专家斯蒂金斯比较全面地考察了不同的评价方法对不同学习目标的适用性,从目标与评价方法的匹配程度对两者进行了组合(见表5-2)①,从中可以非常直观地了解评价方式与学习目标的对应关系。

表5-2 学习评价与评价方法的组合

评价方法 学习目标	选择式反应评价	论述式评价	表现性评价	交流式评价
知识和观点	选择题、正误判断题、匹配题和填空题能够考查学生对知识点的掌握情况	可测量学生对各个知识点之间的关系的理解	不适用于评价这种学业目标,优先考虑其他三种方法	可以提问,评价回答,并推断其掌握程度,但是很费时间
推理能力	可以评价某些推理形成的应用	对复杂问题解决的书面描述,可以考查推理能力	可以观察学生解决某些问题或通过成果推断其推理能力	可以要求学生"出声思考"或者通过讨论问题来评价推理能力
表现性技能	可以评价对表现性技能的理解,但不能评价技能本身	可以评价对表现性技能的理解,但不能评价技能本身	可以观察和评估这些技能	非常适合于评价口头演讲能力;还可以评价学生对技能表现基础知识的掌握
产生成果的能力	只能评价创作高质量产品的能力的认识和理解	可以评价对产品创作的背景知识的掌握情况;简短的论文可以评价写作能力	可以评价创作产品的步骤是否清楚,产品本身的特性	可以评价程序性知识和关于合格作品的特点的知识,但不能评价作品的质量

---

① 崔允漷.有效教学[M].上海:华东师范大学出版社,2009:115.

评价方法／学习目标	选择式反应评价	论述式评价	表现性评价	交流式评价
情感倾向	选择性反应问卷可以探测学生的情绪情感	开放式问卷可以探测学生的情绪情感	可以根据行为和产品推断学生的情感倾向	可以跟学生交谈，理解他们的情绪情感

　　正如俗语所说，"尺有所短，寸有所长"，不同的评价方式作为评价学生学习的工具也各有所长、各有所短。今天我们特别倡导需要学生"建构性回答"的表现性评价，但这并不意味着传统的只需"选择性回答"的标准化纸笔测验将从此销声匿迹。我们设计一个单元的教学，大大小小的评价任务不胜枚举，但它们绝不可能只是一种方式。关键要看其与目标的匹配度，匹配的就是"对的"工具，就是有效的评价。

三 评价任务的构成与呈现

作为单元教学设计的重要组成部分,评价任务的要素构成、呈现方式等方面有特定的要求与限制。那么,评价任务由哪些要素构成呢?它在教学设计中又该如何呈现呢?

(一)评价任务构成三要素

在课堂教学的特定情境中,一项完整的评价任务的构成,小到一次课堂问答,大到整个单元检测,不管运用何种评价方式,必然由以下三个要素构成,见图5-3。

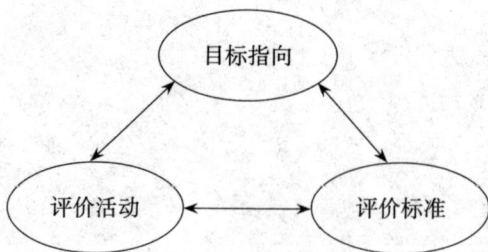

图5-3 评价任务的构成要素

下面以普高物理"静电场中的能量"单元设计中一个教学活动为例来具体说明。

【学习目标】

1.3在已知电场线条件下描绘电场的等势面并能够标定电势的高低。

完成"小组合学",评估目标1.3。

【学习过程】

〖先行学习〗

如图甲所示,我们在地理学习中经常用到等高线的概念,它是将地势相同的点用线相连得到。通过等高线,我们可以很方便地看出各地地势高低情况。

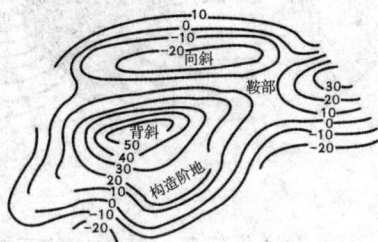

图甲

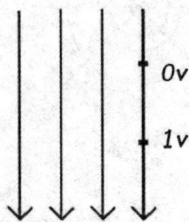

图乙

1.观察图乙的匀强电场,你能否类比图甲得到与等高线类似的用以描述电势的图像(等势面),应该如何得到该图像?

2.观察图乙思考:等势面有什么性质?至少写出两条。

3.不同高度的相邻等高线,它的高度差是相同的。若将势能零点换成山顶,相邻等高线的高度差会变化吗?为什么?电势差是否有类似性质?

4.0V到1V的电势差多少?从1V到0V呢?电势差正负表示什么含义?

根据得出的等势面性质,请画出下列电场的等势面,并描述电势高低。

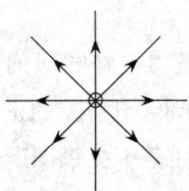

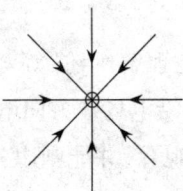

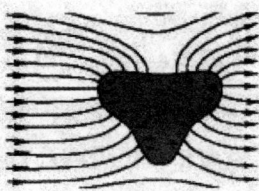

〖小组合学〗

围绕先学任务,通过小组研讨、展示评析,学生能:

1.阐述:等势面是由电势相等的点连接、等势面垂直于电场线、等势面沿电场线方向电势降低、电势差的正负表示了等势面相对位置的高低。

2.画出以下等势面:

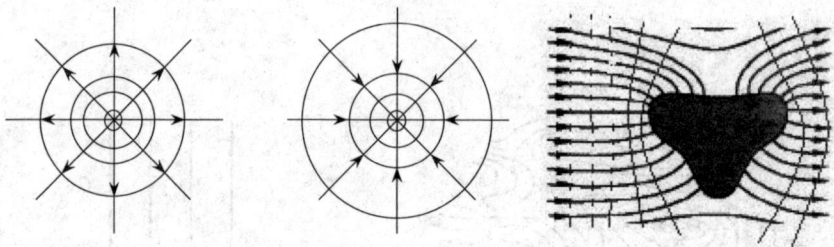

在这个教学活动中,很自然地嵌入了一个评价任务。其构成的三要素分别是:

目标指向——学习目标1.3"在已知电场线条件下描绘电场的等势面并能够标定电势的高低"。

评价活动——主要是以小组为单位的展示评析环节。在这一环节中,教师根据小组呈现的学习成果以及其他小组同学的质疑、补充等对目标达成度做出研判,同时通过追问、评析或者让学生再看书、再思考、再讨论等手段引领学生不断地接近目标;学生则是在"标准"的不断完善过程中对自己进行反思,进而做出必要的学习调整。前文已经提及,当学生的学习进入结果呈现阶段时,评价活动才真正展开,虽然在学生独立学习、小组研讨等环节,教师通过"察言观色"可以看出一些端倪,但主要证据的收集与评判还是在结果呈现环节。

评价标准——围绕等势面能理解阐述"等势面是由电势相等的点连接、等势面垂直于电场线、等势面沿电场线方向电势降低、电势差的正负表示了等势面相对位置的高低"等观念,并能画出先学任务中提供图形的等势面。

（二）评价任务在教案中的呈现

构成评价任务的三要素如何在教案中呈现？按照我们的设计模板，呈现分为两步。

第一步，在分课时设计模板（见表5-3）"评价任务"栏中，按照"完成……评估目标……"的格式列出本课时的所有评价任务。

表5-3　分课时设计模板之"评价任务"

第一课时
【内容段落】
【侧重目标】
【评价任务】 1.完成＿＿＿＿＿＿＿＿评估目标＿＿＿＿＿＿ 2.完成＿＿＿＿＿＿＿＿评估目标＿＿＿＿＿＿ ……

如小学科学"运动的物体"单元第一课时的呈现。

【侧重目标】

1.1 借助方向盘、软尺等工具描述某个物体在某个时刻的具体位置。

1.2 用相对于其他物体的方向和距离来描述运动物体在某个时刻位置或位置变化。

【评价任务】

1.完成"小组合学1"，评估目标1.1。

2.完成"小组合学2"，评估目标1.2。

3.完成"练习应用"，评估目标1.2。

4.完成"后续学习"，评估目标1.1、1.2。

第二步,在分课时设计模板(见表5-4)"学习过程"栏中,陈述各项具体的评价任务。因为目标指向前面已点明,此处要呈现的是评价任务的另两个要素——评价活动与评价标准。

表5-4　分课时设计模板之"学习过程"

【学习过程】 一、先行学习 二、交互学习 三、后续学习

再如小学科学"运动的物体"单元第一课时的呈现。

【学习过程】

〖先行学习〗

任务1:网上查阅过山车小视频,观察过山车游乐装置的结构特点,分析过山车装置中的哪些物体是静止的、哪些物体是运动的。

任务2:利用身边的材料制作方向盘,并利用方向盘尝试辨别与描述身边某一静止或运动物体的位置。

〖小组合学1〗

围绕任务1,通过小组研讨、展示评析,学生能:

准确判断过山车游乐项目中,哪些物体是静止的,哪些物体是运动的,并说出相应的理由或证据。

〖小组合学2〗

围绕任务2,通过小组研讨、展示评析,学生能:

1.准确利用方向盘辨别方向;

2.准确利用软尺测量物体之间的相对距离;

3.准确表达物体静止与运动时的相对位置并完成以下探究记录表(略)。

在这个教学环节中,作为评价活动的"小组合学1""小组合学2"是与教学活动融合在一起的；两次小组合学，通过小组研讨、展示评析后"学生能"完成的各项内容，即是评价标准。

上述两项评价任务均嵌入在整个教学活动之中，属于嵌入式呈现，这是最常用的方式。还有一种呈现方式——独立式呈现，往往是一个教学活动或一个课时、单元学习结束后用以检测评价或促进学后反思而安排的相对独立的评价任务。

四　评分规则的研发与使用

评价标准的类型，与语文学科高考、中考试卷的"参考答案"类似：一种是选择题式的，提供一个选项，评判"对不对"；另一种是简单题式的，提供几个要点，评判"全不全"；还有一种是作文题式的，提供的是评分规则，对学生作品（成果）划档分等后给出相应的分数。

在日常教学实践中，大多数时候我们采用的评价标准是前两种选择题式、简单题式的，而用第三种作文题评分规则式的并不多见。但是在倡导"任务解决"的单元教学视域下，为了让"任务解决"更有着落，确实有必要适度灵活地使用评分规则。

（一）什么是评分规则

评分规则又称评价量规、评分量规、评分标准、评分细则等，它是一个提供对不同等级分数相应特征和表现描述的等级量表。换一个说法，评价规则通过量表形式，显示学生表现应具有的特征，并且表明这些特征对应的分值，对学生表现进行量性和质性双向评价。如传统的高考作文等级评分标准，见表5-5。

表5-5　传统的高考作文等级评分标准

等级		一等 （20～17分）	二等 （16～12分）	三等 （11～7分）	四等 （6～0分）
基础等级	内容 20分	切合题意 中心突出 内容充实 感情真挚	符合题意 中心明确 内容较充实 感情真实	基本符合题意 中心基本明确 内容单薄 感情基本真实	偏离题意 中心不明或文体不当 没有什么内容 感情虚假
	表达 20分	符合文体要求 结构严谨 语言流畅 字体工整	基本符合文体要求 结构完整 语言通顺 字体较工整	大致符合文体要求 结构基本完整 语言基本通顺 字迹清楚	不符合文体要求 结构混乱 语言不通顺,语病多 字迹潦草难辨
发展等级	特征 20分	深刻 丰富 有文采 有创新	较深刻 较丰富 较有文采 较有创新	略显深刻 略显丰富 略显文采 略显创新	个别语句有点深刻 个别细节或例子较好 个别语句较精彩 略显个性

（二）评分规则的基本格式

一个完整的评分规则由四个成分组成:表现维度(评价维度)、表现等级、描述符和表现样例。表5-6是评分规则的基本格式。[1]

---

① 周文叶.中小学表现性评价的理论与技术[M].上海:华东师范大学出版社,2019:117.

表5-6　评分规则的基本格式

等级 维度	1	2	3	4
评价维度a	描述符a1	描述符a2	描述符a3	描述符a4
评价维度b	描述符b1	描述符b2	描述符b3	描述符b4
评价维度c	描述符c1	描述符c2	描述符c3	描述符c4
……				

　　表现维度(评价维度)是呈现完成某项任务的各种关键表现,是需要重点评价的方面,也可称为"指标"。表现等级是指描述表现在质量上从差到好的序列,一般有3～5个级别。表现等级要注重彼此之间的连续性,也就是说,等级和等级之间在质量上差异是相等的:5分和4分之间的差别与2分和1分之间的差别在程度上是相等的。描述符是用语言陈述达到某一等级水平的具体表现。而表现样例是与每一个等级相符的表现示例。[①]

(三)评分规则的质量标准

　　什么样的评分规则是高质量的? 周文叶在研究斯蒂金斯的标准、佩恩的标准基础上进行了尝试性建构。他认为,"无论在为学习的评价中,还是对学习的评价中,我们希望评分规则能发挥以下功能:帮助学生理解什么样的表现是好的表现,我现在的表现怎样以及下一步要做什么;帮助教师做出公正的判断,做出更好的教学决策;促进教师与学生和家长之间的交流。为实现这些目标,评分规则的元规则应该首先回答下述问题:(1)评分规则是否包含了所要评价的内容?(2)评分规则是否描述了不同水平的学生表现?(3)教师、家长、学生能理解评分规则吗?(4)用评分规则进行评价对提供学生学习目标上改进他们表现的指导意见是否合适?(5)评分规则是否能区分

---

① 周文叶.中小学表现性评价的理论与技术[M].上海:华东师范大学出版社,2019:117-118.

学生的表现水平,而不是仅仅把所有学生分成一个或两个表现水平?(6)评分规则的定义、描述和解释是否明确、清晰?(7)评分者能得出一致的评价吗? 对所有的学生都公平吗?"①

根据上述这些问题,周文叶将评分规则的质量标准概括为四个方面:一是完整性,评分规则要包含所要评价的内容,并描述不同水平的学生表现;二是清晰性,语言表达是清晰明确的,不能模糊笼统;三是实用性,使用简单,所有使用者能很快理解并掌握它的用法;四是合理性,描述的表现水平要符合学生的实际能力。

下面我们以上述标准来评析一则设计实例,看看这样设计还存在哪些问题,需要做怎样的改进。这是初中语文"名著《昆虫记》导读"单元中的一则评分规则设计,教师要求学生利用假期阅读《昆虫记》十卷本,读后完成一份手抄报。手抄报的评分规则如下(见表5-7)。

表5-7 手抄报评分表

细　　目	得　分	总　分
1.内容充实,有作者介绍、内容简介、艺术特色分析等要素		
2.个性鲜明,有个性化的读后感受		
3.图案搭配合理,符合《昆虫记》主题		
4.字迹工整,排版优美,整体效果好		
总分20分,四项标准各满分5分。5分——非常优秀,4分——很好,3分——好,2分——需要改进		

结果显示,对于同一件作品,学生评分差距甚大。缘何如此? 因为设计者虽然对四个维度分别划定了"5分——非常优秀""4分——很好""3分——好""2分——需要改进"四个等级,但是未能对各个等级的具体表现特征进

---

① 周文叶.中小学表现性评价的理论与技术[M].上海:华东师范大学出版社,2019:133.

行描述,难怪学生"随意"评分了。从严格意义上讲,这份评价量表还只是一份评价相对主观模糊的等级量表。

(四)评分规则的使用

在教学实践中如何有效地、常态地使用评分规则呢? 就此,我们提出以下建议。

首先,要根据评价的目的、评价任务的复杂程度和评分工具的性质加以选择。大体而言,一篇文章、一次演讲、一个设计、一个项目等,任务相对综合复杂,适宜采用评分规则。

其次,评分规则的研发,最好是经过师生共同协商调整后所达成的共识。这样的评分规则既公开透明,信度又更高。

最后,把评分规则贯穿整个教学活动的全过程,这样可以充分发挥规则本身的教育启示作用。

下面以初中语文"事物性说明文阅读与写作"单元第六、七课时评价设计为例,看看设计者是如何有效使用评分规则的。

【第六课时学习过程】

〖先行学习〗

任务1:你认为要写好一篇事物性说明文需要做到哪些? 请你尝试设计一份事物性说明文评价量表。

任务2:根据自己设计的事物性说明文评价量表评价黄传惕的《故宫博物院》。

〖小组合学1〗

围绕先学任务1,通过小组研讨、展示评析,学生能设计出事物性说明文评价量表。

评价角度	具体表现
标题	点出文章的说明对象
说明对象	有清晰、明确的说明对象,并且围绕说明对象来写
说明对象特征	既有总的特征,又有细化的特征,并且围绕它们来写
说明方法	能根据不同的特征采用不同的说明方法,说明方法多样
结构顺序	结构严谨、完整,层次清晰,说明顺序合理
说明语言	能根据说明对象的特点使用语言,生动与平实结合,严谨、准确

〖小组合学2〗

围绕先学任务2,通过小组研讨、展示评析,学生能根据事物性说明文评价量表评价《故宫博物院》。

评价角度	具体表现
标题	标题点出了文章的说明对象是"故宫博物院"
说明对象	围绕说明对象"故宫博物院"来写,重点介绍了"太和殿"
说明对象特征	写出"故宫博物院"的主要特点:宏大壮丽、建筑精美、布局统一
说明方法	说明方法多样,能根据对象的特点运用不同的说明方法,主要运用了分类别、列数字、作比较、打比方、举例子
结构顺序	结构是总分总,按照空间顺序来写,完整严谨、有条不紊
说明语言	语言严谨、准确

〖课后作业〗

请同学们选择一个熟悉的事物,根据事物性说明文评价量表的要求,写一篇不少于600字的说明文,向身边的Ta介绍该事物。

【第七课时学习过程】

〖先行学习〗

阅读印发的三篇习作和小组其他同学的习作,按照《事物性说明文写作评分规则》先给习作评分,然后指出习作存在的问题并提出修改的建议。

等级	标题 (5分)	说明对象 (5分)	对象特征 (10分)	说明方法 (15分)	结构顺序 (10分)	说明语言 (15分)
A 60～ 54分	有标题,点明文章的说明对象	有清晰、明确的说明对象,且围绕说明对象来写	既有总的特征,又有细化的特征,并且围绕它们来写	能根据不同的特征采用不同的说明方法,说明方法多样	结构严谨、完整,层次清晰,说明顺序合理	能根据说明对象的特点使用语言,生动与平实结合,严谨、准确
分项	5分	5分	10～9分	15～13分	10～9分	15～13分
B 53～ 43分	有标题,没有点明文章的说明对象	有清晰的说明对象,大体能围绕说明对象来写	既有总的特征,又有细化的特征,大体上围绕特征来写	能合理使用说明方法,但是不够丰富	结构严谨,层次基本清晰,说明顺序基本合理	能根据说明对象的特点使用语言,语言严谨、准确
分项	4～3分	4分	9～7分	12～11分	8～7分	12～10分
C 42～ 30分	有标题,但是逻辑有问题	点出了说明对象,但是没有围绕说明对象来写	写出了说明对象的特征,但没有围绕特征做具体说明	使用说明方法,但是选择不够合理	结构基本完整,层次基本清晰,说明顺序存在问题	说明的语言比较单调,但基本准确
分项	2～1分	3～2分	6～4分	10～7分	6～5分	9～8分
D 29～ 0分	没有文章题目	没有明确的说明对象	没有点出说明对象的特征	基本上没有使用说明方法	结构不严谨、不完整,层次不清晰,说明顺序较乱	说明的语言枯燥,语病多,也不够严谨、准确
分项	0分	1～0分	3～0分	6～0分	4～0分	7～0分

〖小组合学1〗

围绕先学任务,通过小组研讨、展示评析,学生能给三篇习作评分并评析存在的问题、提出修改建议。

〖小组合学2〗

任务:浏览组内同学习作,按照《事物性说明文写作评分规则》先给习作评分,然后指出习作存在的问题并提出修改的建议。

通过小组交流,学生能知晓自己的习作存在的主要问题以及修改的建议。

〖课后作业〗

请同学针对自己文章存在的问题和修改意见,修改完善自己的习作。

这是本单元教学的最后两课时,设计者力图运用评分规则指导学生经历一次写作的全过程,应该说总体上是合理的、有效的。具体表现在如下方面。

第一,评分规则选用合理。一篇事物性说明文,不管是别人写的还是自己写的,有一个评分规则,实际上是给了学生一个怎么读、怎么写的具体的标准。

第二,评分规则研发合理。这份评分规则其实是分两步研制完成的。第一步,要求学生在阅读一组经典的事物性说明文的基础上先尝试研发一份事物性说明文写作评价量表,这是让学生在对前几课关于说明对象、说明顺序、说明语言等分块阅读的总结提炼的基础上,进一步感悟一篇事物性说明文该怎么读与怎么写。第二步,教师把评价表转化为评分规则——《事物性说明文写作评分规则》。之所以让学生只研发评价表而不是完整的评分规则,也是基于对学生实际能力的考量。

第三,评分规则使用合理。在研发完成事物性说明文写作评价量表之后,让学生先以此评价一篇名家作品《故宫博物院》;然后再用《事物性说明文写作评分规则》评价同学的三篇写作,最后评价自己的习作。在这样的"实战"中,不仅加深了对规则的感悟,更重要的是"知彼"更"知己",明确了自己的习作存在的问题与修改的方向策略。

五　SOLO分类理论的尝试运用

有效评价学生在真实情境中解决问题或完成任务时的思维水平,有助于促进学生思维的发展。思维本质上是复杂而又内隐的,想要评价学生思维必然需要基于学生的表现进行推测,让思维可视化。而SOLO分类理论就是这样一种根据学生表现让思维可视化的评价理论。

(一)什么是SOLO分类理论

SOLO分类理论(Structure of the Observed Learning Outcome,SOLO,意为"可观测的学习结果")由澳大利亚学者约翰·比格斯(Biggs)和凯文·科利斯(Kevin F.Collis)于1982年提出。它以皮亚杰认知发展理论为基础,关注认知过程中尤其是问题解决时学生的行为表现,根据其表现推测学生的认知过程,分析更为深层的思维水平。SOLO分类理论将学生在解决问题时的不同表现对应至五个不同的思维水平(见表5-8)[①],其中SOLO层级由低到高分别称为:

(1)前结构水平——表示最低的思维水平。思维操作上对应了无思维操作或混淆,表现为学生被情境中的无效素材迷惑,不能以任务中的正确表征方式处理问题。

(2)单点结构水平——低思维水平。思维操作上只能联系单一事件进行概括,表现为学生找到一个素材就立即跳到结论上。

[①] 约翰·比格斯,凯文·科利斯.学习质量评价:SOLO分类理论可观察的学习成果结构[M].高凌飚,张洪岩,译.北京:人民教育出版社,2010:27.

（3）多点结构水平——中思维水平。思维操作上可根据几个有限孤立的事件进行概括。表现为学生能够使用两个或多个素材，但是不能对素材进行整合。

（4）关联结构水平——高思维水平。思维操作上可进行归纳，能在已有的情境经验范围内进行一定的概括。表现为能从整体上把握问题，并将各种相关素材整合成有机体，能够联想多个事件，并将多个事件联系起来，能够检查错误和矛盾。

（5）拓展抽象结构水平——最高思维水平。思维操作上能够对未经历的情境归纳与演绎。表现为可以使用外部素材的资料和更抽象的知识，考虑了新的和更抽象的特征，使结论具有开放性，且更抽象，能拓展问题本身的意义。[1]

表5-8　学生的SOLO水平描述

SOLO层级	能力	思维操作	回答结构图示	图示解释	表现
前结构水平	最低：问题线索和解答混淆	无思维操作，混淆		从左侧问题出发，调用无关细节得到右侧答案	学生基本上无法理解问题和解决问题，只提供了一些逻辑混乱、没有论据支撑的答案
单点结构水平	低：仅仅找到单个相关素材寻找问题线索	只能联系单一事件进行概括		从左侧问题出发，调用已给出的一个相关素材得到右侧答案	在给出素材的基础上，学生找到了一个解决问题的思路，但却就此收敛，单凭一点论据就跳到答案上去

① 蔡永红.SOLO分类理论及其在教学中的应用[J].教师教育研究,2006(1):34-40.

素养立意的单元教学设计

SOLO层级	能力	思维操作	回答结构图示	图示解释	表现
多点结构水平	中等：找到多个孤立的素材寻找问题线索	只根据几个有限孤立的事件进行概括		从左侧问题出发，调用已给出的多个相关素材得到右侧答案	在给出素材的基础上，学生找到了多个解决问题的思路，但却未能把这些思路有机地整合起来
关联结构水平	高：找到多个相互关联的素材寻找问题线索	归纳，能在已经设定的情境经验范围内进行一定的概括		从左侧问题出发，调用已给出的多个有关联性的相关素材得到右侧答案	在给出素材的基础上，学生找到了多个解决问题的思路，并且能够把这些思路结合起来思考
拓展抽象结构水平	最高：找到多个相互关联的素材寻找问题线索，并能对未经历的情境进行概括	归纳与演绎，能对未经历的情境做出正确的概括		从左侧问题出发，调用已给出的多个关联性的相关素材得到右侧答案。在此基础上，对问题未涉及素材进行梳理得到多种可能的答案	学生能够对问题进行抽象的概括，从理论的高度来分析问题，而且能够深化问题，在未经历的情境中运用相似原理解决问题

表5-8"回答结构图示"中，左侧▲表示问题线索，中间×表示无关素材，●表示给出的相关素材，○表示未给出的相关素材，右侧R表示回答情况。

学生表现中，"问题线索""无关素材""给出的相关素材""未给出的相关素材"和"回答情况"是重要要素，在实际教学中应该结合实际情境，厘清这些要素在其中的指代，进而再去评判学生解决问题的表现中是否包含这些要素，从而推测其思维水平。

根据SOLO分类理论，在实践操作中可以根据学生解决问题或完成任务时的表现,将其分类至不同思维水平,进而对学生学习结果进行评价。运用SOLO分类理论进行评价,其价值意义在于,一是帮助教师观测到学生思维并科学评价其思维水平,诊断学生能力缺陷,促使教师反思教学目标达成情况,进而指导教学决策的制定与修改,使教学更符合认知规律;二是帮助学生观测自身思维水平,促进自我反思,进而为其提供元认知体验,促进其思维水平的自主发展。

(二)SOLO分类理论的实践运用

在教学设计与实施过程中,如何有效运用SOLO分类理论进行评价? 我们的做法与体会主要是以下两个方面。

1.教师基于评价更精准地评估教学

在新课教学展开前,教师可以运用SOLO分类理论设计"课前问题",用以精准地诊断学生处于怎样的思维水平,是否已经掌握了所学的知识与能力,是否达到了新课学习所需的知识与能力基础,进而确定是否应该采取一些补救教学或据此确定新教学的起点。

示例 普高物理"静电场中的能量"单元课前评价设计

如图所示,虚线为某点电荷电场的等势面,现有两个比荷(q/m)相同的带电粒子(不计重力)以相同的速率从同一等势面的a点进入电场后沿不同的轨迹1和2运动,图中a、b、d是粒子轨迹与各等势面的交点,请用尽可能多的思路判断两个粒子经过b和d时的速度大小关系。

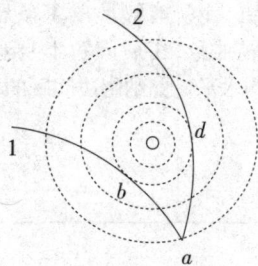

针对这个问题的解答,教师运用SOLO分类理论设计的评价表,如表5-9所示。

表5-9　静电场能量问题的SOLO评价表

评价	思维水平	在该题上的表现
第一层：前结构水平	不能理解问题，被问题中的无关信息迷惑	表现：a比b在外面，故b的速度更小一点
第二层：单点结构水平	只使用一个线索简单推论，立即跳到结论，无法做出中间的推理	表现：由于都从a点出发，b和d位于同一等势面，故在b、d速度应该相等
第三层：多点结构水平	能找到多个线索，找到本题关键步骤，但无法顺利整合这些线索进行顺利或完备推理	表现：根据轨迹情况可以判断b点受力方向是背离点电荷，d点受力方向是指向点电荷。故如果点电荷是正电荷，则轨迹1是正电荷移动，轨迹2是负电荷移动，故b点电势能高于d点，b的速度比d大
第四层：关联结构水平	能够使用所有线索，形成一条完整的思路，并组织线索进行顺利推理	表现：根据轨迹和等势面判断b点受力指向点电荷，d点受力背离点电荷→轨迹1电场力做负功，轨迹2电场力做正功→a到b动能减小，a到d动能增加→故b的速度小于d的速度
第五层：拓展抽象结构水平	能够形成多条思路，拓展问题本身意义，归纳解决问题的方法	表现：在思路1基础上提出思路2:根据轨迹和等势面判断b点受力指向点电荷，d点受力背离点电荷→若点电荷是正电荷，则1粒子为正电荷，2粒子为负电荷→从a到b和d都是电势升高，由于粒子电性不同，故轨迹1电势能增加，轨迹2电势能减少→根据电势能转化为动能，故轨迹1动能减少，轨迹2动能增加→b的速度小于d的速度

　　依据评价表，教师可以通过学生的解答表现判断学生处在哪个思维水平，据此针对性地对某一层次的学生进行补救性教学。例如，上述这个

问题中,教师通过这样的评价发现,有大部分学生处在多点结构水平。学生从多点结构水平提升到关联结构水平的关键,在于能否将线索串联形成完整思路,线索的串联需要学生对于概念的理解不能停留在碎片化的认识上,而应该将概念串联成网络。于是在补救性教学中,教师从概念整合角度出发,通过概念图等方式让学生构建概念网络,为新课的学习扫清了障碍。

当然,教师更可以运用SOLO分类理论设计"课后问题",评价学生在某节课或整个单元学习的效果,更精准地评估学习目标的达成情况,并由此反思教与学的成败得失。

示例 普高地理"洋流"单元课后评价设计

材料:荷兰少年Boyan Slat团队设计了漂浮式垃圾收集器,设想利用洋流作为有利因素捕捉塑料。海洋垃圾清理系统名为001,是首个可折叠连接的浮动垃圾容器。这一系统包括一个600米长的位于水面的浮标和一个连接在下面的3米深的锥形外罩。U形的浮标和外罩随洋流与波浪一起运动,沿途收集塑料废物。

问题:在实际使用中,请从地理学科角度思考,这套装置要考虑哪些问题以确保其可持续工作?

该项评价任务对应的学习目标是"提出海洋垃圾污染和生态问题的解决对策"。这是一个较为宽泛的目标,对于学生提出什么样的解决对策才算达标没有一个明确、细化的评价标准,从而导致评价任务是否能真正评估目标达成情况也无从得知。针对于此,我们用SOLO分类理论进行评价,正好能化解这个难题。对这一问题的解答,教师设计了评价表(见表5-10)。

表5-10　洋流问题的SOLO评价表

评价水平	评价方法和内容
第一层： 前结构水平	学生基本上无法理解和解决问题，只出现一个简单的判断。如这套装置要花多少钱，是一次性还是循环工作
第二层： 单点结构水平	学生找到了一个解决问题的思路，但却就此收敛，单凭一点论据就跳到答案上去。如这套装置要花多少钱，是一次性还是循环工作，能不能赚钱，运回陆地后放在哪里
第三层： 多点结构水平	学生找到了多个解决问题的思路，但各思路之间彼此孤立，未能把这些思路有机地整合起来。如成本、效益问题：①这套装置是一次性还是连续不断投入。②使用这套装置能不能获得收益回报
第四层： 关联结构水平	学生找到了多个解决问题的思路，并且能够把这些思路结合起来思考，从多个不同的角度分别进行论证。如经济方面：①这套装置成本是一次性还是连续不断投入。②使用这套装置能否获得收益回报。生态方面：会不会影响海洋生物安全
第五层： 拓展抽象结构 水平	学生能够把对问题的认识上升到抽象的理论认识层次，组织材料论述，综合不同角度进行充分论证。如经济方面：成本、效益：①这套装置成本是一次性还是连续不断投入。②使用这套装置能不能获得收益回报。装置方面：①需要电力，因为实际工作中需要使装置移动速度大于垃圾堆，只有这样，塑料垃圾才能进入收集设备。电力能否通过风能、潮汐能、太阳能等获得。②能否采用循环工作增加效率。③设备所运的垃圾回到陆地后的处置方式。生态方面：水下屏障拦截是否会对海洋生物造成威胁

可以看到，针对教学目标"提出海洋垃圾污染和生态问题的解决对策"，SOLO分类评价给出了"提出对策"的不同水平层次，区分什么是好的"对策"，什么是不好的"对策"，进而使得目标达成情况更容易描述，教师因此可以更精准地评估教学情况。

2.学生基于评价更自主地发展思维

SOLO分类理论作为思维水平的划分框架,本身也具有一定的教育性。它可以为学生提供元认知体验,给予学生积极进阶的目标。在教学实践中,教师如果能够常态化地运用SOLO分类理论设计评价任务让学生进行自我评价,有助于促进学生对自己思维水平的认知与反思,并努力向更高的思维层次进阶。

示例 普高历史"变革中的两宋"单元自我评价设计

材料一:一日,罢朝,坐便殿,不乐者久之。左右请其故。曰:尔谓为天子容易耶? 早作乘快,误决一事,故不乐耳。

乾德二年旧相并罢,始命赵普平章事,但无宰相署敕,仪谓皇弟开封尹、同平章事正其职焉,从之。——《宋史·太祖纪三》

材料二:宋代是中国历史上皇帝绝对专制,中央绝对集权的开端,"一兵之籍,一财之源,一地之守,皆人主自为之也"。这种做法,称为强干弱枝,或者内重外轻(朝廷为内,而郡县为外)。地方既无适当之分权,就使对外的边防和对内的治安能力大大减弱。所以,终宋一代,内忧外患不止。——《历史课标解析与史料研习:国家制度与社会治理》

问题:依据上述材料和书本知识,请你概括"防弊"之法有何影响。

教师将SOLO分类理论中的"问题线索""无关素材""给出的相关素材""未给出的相关素材"和"回答情况"几个重要要素,分别用"防弊之法的影响""材料""无关材料""书本知识"等通俗化、学科化内容替代,并将评价方法和内容做了通俗化描述,见表5-11。

表5-11 "防弊"之法影响问题的SOLO评价表

评价水平	评价方法和内容
第一层：前结构水平	只有结论而没有用材料加以论述，或回答与材料无关
第二层：单点结构水平	只看到问题的其中一个方面，从一个角度用一个材料进行论述
第三层：多点结构水平	能从一个角度用多个材料进行论述
第四层：关联结构水平	能利用材料从多个不同的角度分别进行论证
第五层：拓展抽象结构水平	能利用材料和书本知识，综合不同角度进行充分论证，适时总结规律

在教学实施过程中，教师可事先直接将评价表提供给学生，让学生对自己和他人的答案进行评价并阐述理由。通过讨论、质疑、分析，学生可以习得问题解决的策略，并对自己能否解决问题、应从哪些方面解决问题有系统的认知，经历完整而有意义的元认知体验，最终明确自己所处的思维水平与努力的方向目标。

需要进一步说明的是，为了让学生能更有效地进行自我评价，在评价标准、表现等具体内容表述上，务必要切合学生的学情。倘若过于宽泛抽象或者不够通俗，学生就难以进行评价或评价不准确。下面是小学科学"运动的物体"单元的一则评价设计，我们比较一下前后两次设计在表述上的变化（见表5-12、表5-13）。

活动：如下图，用方向和距离描述自己的位置。

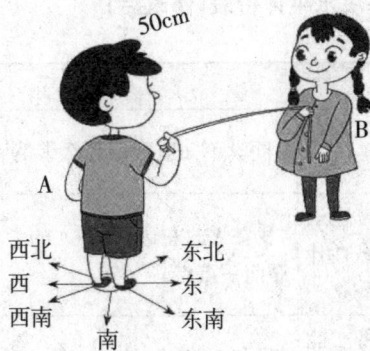

状态	我位于中心同学的什么方向	距离（厘米）
静止时		
运动后		

活动要求：三名同学一组，一名站方向盘的中心位置（参照物），一位是运动中的同学，另一名是评价者。每名同学从八个方位中任意选择其中六个方位进行描述位置，相对于中心位置的同学距离可以自主调节。

活动后思考：能不能仅凭距离或者方向确定位置，为什么？

表5-12　方位和距离问题解决水平评价表（修改前）

评价水平	问题解决水平简述
第一层：前结构水平	不能理解问题，被问题中的无关信息迷惑
第二层：单点结构水平	理解问题，但对参照物的选择理解不清晰，存在参照物与运动物体之间的混淆，方向辨析混淆
第三层：多点结构水平	在"方向"和"距离"两个位置要素中，A只使用一个表述，无法做出完整表述
第四层：关联结构水平	能够从"方向"和"距离"两个要素准确表述运动物体的某一时刻位置
第五层：拓展抽象结构水平	能够说明"不能仅凭距离或者方向确定位置"的原因

表5-13　方位和距离问题解决水平评价表(修改后)

水平层次	评价方法和内容	类似表现
第一层：前结构水平	不知道要做什么事情,不知道什么是方位	B同学不知道要做什么事情
第二层：单点结构水平	运动的同学知道要去描述运动的同学,能够大致说出在什么地方,但是不能准确描述	"我在A的左边；我在A的旁边靠前一点点。"
第三层：多点结构水平	知道要确定方向和距离才能准确描述,但是两个描述只能说对一个	"我和A差10m左右,在A的左边偏上面一点。"
第四层：关联结构水平	能够从"方向"和"距离"准确表述运动物体的某一时刻位置	"我在A同学的东北方,距离50cm处。"
第五层：拓展抽象结构水平	在能够从"方向"和"距离"准确表述运动物体的某一时刻位置基础上,说出为什么必须要同时知道距离和位置才能描述方位	B同学在准确描述方位的基础上,能够说出："如果只有方向,那描述位置可以取这个方向上很多的点。如果位置定下来,就定下了这个点。"

　　修改后的评价设计,教师充分考虑到低年级学生的实际情况,因此用语尽量通俗易懂,还应列举一些具象化表现。从教学现场看,使用修改后的评价表,大多数学生通过类比能知晓自己处于哪一层次、存在的问题是什么、应该努力达到哪一个层次。如此,评价就发挥了其应有的作用。

第六章

设计学习过程(一)

——核心任务设计

有了素养立意的学习目标,还必须辅之以能让其真正落地的学习过程,因为"素养的习得=正确的知识+正确的过程"。不同的过程会导致不同的意义,教师要真正做到育人,必须让学生经历"正确的过程"。

而设置单元学习的核心任务,让学生在任务完成中学习新知、在学习新知中完成任务,即是达成这一目标的正确路径之一。

本章将从设置核心任务的意义、核心任务的设计标准及核心任务的结构方式三个方面介绍这一新设计要素。

一 设置核心任务的意义

2017年1月,国务院印发了《国家教育事业发展"十三五"规划》,在文件第三部分"改革创新驱动教育发展"中明确指出:"推动合作探究式学习,倡导任务驱动学习,提高学生分析解决问题的能力。""倡导任务驱动学习"作为基础教育课程与教学改革的方向首次写入国家文件中。

为了让这样的倡导化为有效的行动,在我们的单元教学设计模板中设置了独立的"核心任务"栏目,要求教师在谋划整个单元的学习过程时,首先设计好本单元学习的核心任务。

"学习任务""任务设计"对教师来说并不是一些陌生的概念,在我们设计的任何一堂课中,都有大大小小、形式多样的"任务""任务串""任务链"。而置于整个单元学习之前的核心任务则具有独特的结构和内涵。其结构为"情境+任务"——在某一个(组)情境下的一个(组)任务;其内涵指通过本单元新知识、新技能学习后完成的主要任务。

设置核心任务的意义具体体现在促进积极学习、促进深度理解、促进迁移运用三个方面。

(一)促进积极学习

让我们先看两则核心任务设计。

第一则,普高地理"海洋环境"单元的核心任务。

泰坦尼克号是20世纪初英国制造的一艘在当时世界最大的豪华客轮,在当时被称为"永不沉没",却在1912年4月14日夜间23时40分,从南安普顿至纽约的处女航中,在北大西洋撞上了冰山(大约在42°N、50°W附近),在撞击后大约160分钟，也就是15日2时40分完全沉没，最终沉入数千米深的洋底。由于缺少足够的救生艇，1500人葬身海底，造成了在和平时期最严重的一次航海事故。

今天，我们将通过"海洋环境"单元学习，来解密泰坦尼克号悲剧发生的原因。相信学习本单元后，你会更全面地、系统地认识海洋这一人类赖以生存的地理环境。

第二则，小学英语"How tall are you?"单元的核心任务设计。

在去乡下度假的旅途中，Wu Yifan 为 Robin 讲了一个有关影子的故事。故事中，Little Duck 认为 Old Tree 比较睿智，向他询问太阳落山时影子变长的原因。Old Tree 认为影子变长是因为 Little Duck 在长大。请你想一想，Old Tree 的回答是否科学？如果不科学，你是否能根据示意图，用形容词比较级来说一说太阳与影子变化的原因。同时，想一想生活中还有哪些变化，尝试写一写这些有趣的变化。

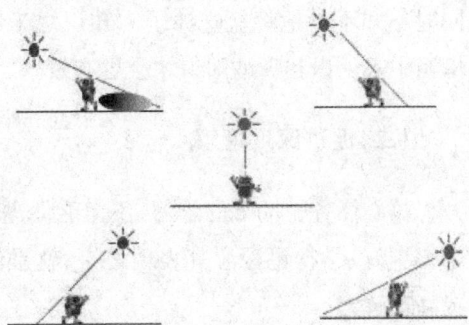

让我们带着这样的任务进入新单元学习吧！

这两则核心任务设计的一个显著特征，是把要解决的任务置于一个生动的情境之中。

设置这样的情境化任务，它的作用在于，"第一，情境可以有效刺激学生，使学习过程不仅是对知识本身的接受，而且使学生产生情感的共鸣；第二，情境可以使枯燥乏味的知识，有丰富的附着点和切实的生长点，让教育具有深刻的意义；第三，情境增加了学习活动的生动性、趣味性、直观性，让学生在理论知识与应用实践的交互碰撞中真正理解知识、提升能力"[1]。总之，这样的情境化任务能够激活学科知识，能够激活学生认知和情感，从而

---

① 高彤彤，任新成.多元智能理论与情境教育的发展[J].上海教育科研，2015(3)：40.

强化学生的学习动力,促使学生主动学习、积极探究。

任务驱动学习是以建构主义学习理论为基础的。建构主义教学设计原理强调,学生的学习活动必须与大的任务或问题相结合,让学生在真实的教学情境中带着任务学习,以探索问题的解决方法来驱动和维持学习者学习的兴趣与动机,在完成实际任务的过程中完成知识的学习任务,并从中发展认知能力和处理问题能力。

德国学者有一个形象的比喻:把15克盐摆在你的面前,无论如何你都难以下咽;但如果把15克盐融化到一盆美味可口的汤中,那我们就在享用汤的同时不知不觉地将盐吃掉了。知识之于情境就犹如盐之于汤,让学生在情境当中来认识和吸纳知识才会更有效率。

(二)促进深度理解

核心任务驱动下的学习,不但能促进学生更积极地学,而且能促进他们学得更好、学得更深。其表现之一,就是促进学生对知识的深度理解,真正提高理解力。

马圆等在讨论真实情境与知识学习的关系时指出:"将知识置于特定情境中,不仅能引发后续的教学情感,还能让学生理解所学的知识,了解问题产生的前因后果,促使学生构建学习任务与其已有知识经验的联系。创设教学情境能有计划地引导学生运用相关学科的思维方式和方法学习知识,加强学生对学科核心概念的理解和掌握;有目的地帮助学生主动获取信息、加工和利用信息,培养学生运用已有信息分析和解决问题的能力;有组织地开展具有学科特质的学习活动,有效衔接前后知识的联系并引起学生的积极思维,进而促进学生对知识的综合应用以提升学生的认知能力、思维能力和创造能力。"[1]

对于知识理解与情境的关系,陈理宣从学理层面进行了阐述,他认为,从教学的角度讲,"所谓知识的情境化,就是指教师在教学过程中有意识地引入或创设一定的情境,把知识转化为与知识产生,或具体运用的情境具有

---

① 马圆,严文法,宋丹丹.真实情境与化学学科核心素养的发展[J].化学教育,2019(19):6.

相似性结构的组织形式,让学生参与、体验类似知识产生或运用过程的情境,从而直观地、富有意义地、快乐地理解知识或发现问题乃至创造知识。把知识还原到情境中,情境化会使学习者直观到知识的原始形式,增强感受力,同时增强理解力,甚至还会增强创造力。知识教育的情境化不仅是为了提高知识接受的效率,而且能够使知识的内涵丰富地呈现在学习者面前。抽象知识脱离了知识产生的具体情境,知识丰富的情境内涵被抽象掉了,直观、形象、生动的知识形式转化为单一、枯燥、抽象的形式,于是理解起来也可能产生错位,或者晦涩难懂"[1]。

情境认知理论指出,当学习发生在有意义的情境中时,才是有效的。情境使知识变得有意义,使深度思考成为必要和可能。因为真实情境中的现象和问题远比正式学习环境复杂得多,要完成的任务是具有凝聚性、有意义、有目的的活动,蕴含着重要的、潜在的动机资源,可以促进知识建构并将知识迁移到真实的生活问题解决过程中。

概括起来说,这样的学习是把真实情境贯穿知识学习的全过程,是将条件化、结构化的知识用情境化、生活化载体予以呈现。这便是解决真实情境下的任务更能促进学生深度理解的缘由。

(三)促进迁移运用

不知大家是否注意到近两年全国高考试卷作文命题的变化,2019年全国卷Ⅰ、全国卷Ⅱ的作文题都是要求考生"用语文完成做事",以下便是其中的一题。

阅读下面的材料,根据要求写作。

1919年,民族危亡之际,中国青年学生掀起了一场彻底反帝反封建的伟大爱国革命运动。1949年,中国人从此站立起来了!新中国青年投身于祖国建设的新征程。1979年,"科学的春天"生机勃勃,莘莘学子胸怀报国之志,汇入改革开放的时代洪流。2019年,青春中国凯歌前行,新时代青年奋

---

[1] 陈理宣.论知识的结构形式选择与知识的教育形式生成[J].课程·教材·教法,2014(11):50-51.

勇接棒,宣誓"强国有我"。2049年,中华民族实现伟大复兴,中国青年接续奋斗……

请从下列任务中任选一个,以青年学生当事人的身份完成写作。

①1919年5月4日,在学生集会上的演讲稿。

②1949年10月1日,参加开国大典庆祝游行后写给家人的信。

③1979年9月15日,参加新生开学典礼后写给同学的信。

④2019年4月30日,收看"纪念五四运动100周年大会"后的观后感。

⑤2049年9月30日,写给某位"百年中国功勋人物"的国庆节慰问信。

2020年全国卷5套试卷竟有4套沿用这种命题方式,全国卷Ⅰ要求写一篇在班级计划举行围绕齐桓公、管仲和鲍叔三位历史名人的读书会上的发言稿;全国卷Ⅱ要求写一篇在"世界青年与社会发展论坛"作为中国青年代表发表演讲的演讲稿;全国卷Ⅲ要求给高一新生写一封"如何为自己画好像"的信;全国新高考卷Ⅱ,要求以《中华地名》节目主持人身份写一篇"带你走近_____"的主持词。既有大家熟悉的应用文体,也有新的应用写作形式。它们的共性都属于强烈的"任务驱动"型作文——用写作完成新情境中的新任务。

面对这样的"任务驱动"型作文,考生写得如何我们无从了解。但是我们推测,对于长期受作文应试教育老套路"熏陶"的学生来说,恐怕很难有理想的发挥。

这样的题目考的即是迁移运用能力,而缺失这种能力的原因,正如余文森教授所言:"学生在学校所'获得'的很多学科知识或技能,之所以无法迁移到现实生活中去,关键就在于学校学习活动所依存的情境被过于人为地简化和抽象化,丧失了和现实生活的链接。"①

因此,要有效地培养学生的迁移运用能力,逐步形成学科核心素养,必须在单元设计与实施中介入情境化任务——让学生在真实的情境中完成某项任务。让学生学习"做任务",让学生在完成任务中学会"做任务"。

正是基于上述理解,2017年版普通高中各学科课程标准中大多就此提

---

① 余文森.核心素养导向的课堂教学[M].上海:上海教育出版社,2017:92.

出了明确的要求。《普通高中化学课程标准(2017年版)》指出："真实、具体的问题情境是学生化学学科核心素养形成和发展的重要平台,也为学生化学学科核心素养提供了真实的表现机会。化学教学设计和实施中,重视创设基于真实情境的问题解决任务,将核心知识和核心概念与情境、活动和问题解决融为一体,注重学生自主建构、实验探究和问题解决等学习活动,以促进学生化学学习方式的转变,使学生在解决问题的活动中可逐步发展化学学科核心素养"[①]。

从普通高中部分已经面世的新教材看,编写专家们也是高度关注这个问题,并力图将其转化为师生看得见、摸得着的行动。例如,统编版普通高中语文教材,十分注重落实新课标"学习任务群"要求,体现出强烈的用"做任务"替代"教课文"的倾向。依据教材编写的理念,有教师在设计普高一年级语文必修下册第五单元"实用性阅读与交流之'使命与抱负'"教学时设置了如下核心任务。

"一代人有一代人的长征,一代人有一代人的担当。"那是伟人马克思积极开创,致力于革命事业的卓绝坚韧;那是革命烈士林觉民矢志救国,孜孜于民族大爱的理想舍生忘死;那是秦相李斯顺应大势,着眼于秦统一大业的清醒自觉。只有对时代有清晰的认识,才能对自己的时代使命有准确的把握,也才能确立顺乎时代发展潮流的个人抱负。

聚焦"使命与抱负"的主题,本单元学习我们要完成以下两项任务。

任务一:阅读《在〈人民报〉创刊纪念会上的演说》《在马克思墓前的讲话》《谏逐客书》《与妻书》一组文章,体悟不同时代作者的使命与抱负。

任务二:五四青年节即将到来,作为学校优秀学生的代表,你将在年级典礼上做以"我们的使命"为题的演讲。为此,你要撰写一篇能深深打动同学的演讲稿。

这样的核心任务,同近两年全国卷的"任务驱动"型作文题是不是"所见略同"? 如果我们在平时的教学中,始终坚持让学生在"做任务"中学习"做任务",当遇到新情境中新任务之时,他们自然就能迁移运用、从容应对了。

[①] 中华人民共和国教育部.普通高中化学课程标准(2017年版)[S].北京:人民教育出版社,2018.

二 核心任务的设计标准

设置核心任务是我们研制的单元教学设计模板的一个创新之举。怎样的核心任务称得上"好任务"？通过对各学科优秀设计共性经验的梳理分析，我们提炼了如下四大标准。

(一)承载主要目标

核心任务的设置，目的就是更好地达成单元学习的目标，特别是那些"复杂的目标"。因此，核心任务的设计，首先必须考虑它是否能承载起促成单元教学目标实现的重任。其设计思路一般是，在确立单元学习目标之后，先围绕目标找到匹配的任务，再根据任务找到合适的情境，把单元主要学习目标融入任务完成全程之中，如图6-1所示。

```
┌─────────┐      ┌─────────┐      ┌─────────┐
│ 单元目标 │ ←──→ │ 匹配的任务 │ ←──→ │ 合适的情境 │
└─────────┘      └─────────┘      └─────────┘
```

图6-1　核心任务设计思路

下面以初中数学"直线与圆的位置关系"单元为例，来分析教师是怎样把单元目标有机融合于核心任务之中的。

这个单元，教师设计的核心任务为：

台风是发生在热带海洋上强烈的气旋性涡旋。中国是世界上少数几个受台风影响严重的国家之一。台风带来的强风、暴雨和风暴潮对人民的生命财产威胁严重。

一艘船在大海中航行,接到气象台的台风预报:台风中心位于轮船正西50km处,受影响范围是半径为30km的圆形区域。已知港口A位于台风中心正北40km处,港口B位于台风中心正北35km处,港口C位于台风中心西南方向 $50\sqrt{2}$ km处,港口D位于港口C的正东方向30km处,如果轮船是以直线航行的,那么:

1.轮船航行的直线轨迹与台风影响范围圆形区域会有哪些位置关系?

2.能否类比点与圆的位置关系,利用某种数量关系来判别直线与圆的位置关系?

3.判断轮船前往A、B、C港口,是否会受台风影响?

4.若船刚好行驶到了离台风中心30km处,该沿什么方向行驶才能避免受到台风影响?

5.轮船在初始位置时,该沿什么方向行驶才能避免受到台风影响?

6.若轮船沿切线方向 PM、PN 以直线航行,那么:

(1)除了 PM、PN,轮船 P 是否还有其他航线与圆相切?

(2)轮船 P 到距离台风中心最近点 M 和点 N 的距离,PM 和 PN 大小关系如何?请说明理由。

(3)当轮船 P 改变位置时,(2)中的结论是否发生改变?

7.台风中心和影响范围会随时间发生改变,若某时段台风中心在港口B、C、D所构成的三角形内部,且航线BC、CD、BD均不受台风影响,那么台风影响的最大圆形范围是多少?

设计者将"直线与圆的位置关系"的知识问题置于"正在航行的轮船与正在发生的台风"这样一个特定的情境之中,设置了一组能贯穿整个单元的结构化任务。这7项分任务与本单元学习目标的对应关系,见表6-1。

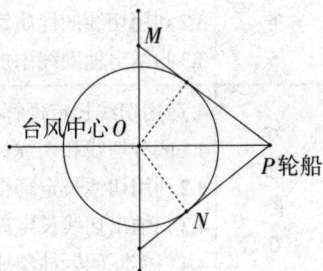

表6-1 单元核心任务与单元目标对应关系

任务	对应单元目标
分任务 1~3	1.掌握直线与圆的位置关系的定理 1.1说出直线与圆的三种位置关系,画出相应的示意图 1.2归纳出直线与圆的位置关系与d和r数量关系之间的联系 1.3判断直线与圆的位置关系或d和r的数量关系 1.4将实际问题抽象成直线与圆的位置关系的数学问题
分任务 4	2.掌握直线与圆相切的判定定理 2.1会过圆上一点画该圆的切线 2.2说出直线与圆相切的判定定理 2.3判断一条直线是否是已知圆的切线 2.4写出严谨的推理证明过程
分任务 5	3.运用切线的性质解决问题 3.1说出圆的切线的性质 3.2利用切线的性质解决角度大小、线段长度等计算问题 3.3归纳出辅助线添加、直角三角形构造等解题基本策略
分任务 6	4.运用切线长定理解决问题 4.1区分切线和切线长,说出切线长定理 4.2利用切线长定理得到线段和角的等量关系 4.3归纳出切线长定理的基本图形及相关结论 4.4将实际问题抽象成数学问题
分任务 7	5.综合运用切线性质、切线长定理解决问题 5.1说出三角形的内切圆、内心的概念,做出已知三角形的内切圆 5.2解决有关三角形内切圆的计算和论证问题 5.3类比内心、外心,内切圆、外接圆的概念与性质

在我们看来,有时完成核心任务本身不是目的,而是促成单元学习目标达成的载体与手段。因此,衡量核心任务质量高低的重要指标就是要看它是否能承载起单元学习目标——在任务解决过程中逐步达成各项学习目标。当然,我们也不能理想化地要求核心任务一定要承载起单元的所有目

标。其实,大多数时候只要能承载主要目标即可,其余的目标完全可以通过加入其他辅助性的活动或任务来实现。

(二)聚焦任务解决

核心任务作为一种"任务",是不是还是像我们很多老师习惯地提出一个(组)问题让学生逐一思考回答? 比如下面一则普高生物的"分子与细胞"单元设计的核心任务。

新冠疫情下,健康的身体是抵御病毒最好的护盾,维持健康首先要认知我们身体的组成单位——细胞,细胞是由哪些物质组成的? 水为什么被称为生命之源? 人体血液中缺钙、缺铁、缺碘会怎样? 临床上抢救危重病人时,常常要给病人输生理盐水是因为什么? 细胞的能源物质是什么? 如何补充? 储能物质又有哪些? 生命活动体现者和控制者是什么物质? 如何通过实验来鉴定组成细胞的各种成分,依据是什么?

这是教师的第一次设计。在这组任务中,围绕"分子与细胞"提出了一系列要求学生思考解答的问题。那么,这是我们想要的核心任务吗?

就此,蔡可的观点可为我们做出准确判断提供思路。为便于说明,先摘录蔡可所列举的其中两个语文问题(或任务)。

1."亦余心之所善兮,虽九死其犹未悔"是屈原在《离骚》中直抒胸臆、表白心志的诗句,诗中类似的诗句还有一些,试着把它们找出来。再以它们为线索,说说诗里写了哪些内容。

2.请调研社会上不规范、不得体的语言运用现象,并像"体检"一样,分析其病因,开具"诊断书",完成一份语言健康"体检"报告。

作者分析说,例1侧重于根据学习内容去寻求答案,教学中多通过讲、思、练等方式达成;而例2更多侧重于面对复杂、不确定的情境,如何去解决问题。与例1"指向记忆、思考不同,学生必须做'事',这里的'事'就是基于语言文字的任务。因为提出了一个可以引发学生多样化学习行为的任务,阅读与表达相关联,我们可以引导学生在这个学习过程中去发展提问、报告、比较、判断等能力;因为任务是基于语言文字的,就可以分解到学生一系

列具体的、主动的语文实践上，如阅读、调查、访谈、批注、笔记、讨论等。在这个教学设计过程中，学生实现从教中学、听中学到做中学、探究中学的主动学习的转变，学科核心素养的目标也在这个过程中统一起来"①。

用一句话概括蔡可的观点，就是要提高语文学习的质量，有效落实核心素养，学习任务的设计要从"问题思考"转变为"任务解决"。这个观点同样也适合其他学科。因此，前面所举的"分子与细胞"单元核心任务在设计上存在的问题，就在于在学习目标、学习方式上仍然停留在"问题思考"上。

崔允漷教授在阐述为什么要在单元设计中介入"真实情境与任务"这个问题时指出："对学科核心素养的评价必须超越以前惯用的双向细目表，不局限于知识点的识记、理解、简单应用，而应该从'在何种情境下能运用什么知识完成什么任务'来评价学生学科核心素养的达成程度。也就是说，学生学科核心素养的表现程度，需要通过在真实情境中运用所学的知识，并能完成某种任务来衡量，指向素养的评价必须要有恰当的情境，离开真实情境或任务是无法很好地评价核心素养的。这样，指向学科核心素养的评价就会倒逼教学，使得教学也需要介入真实的情境与任务，当然，真实的情境与任务首先必须体现在大单元的教学设计中。"②崔允漷强调的就是，核心素养在"做事"中评价，在"做事"中培养，因此，作为一个驱动与统摄单元学习全程的核心任务，理应聚焦于任务解决。

遵循这样的标准，教师对"分子与细胞"单元核心任务第一次设计进行了重构。

肥胖不仅是越来越多的人，也是家养宠物、饲养动物面临的严峻问题。肥胖的原因有很多，其中之一就是饮食不均衡。如何合理安排饮食才能使营养保持均衡？我们能否提出一个科学、健康的饮食建议方案？

为完成这项任务，我们需要知道生命体的物质组成成分有哪些？各自在生命活动中起着什么作用？如何通过实验来鉴定和认识这些生命体所需的物质？

---

① 蔡可.从"问题思考"到"任务解决"——聚焦有质量的语文学习[J].语文学习，2018(10)：15-16.

② 崔允漷.如何开展指向学科核心素养的大单元设计[J].北京教育(普教版)，2019(2)：14.

让我们带着这样的任务进入新单元学习吧。

在这里，首先明确提出了一项需要解决的主任务——要求学生就如何使营养保持均衡提出一个科学、健康的建议方案，接着提示学生要完成这项主任务必须学习哪些新知识、新技能。这样的设计已基本符合"聚焦任务解决"的标准。

（三）依托合适情境

核心任务必须是情境化任务或者任务情境化。倘若任务没有一个依托的情境，那么设置核心任务的意义就难以实现。

下面我们来比较一下小学语文"'舐犊情深'主题阅读与表达"单元核心任务前后两次设计。

第一次设计：

学习本单元，我们要完成以下三项任务。

任务一：阅读文本。阅读教材提供的三篇文章，通过作者描写的故事场景、人物言行举止中的细节，体会字里行间蕴含的真挚情感。

任务二：口语交际。能够评价事例中父母的做法，选择恰当的材料来支持自己的观点，客观地看待父母之爱；还要能够从自身出发，谈谈自己遇到类似经历时的做法。交流时，能尊重别人的观点，并能对别人的发言给予积极回应。

任务三：撰写习作。以"任务二"的口语交际为基础，回忆和父母之间难忘的事，给他们写一封信，用恰当的语言表达对他们的爱。

第二次设计：

"舐犊情深"是流淌在血液里的爱和温暖。天下所有的父母都爱自己的孩子，从孩子呱呱坠地的那天起，他们就倾注了自己无私的爱。但父母们表达爱的方式不尽相同。生活中，也许你和爸爸妈妈是无话不说的好朋友，也许平时你和他们的交流并不多。他们带给你的，是感动，是开心，还是难过……有没有想过与他们真心"交谈"？通过本单元的学习，相信你会客观而理性地看待父母之爱。

学习本单元，我们要完成以下三项任务(同第一次设计，略)。

第二次设计与第一次设计相比，改进处就是加了一个情境。我们千万不可小视了这个情境所产生的功效。它引发了学生对父母之爱、自己与父母交流的回想与思索；它激发了学生情感的积极参与。情感的参与对学习有多重要？李帆指出："情感是学习与认知的看门人。在缺少情感参与的教育教学中，'学生光滑的头脑可以像一面镜子似的，把教师给他们看的东西都反映出来，但没有留下印象'。学生获得的知识是一种'脆弱的知识'，或者说，是一种冷认知。只有赋予知识和认识以情和境，知识和认识才能变得具体化、形象化、情趣化、生动化、背景化。"[①]

因此，一项完整的核心任务，务必是"情境+任务"。而且，这情境还必须是"合适的情境"。

何谓"合适"？大多数情况下，"合适"的内涵是指知识的学习能与现实生活的真实情境相对接。崔允漷教授解释说："课程当然离不开知识学习，但中小学生对于知识的意义的感受与理解，往往是通过在真实情境中的应用来实现的。如在物理课堂中，学生学了摩擦力，不只是为了标示力的方向、计算摩擦力大小或摩擦系数是多少，更重要的是明白真实世界中摩擦力的应用，如雨天开车为何要减速、下坡的车为何要礼让上坡的车等等。如果不把课程与真实世界的做事、做人建立联系，那么，学生在学校的学习就只剩下死记硬背、机械操练，毫无意义可言。"[②]

需要进一步强调的是，任务要依托现实生活的真实情境，还必须贴合学生的日常生活。如果创设的是远离学生生活的简单化情境，自然调动不了学生的学习兴趣，反而会导致接下来的学习成为应付教师、强迫自我的行为。还有，现实生活情境创设要基于学生的已有经验，要符合学生的情感需求。

"合适"的还应该是学科化的，不同的学科由于学科课程性质的差异，对情境创设的要求也是差异的。

---

① 李帆.完整学习的教学意蕴及其实现[J].中国教育学刊,2019(7):82.
② 崔允漷.如何开展指向学科核心素养的大单元设计[J].北京教育(首教版),2019(2):15.

历史学科特别要求创设历史情境。普高历史新课标指出:"历史是过去的事情,学生要了解和认识历史,需要了解、感受、体会历史的真实境况和当时人们所面临的实际问题,进而才能去理解历史和解释历史。因此,在教学过程的设计中,教师要设法引领学生在历史情境中展开学习活动,对历史进行探究。例如,必修课程'马克思主义的诞生'这一学习专题,在教学设计中要考虑如何引导学生认识马克思主义产生的时代背景。其中,工业革命后出现的工人运动与当时工人阶级生存境况有直接的关系。为此,教师可选取有关的文字和图片材料,使学生感受当时工厂制度下工人所面临的恶劣境况,如劳动时间长,工作条件差,工资低,生活环境恶劣,劳动权益没有保障,以及资本家大量雇佣童工和女工,排挤成年男工等。通过这样的情境展现,引导学生认识当时的工人为什么要开展反抗活动,进而引出工人阶级在斗争中认识到组织起来的必要。"[1]

对于数学学科来说,普高数学新课标也明确指出:"基于数学学科核心素养的教学活动应该把握数学的本质,创设合适的教学情境、提出合适的数学问题,引发学生思考与交流,形成和发展数学学科核心素养。"新课标认为:"教学情境和数学问题是多样的、多层次的。教学情境包括:现实情境、数学情境、科学情境,每种情境可以分为熟悉的、关联的、综合的。数学问题是指在情境中提出的问题,分为简单问题、较复杂问题、复杂问题。数学学科核心素养在学生与情境、问题的有效互动中得到提升。在教学活动中,应结合教学任务及其蕴含的数学学科核心素养设计合适的情境和问题,引导学生用数学的眼光观察现象、发现问题,使用恰当的数学语言描述问题,用数学的思想、方法解决问题。在问题解决的过程中,理解数学内容的本质,促进学生数学学科核心素养的形成和发展。"[2]

①中华人民共和国教育部.普通高中历史课程标准(2017年版)[S].北京:人民教育出版社,2018.
②中华人民共和国教育部.普通高中数学课程标准(2017年版)[S].北京:人民教育出版社,2018.

(四)符合教学实际

经验告诉我们,核心任务的设计不能追求"高大上""多难杂",必须符合教学的实际。否则,要么成为摆设,要么加重负担,要么妨碍教学。

设计过程中着重考量的是两个层面的问题:一是从教与学的条件包括时间、设备、资源等,研判任务完成是否具有可行性。二是要以学生当前的知识和能力水平为出发点,但又需要具备一定的难度,让学生努力"跳一跳"后能"够得着"。

下面两则是教师围绕普高语文"跨媒介阅读与交流"这个任务群所设计的两个单元的核心任务,我们来评一评这样设计是否合理。

第一则核心任务:

文学文本被改编为影视作品,究竟是文学文本在新的媒介传播中焕发出新的光彩的一次重生,还是在改编中损耗了原有的文本意蕴、脱离了原来的文本之美的一次离魂? 某杂志近期推出了纯文学的电影改编话题专栏,开设了"重生抑或离魂——经典作品改编研讨"板块,涉及《肖申克的救赎》和《活着》两部小说文本的影视改编成功与否的征稿。如果该杂志向你所在的学校约稿,你如何评价这两部小说文本的电影改编? 你将通过哪些学习活动得出你的结论?

第二则核心任务:

"媒介"是信息内容符号的传输载体、渠道和平台,它既包括常见的大众媒体,也包括手机、平板电脑等新媒体形式。所谓"跨媒介学习",即是能够将多种媒介的信息运用到学习的过程中,从单一的"纸媒"解放出来,不仅是信息的吸收整合,也是信息的输出。每个学生不仅是学习者,也是学校文化的创造者和建设者。某校恰逢学生宿舍和食堂改造工程启动,校园的部分自然景观也要进行重新设计,同学们可以以此为契机,利用多种媒介在广大师生中收集有效信息,发挥主人翁精神,与同学合作进行校园景观设计,并通过各种媒体将自己的设计成果展现出来,从而让自身也参与到学校建设中去,让自己设计的景观成为青春走过的地方。

应该说,设计者的愿望不可谓不美好,但问题在于,任务完成有可能性吗？第一则任务,要求学生通过组织活动并完成杂志社关于《肖申克的救赎》和《活着》两部小说文本的影视改编成功与否话题的约稿。从要完成的阅读任务、从对影视改编专业性角度分析,如果是学校影视文学社团成员,或许有可能,但对于更多的学生来说,恐怕是难以完成的。第二则任务,就学校景观建设,学生利用各种媒体手段提些建议也许不无可能,但是你让学生"与同学合作进行校园景观设计",一方面难以完成,另一方面恐怕也偏离了语文学科的教育方向。

三 核心任务的结构方式

核心任务的结构方式,从情境与任务的匹配、主任务与分任务的安排等方面分析,大致有三种结构。

(一)"情境+任务"式

这是核心任务结构的基本式,其结构方式最为简单,"一个情境"加上"一项任务"。这项任务即是本单元学习的主任务。

示例1 初中英语"Unit 3 How do you get to school?"单元核心任务

Liang Liang是一位居住在偏远山村的孩子,每天通过绳索过河上学,很少有机会接触外面的世界,对外面的世界充满渴望。他想寻求一位pen pal,通过 pen pal 来了解其他同学的上学方式。假如你就是他的笔友,请你围绕"the way to school"这个主题来介绍其他同学上学的出行方式。

示例2 小学数学"鸽巢问题"单元核心任务

夕阳西下,3只鸽子要飞回阳台上的两个笼子里,它们飞进笼子会有几种情况呢? 可以是一个笼子里飞进1只,另一个笼子里飞进2只;也可以是一个笼子里飞进3只,另一个笼子空着。不管怎么样,我们发现总有一个笼子里至少飞进了2只鸽子。生活中,还有许多像这样的例子,比如,5支笔放进4个笔筒,

8个苹果放进3个抽屉等。这些生活现象中,是否含有相同的数学规律呢?

在本单元学习中,让我们一起来探究其中的规律吧!

示例1的主任务是要求学生通过单元学习完成"一件事"——以笔友的身份,围绕"the way to school"这个主题向居住在偏远山村的Liang Liang介绍其他同学上学的出行方式。示例2的主任务是单元学习本身要研究解决的"一件事"——探究"这些生活现象中所蕴含的数学规律"。虽说都只是一项任务,但只要能驱动与统摄整个单元的学习,就是"好的任务"。

(二)"情境+主任务+n项次任务"式

"主任务"指通过本单元学习要做的"一件事","n项次任务"则是为了做成"这件事"需要完成的其他任务——需要首先或同步学习的新知识、新技能。这与第一种结构没有实质的差异。要完成主任务肯定都需要完成相关次任务,至于次任务是否一定要在"核心任务"中紧跟着主任务呈现出来,这是两可的选择。

示例 普高物理"静电场中的能量"单元核心任务

静电除尘仪是工业中控制废气污染的重要仪器。观看静电除尘原理视频后,请同学小组合作搭设一台简易静电除尘设备,并改进其中部分装置以提升它的除尘效率。

要完成这项任务,我们需要知道什么是电势能、电势、电场力做功和电势差以及这些概念的关系;同时也需要知道静电除尘设备中的能量变化与功能关系是怎么样的、除尘效率和能量有什么关系、提升除尘效率有哪些措施。

让我们带着这些任务和问题进入新单元学习吧。

这个任务群中,主任务是"搭设一台简易静电除尘设备,并改进其中部分装置以提升它的除尘效率"。学习电势能、电势、电场力做功和电势差以及静电除尘设备中能量变化与功能关系等相关知识,这些都是为了完成主任务而必须首先完成的次任务。主任务与次任务同时呈现,让学生进一步明确了新单元学习的方向与重点。

(三)"情境+*n*项分任务"式

这种结构呈现的核心任务中没有一个统摄其他任务的主任务,"*n*项分任务"指的是聚焦单元目标阶梯排列的多项分任务,所有分任务相加即是单元学习要完成的总任务。

示例 初中语文"活动·探究之剧本阅读与演出" 单元核心任务

"舞台小天地,天地大舞台。"舞台上的故事,凝聚着无尽的人生,或令人感动振奋,或引人慨叹深思;舞台上的人物,折射出多样的人格,或有着动人的风采,或有着可憎的面目。你是不是也很想登上舞台,展现自己的风采,赢得观众的掌声?在本单元的学习中,我们将阅读中外优秀剧本选段,在此基础上,自主选择合适的剧本,分配角色,合作排练,尝试戏剧演出,给初中生活留下美好的回忆。

任务一:阅读与思考。认真阅读教材提供的剧本,把握戏剧冲突,理解人物形象,品味戏剧台词,思考如何把自己对剧本的感受与理解在舞台上表现出来。

任务二:准备与排练。从教材中选择一部剧本,也可以自选适合的剧本,组织剧组,分别安排导演、演员、剧务,明确任务、要求,分工准备,合作排练。

任务三:演出与评议。正式演出,评选优秀演员。结合演出情况,自选话题,写一篇作文。

在同一个情境下所设计的三项分任务,它们递进排列,让学生经历了从"阅读与思考—准备与排练—演出与评议"这样一个完整的"活动·探究"的学习过程。每一项任务各有其承载的学习目标,地位同等重要。

第七章

设计学习过程(二)

——内容段落线设计

学习过程的展开应是核心任务驱动下的"双线并进"结构,其一是关于"学什么——内容的选择与布局"的内容段落线,其二是关于"怎么学——方法的选择与布设"的学法组合线。

在一个完整的单元设计中,内容段落线设计要回答的是"我们凭什么到那里去"的问题。倘若内容段落线的布局不符合学科学习内容内在的规律,那么,无论教法学法再怎么"生本",我们照样不能经历"正确的过程",依旧难以到达素养目标的彼岸。

本章将从内容段落线的整体布局、段落具体内容的选定、把握内容段落大小的基本标准、内容段落的呈现方式以及内容段落的具体表述五个方面全面介绍内容段落线的设计策略。

一　内容段落线的整体布局

多年的实践告诉我们,为了让学生经历一个"正确的过程",在设计"怎么学"——学法组合线之前,首先要整体布局好"学什么"——内容段落线。

无论是"大单元"或是"小单元",一般总是需要将整个单元学习内容划分成若干个段落并按照一定的逻辑来组织教学的。这就是内容段落线的整体布局。

那么,怎样的整体布局才能让学生经历一个"正确的过程"呢? 我们总结的经验是,要遵循该单元课型内容学习的自身规律。这里所说的课型,主要是指以不同的学习内容或者不同的核心素养指向(很多学科因为学习内容不同,核心素养培养的侧重点也不同)为分类标准划分的单元教学类型。不同的单元课型,知识能力的形成过程,核心素养的养成过程,都有其自身的规律。只有遵循这个规律的内容段落布局,才是符合学理的,才能真正促进学生深度学习。

我们先以普高物理学科为例做具体说明。

从学科核心素养培养侧重点视角分类,普高物理学科有"观念构建课"(侧重指向物理观念素养)、"问题解决课"(侧重指向科学思维中综合解决问题素养)、"实验探究课"(侧重指向物理探究素养)、"模型建构课"(侧重指向科学思维中建模思维素养)等多种单元课型。因为课型不同,也就应该有体现其各自学习规律的内容段落线。下面列举其中的三种课型。

课型1:观念构建课

这种课型内容的学习,一般必须包含或经历的是:

1.观念认知——能够将生活中的现象转化为物理观念的认识,从物理学的视角对某一物理概念规律形成系统、科学、严谨的认识。

2.观念整合——在一系列相互联系的观念已有认知的基础上,在物理学视角下,对这些观念进行整合,这种整合有时反映为物理公式,有时反映为概念图,有时也反映为物理图像。

3.观念应用——在观念整合之后能够应用整体的观念解决实际情境中的新问题。

依据这样的学习重点与内在规律,该课型的内容段落线的整体布局,如图7-1所示。

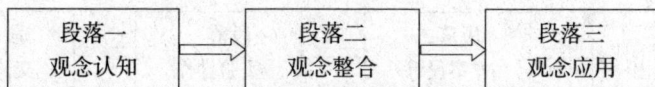

```
┌──────────┐     ┌──────────┐     ┌──────────┐
│  段落一   │ ──▶ │  段落二   │ ──▶ │  段落三   │
│ 观念认知  │     │ 观念整合  │     │ 观念应用  │
└──────────┘     └──────────┘     └──────────┘
```

图7-1　普高物理观念构建课内容段落线

课型2:问题解决课

这种课型内容的学习,一般必须包含或经历的是:

1.问题意识——具有提出问题的意识,能将实际情境中的问题转化为可探究的物理问题。

2.问题探究——寻找设计问题解决的具体方案,经历探究问题的过程。

3.方法总结——对问题解决过程中的方法进行梳理总结,形成规律性、方法性的认识。

4.方法迁移——将总结的方法迁移运用至类似新情境中解决类似问题。

依据这样的学习重点与内在规律,该课型的内容段落线的整体布局,如图7-2所示。

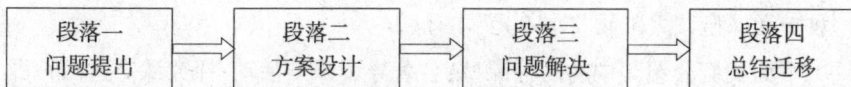

```
┌──────────┐   ┌──────────┐   ┌──────────┐   ┌──────────┐
│  段落一   │──▶│  段落二   │──▶│  段落三   │──▶│  段落四   │
│ 问题提出  │   │ 方案设计  │   │ 问题解决  │   │ 总结迁移  │
└──────────┘   └──────────┘   └──────────┘   └──────────┘
```

图7-2　普高物理问题解决课内容段落线

课型3：实验探究课

这种课型内容的学习，一般必须包含或经历的是：

1.问题与假设——能够提出问题并依据所学知识建立合理的假设。

2.实验与探究——能够经历实验探究的全过程。

3.交流与评价——能够经历交流与评价的过程，对探究过程进行探讨、反思和深化。

依据这样的学习重点与内在规律，该课型的内容段落线的整体布局，如图7-3所示。

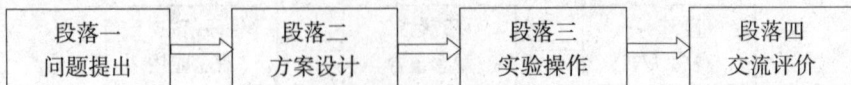

段落一 问题提出 → 段落二 方案设计 → 段落三 实验操作 → 段落四 交流评价

图7-3　普高物理实验探究课内容段落线

课型1的三个内容段落组合，让学生循序渐进地经历了"观念认知——观念提炼——观念应用"这样一个完整的学习过程。在课型2中，段落一要求学生能够提出问题，并在段落二中设计讨论解决问题的方案，然后再动手解决问题，最终在段落四中完成方法的总结与迁移运用。在课型3中，段落一至段落四，经历了科学探究中的提出问题、建立假设、设计方案、进行实验、评价交流这样一个完整的过程。可见，在这三个课型中，内容段落线的整体布局，目的都是让学生经历一个符合每一种课型自身学习规律的过程。

这种内容段落线的整体布局的策略也适合于其他学科。当然，不同的学科的具体呈现方式应该是"因科而异"。我们再以初中语文学科为例做进一步说明。

根据统编版初中语文教材编写的特点以及教学适切性要求，新学课大致可以划分为读写结合、活动·探究、写作、口语交际、综合性学习、名著导读六种单元课型，"大单元""小单元"均有。

下面我们介绍其中的两种课型：名著导读课与活动·探究课。这两种课型虽然都与阅读相关，但因为目标指向及其学习规律等方面存在差异，其内容段落线的布局也是各有不同。

课型1：名著导读课

初中语文教材安排的名著导读书目有《朝花夕拾》《骆驼祥子》《红星照耀中国》《昆虫记》12部之多，每学期2部，每部4课时左右完成。如何指导学生阅读这些名著？我们总结提炼的内容段落线的整体布局，如图7-4所示。

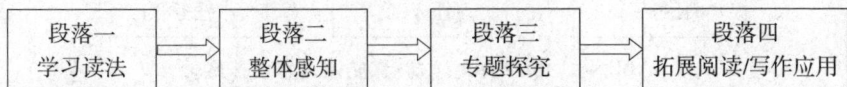

图7-4 初中语文名著导读课内容段落线

段落一：学习读法。教材安排每读一部名著，均要求能重点学习一种（套）读书的方法，如读《西游记》要学习"精读和跳读"，读《骆驼祥子》要学习"圈点与批注"，读《艾青诗选》要学习"如何读诗"，读《简·爱》要学习"外国小说的阅读"等。因此，每读一部名著的第一个学习内容段落，自然便是"学习读法"。

段落二：整体感知。学生阅读整部书，总体感知全书内容。当然，这可以与段落一同步进行。如阅读《昆虫记》，要学习的是科普作品阅读方法。教师可要求学生在整体感知《昆虫记》的过程中，梳理自己在阅读过程中的阅读方法，然后在课堂上交流、总结，提炼出《昆虫记》这类科普作品的阅读方法。

段落三：专题探究。在整体感知的基础上，参考教材提供的专题或自行设计专题，有相同兴趣的同学组成专题探究小组。完成专题探究后，可在班里举办读书交流会，或者举办读书成果展览。这是名著导读课型用时最多的重点段落。

段落四：拓展阅读/写作应用。可以根据所读名著的特点以及学生实际灵活安排一个段落，或拓展阅读，或写作应用。

内容段落线这样的整体布局，完全符合初中段学生在教师的引领下阅读名著的学习规律。

课型2:活动·探究课

这是统编版初中语文教材的"新生事物",六册教材中总共安排了四个单元。其内容段落线的整体布局,如图7-5所示。

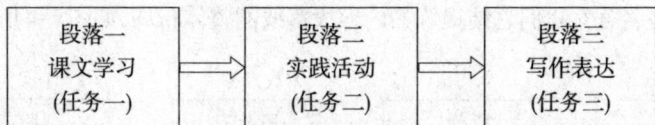

图7-5　初中语文活动·探究课内容段落线

初中语文八年级上册"活动·探究"单元安排的是关于新闻阅读、采访与写作的三项任务,其内容段落线可以具体布局,如图7-6所示。

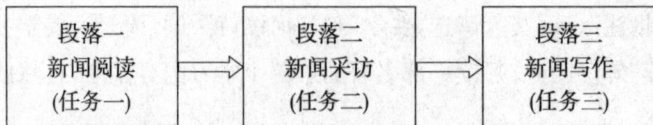

图7-6　初中语文八年级上册"活动·探究"单元内容段落线

段落一:新闻阅读。学生要梳理各新闻要素的具体内容、比较不同新闻体裁的特点、揣摩作者的态度与倾向。段落二:新闻采访。这是一个实践活动段落,在这一段落中,学生需要确定报道题材、制订采访方案、草拟采访提纲、分组采访实践、收集新闻素材。段落三:新闻写作。撰写消息、通讯、新闻特写等不同的新闻体裁,整理全组或全班的新闻作品,编辑制作报纸或网页。三个内容段落组成的整个教学过程,是让学生真真切切地经历了一个亲身参与和实践的活动与探究的历程。这是名副其实的"做中学"的学习实践过程。

应该说,这两个课型的内容段落线的整体布局,也很好地体现了课型内容自身的学习规律。

二　段落具体内容的选定

　　一个单元的内容段落线的设计大致可以分为两步,先是根据单元所属的课型,整体布局体现该单元课型内容学习自身规律的内容段落线;接着是按照单元确立的学习目标选定每个段落的具体内容。在这里,第一步相当于做好了一个筐,第二步则是用需要的物件把筐装满。那么,如何在有筐的条件下把该装的装入筐里呢?

　　曾听一位教师上苏洵的《六国论》,当时还颇有些意外。这是一个用三个"课段"(1课时加课前、课后时间)完成的单位,整个教学过程概述如下。

　　第一"课段",完成内容段落"词句解读",对于文言文教学,这个段落当然不可或缺。第二"课段",完成内容段落"文本赏析",要求学生在浏览苏辙、李桢的《六国论》以及闫文峰的《六国灭亡的真正原因是什么》等文章的基础上,研讨"在文章观点确立与观点论证上,苏洵的思维方式有哪些值得欣赏和借鉴"。通过研讨,最终学生提炼出这篇经典政论文特别值得自己写作借鉴的思维范式。一是在立论思维上的独创性,对六国灭亡的原因,作者没有人云亦云,而是亮出了一个与众不同的观点——"六国破灭,非兵不利,战不善,弊在赂秦"。二是在论证思维上的严密性,作者从多角度、多侧面并运用多种论证方法阐述观点,读后让人心服口服。第三"课段",完成内容段落"实践运用"。课前要求学生完成一篇作文,教师给出青少年沉迷于网络游戏并造成严重后果的相关材料,要求学生围绕"谁之罪"的问题发表自己的看法,运用苏洵在《六国论》中使用的立论思维与论证思维范式,写一篇不少于800字的论述性文章。在课堂上聚焦"对苏洵思维范式的借鉴运用"讲评习作。

这样的设计与呈现为何会让人颇感意外呢？原因主要是在"文本赏析"阶段，设计者并没有采用我们习惯的面面俱到法，而是大胆舍弃了诸如结构梳理、语言分析等内容，把主要时间和精力聚焦于对作者思维范式的赏析上。课后通过与上课教师的交流、翻阅教师教学设计后我们才恍然大悟，教师如此选择"文本赏析"这个段落的具体内容，源自她所确立的学习目标。

1.结合文本具体评析作者思维独创性、严密性的表现与作用，做到有观点、有依据、有分析。

2.能就一个"一果多因"的现象写一篇不少于800字的论述性文章，能以自己认为的"主因"为论点，并阐明"次因皆因为主因"的道理。

剖析该课内容段落线的设计，教师采用的即是上述的两步，第一步划定这一课课型——文言文阅读，据此先设计该课的内容段落线，如图7-7所示。

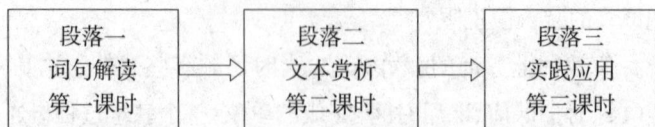

```
┌──────────┐      ┌──────────┐      ┌──────────┐
│  段落一  │      │  段落二  │      │  段落三  │
│ 词句解读 │ ───▶ │ 文本赏析 │ ───▶ │ 实践应用 │
│ 第一课时 │      │ 第二课时 │      │ 第三课时 │
└──────────┘      └──────────┘      └──────────┘
```

图7-7 文言文阅读课型内容段落线

第二步便是依据所确立的学习目标选定每个内容段落的具体学习内容。因为从写作运用视角确立的是借鉴苏洵的思维范式写出"观点独到，论证严密"的文章的目标，所以"文本赏析""实践运用"两个段落选定的具体内容自然便是"思维赏析"与"思维运用"了。

依据目标选定段落的具体内容的策略，在今天倡导单元整体教学的大背景下显得尤为重要。因为我们在单元教学设计中遇到的一个突出问题，就是教学内容太多而教学时间不足。经验告诉我们，化解这一难题的唯一路径即是依据单元学习目标，对学习内容做出合理恰当的选择。

我们再以普高语文"实用性阅读与交流之'使命与抱负'"单元为例来进一步说明。本单元内容出自统编教材普高语文必修下册第五单元，单元选编了《在〈人民报〉创刊纪念会上的演说》《在马克思墓前的讲话》《谏逐客书》《与妻书》四篇课文（其中两篇是文言文），再加上写作任务——写一篇演讲稿。用时9课时，是一个"大单元"。对于这种既有文言文又有现代文，既要阅读又要写作的单元课型来说，采用如图7-8所示的内容段落线设计当是比较适合的。

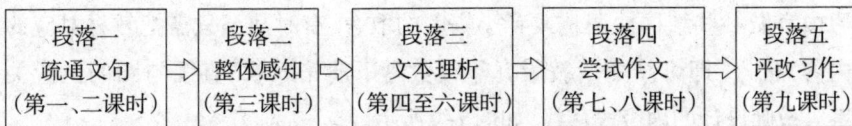

```
┌──────────┐   ┌──────────┐   ┌──────────┐   ┌──────────┐   ┌──────────┐
│ 段落一    │   │ 段落二    │   │ 段落三    │   │ 段落四    │   │ 段落五    │
│ 疏通文句  │➡ │ 整体感知  │➡ │ 文本理析  │➡ │ 尝试作文  │➡ │ 评改习作  │
│(第一、二课时)│   │(第三课时) │   │(第四至六课时)│   │(第七、八课时)│   │(第九课时) │
└──────────┘   └──────────┘   └──────────┘   └──────────┘   └──────────┘
```

图7-8　普高语文"实用性阅读与交流之'使命与抱负'"单元内容段落线

如此繁杂的学习内容何以能在9课时内顺利完成呢？这就需要教师依据本单元学习目标对既有的教材内容进行适当的增删与整合了。下面我们重点来分析其中的"文本理析"段落。这个段落对应的目标是：

1. 理析演讲稿、书信等社会交往类文章的基本写法。

1.1指明各篇的文体并说明判断理由。

1.2梳理各篇的结构，厘清文章的顺序。

1.3归纳各自运用的论证方法并结合具体内容分析其作用。

1.4结合文章中长句、关联词、修辞的运用示例归纳语言技巧。

1.5归纳出演讲稿的写作特点。

2. 撰写一篇演讲稿。

2.1以"我们的使命"为题，写一篇不少于800字的演讲稿，表达对"我们的使命"的积极看法。

2.2修改完善自己的演讲稿。

目标很明确，从阅读角度讲，重点是理析演讲稿、书信等社会交往类文章的基本写法；从写作角度讲，要求学生学写演讲稿。依据这样的目标，"文本理析"这个段落选取了"梳理结构顺序""归纳论证方法""分析语言技巧"三项具体内容。这三项既是理析文本基本写法的关键内容，也是演讲稿写作要重点掌握的要领。段落具体内容经过这样的选择，就能确保在有限的课时内完成单元学习的各项任务，达成既定的学习目标。

需要进一步指出的是，在段落具体内容的选定上，不同学科的选择空间是有大小的。上文列举的之所以均为语文学科的例子，是因为该学科相较于其他学科，其教育的模糊性、主观性特征更为显著，于是选择的空间也就最大。对于数学、物理等学科来说，当我们完成了内容段落线的第一步设计之后，第二步选定段落具体内容时并没有像语文学科那样复杂，主要是对学习内容做一些结构性调整或者小幅度的取舍，有时甚至只需把教材对应的内容"代入"即可。如浙教版九年级数学下册第二章"直线与圆的位置关系"，教师设计的内容段落线，如图7-9所示。

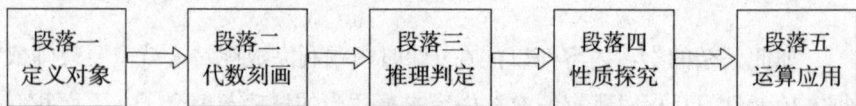

段落一 定义对象 → 段落二 代数刻画 → 段落三 推理判定 → 段落四 性质探究 → 段落五 运算应用

图7-9 初中数学"直线与圆的位置关系"内容段落线

五个段落具体对应的内容依次为段落一"定义对象"，段落二"代数刻画"之"直线与圆的位置关系(1)"，段落三"推理判定"之"直线与圆的位置关系(2)"，段落四"性质探究"之"直线与圆的位置关系(3)""切线长定理"，段落五"运算应用"之"三角形的内切圆"。

三　把握内容段落大小的基本标准

内容段落以多大为宜？一节课一般是一个段落,还是多个段落?一个单元有几个段落?怎样的一个段落才称得上一个完整的段落?

先看一则小学科学"沉与浮"单元的内容段落设计。该单元内容出自教科版小学科学五年级下册第一单元第5、6、7、8课,用时4课时。教师在每个课时中都安排了三四个段落,如第一、二课时设计的内容段落。

第一课时

段落一,直观感受,聚焦概念。

段落二,提出问题,设计方案。

段落三,实测获取,有效数据。

段落四,运用结论,形成解释。

第二课时

段落一,聚焦问题,设计方案。

段落二,实测获取,有效数据。

段落三,统一规律,形成解释。

这样设计存在的问题是,其一,这4课时叠加在一起的所谓的"单元"显然不是我们所定义的单元。设计者未能站在从单元整体学习的立场来设计整个学习过程以及每一个课时,本质上还是传统的一节课一个知识点的"单节"定位。其二,其实也是前一个问题所衍生的。设计者以"单节"为一个完整单位来确立内容段落,每个课时3~4个段落,段落显得太小、太碎。

那么,把握内容段落大小有没有一个基本标准呢?

通过对各类单元教学设计的分析,我们总结了这样的基本标准:在着眼于单元整体学习视角设计的前提下,一个单元的内容段落以3~5个为宜;课时与段落的配比有多种形态,但1课时正好对应一个段落是最主要的一种。

必须进一步阐释的第一个问题是,内容段落虽说是一个单元学习内容的若干组成部分之一,但它在整条内容链上往往也具有一定的完整性。

看一则普高地理学科"海洋环境"单元的内容段落设计。该单元用时3课时,第一课时完成段落一"认识特性",第二课时完成段落二"探析规律",第三课时完成段落三"树立观念",如图7-10所示。

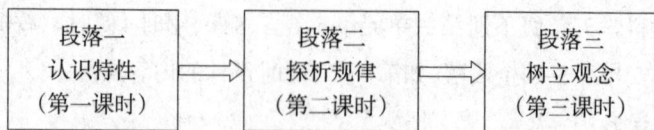

图7-10 普高地理学科"海洋环境"单元内容段落设计

段落一:认识海水的特性。阅读全球海水温度、盐度、密度的水平和垂直分布图,分析其分布规律以及影响因素;运用全球海水温度、盐度、密度的分布规律,解释其对海洋自然环境的影响。

段落二:探析海水运动规律。观看海水运动视频,解说海水运动的基本形式并分析其成因;阅读世界洋流分布图,分析洋流对自然环境与人类活动的影响。

段落三:树立人与海洋环境的协调发展观。观看海洋的相关视频和图片材料,列举海洋的主要自然资源及其主要意义;通过案例分析能解释人类与海洋环境之间的关系。

从"认识特性—探析规律—树立观念",在内容上既步步递进、紧密相连,又各有侧重、相对完整。

之所以主张每个内容段落具有一定的完整性,也是基于更好地促进学生完整学习的考量。假设一下,倘若每节课有多个段落,而每个段落的完成又只需要几分钟,那么我们的教与学恐怕又会回到那种简单的"一问一答"的"点式课堂"中去了。

必须进一步阐释的第二个问题是,无论是一节课正好对应一个内容段落,还是一节课包含两个内容段落,或是一节课完成的只是某个内容段落中的某一个部分,作为一节课的内容往往又具有一定的完整性。这又是因为什么呢?这个问题不难解释,因为在课时安排上已经形成了习以为常的固定套路,每门学科每天一般最多安排一节课,所以每一节课总是隔天或隔几天上。这样,每上一节课实际上就有了一个由"课前+课中+课后"组成的"课段",这个"课段"从时间上看是相对完整的。而一个单元又是由若干个这样的"课段"组成的,如图7-11所示。

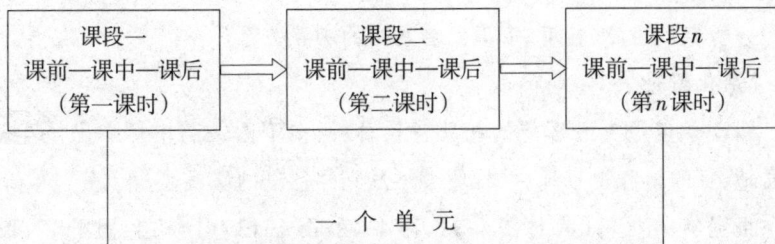

图7-11 n个"课段"组成一个单元

因此,内容段落整体设计时,尽量让每一节课的内容具有一定的完整性是合乎我们的教学实际的,这样有利于确保每个"课段"的教学质量。也正因为如此,从课时与段落的配比看,最为常见的即是1课时正好对应一个段落。我们继续用普高地理"海洋环境"单元第一课时为例来说明。这一课时正好对应内容段落一"认识特性",其学习过程设计如下。

一、先行学习

课前学生独立完成下列先学任务。

任务:阅读教材图4-11、图4-12、图4-13、图4-14、图4-17、图4-19、图4-20,完成下表。

海水性质		变化规律	影响因素
温度	水平		
	垂直		
盐度	水平		
	垂直		
密度	水平		
	垂直		

二、交互学习

〖小组合学〗

围绕先学任务,通过小组研讨、展示评析,形成结论。

〖深化研讨1〗

分析海水温度、盐度、密度三者之间的相互关系。

〖深化研讨2〗

阅读泰坦尼克号客轮的相关背景材料,在下图(略)中标注出该客轮的出发地、目的地和出事地,并推测泰坦尼克号行进的路线。

根据有关材料(教材图4-11、图4-12、图4-13、图4-14、图4-17、图4-19、图4-20),完成下表。

任务内容	结论	原因
推测冰山的源地		
推测冰山形成季节		
形成过程		——

三、后续学习

1.红海是世界上盐度最高的海区,盐度超过40‰;波罗的海是世界上盐度最低的海区,盐度低于10‰。试从纬度位置、气候特点、淡水汇入情况、海区形状等角度分析两者盐度差异显著的原因。

2.径流量大的河流,淡水可扩展到河口外很远的海域。例如,长江在洪水期小潮时,淡水向东北扩散,一直影响到朝鲜半岛以南的济州岛,向南进入杭州湾海域。读下图(图略),描述夏季长江口海域盐度等值线的分布特点,并分析其成因。

在这个"课段"中,有课前"先行学习"、有课中"交互学习"、有课后"后续学习",学生经历了一个比较完整的学习过程。当然需要指出的是,它有别于传统的"单节单课"教学,因为它是在整个单元核心概念统领、核心任务驱动下展开的第一"课段"学习,与后续"课段"学习是紧密相连的。比如,这个单元要完成的核心任务,是通过单元新知学习来解密泰坦尼克号悲剧发生的原因,在这个"课段"中,完成的正是任务的第一步。

四　内容段落的呈现方式

虽说每个单元一般都是3～5个内容段落,但在实践中我们意识到,为了把整个单元特别是"大单元"的学习内容脉络梳理得更清晰,大、小单元的呈现方式应该有所不同。

"小单元"(也可以是四五课时的"中单元")因为其小,内容段落不宜多,3个左右,其呈现方式极其简明,如图7-12所示。

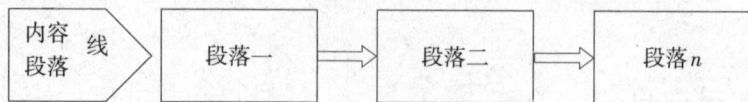

图7-12　"小单元"内容段落设计

如小学数学"鸽巢问题"单元内容段落设计,如图7-13所示。

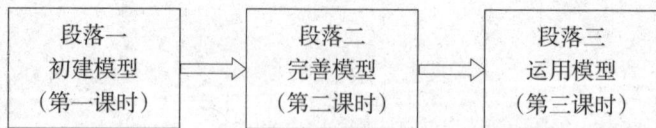

图7-13　小学数学"鸽巢问题"单元内容段落设计

"大单元"因为内容、课时较多,在不影响学生完整学习的前提下,其中的某一个或某几个段落(称其为"大段落")可以再分成若干个段落(称其为"小段落"),其呈现方式如图7-14所示。这样就能把"大单元"复杂的学习内容陈述得既层次分明,又井然有序。

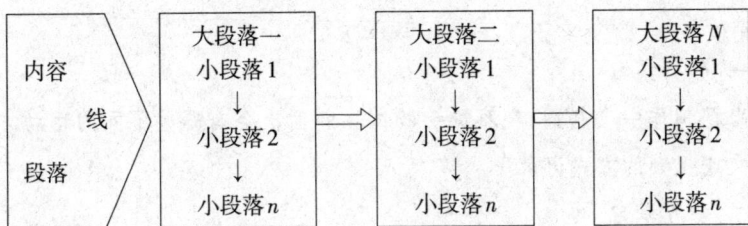

图7-14 "大单元"内容段落设计

如小学科学"运动的物体"单元内容段落设计,如图7-15所示。

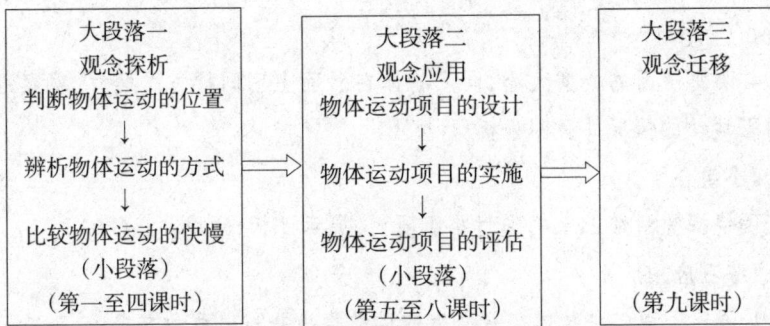

图7-15 小学科学"运动的物体"单元内容段落设计

　　本单元内容出自教科版新教材小学科学三年级下册第一单元"运动的物体",用时9课时,是一个"大单元"。其中,"观念探析"这个大段落,又分为"判断物体运动的位置""辨析物体运动的方式""比较物体运动的快慢"三个小段落,分别用1～2课时完成;"观念应用"这个大段落,也分为"物体运动项目的设计""物体运动项目的实施""物体运动项目的评估"三个小段落,分别用1～2课时完成;最后一个大段落"观念迁移",要求学生按照"明确问题、设计方案、实施方案、测试改进"的程序,完成木筏漂流STEM项目。

　　需要说明的是,这种"大单元"中的小段落并不因为加了一个"小"字而变得零碎细小,其实它也是一个相对完整的学习内容与学习过程,对应的一般也是1课时。如小学科学"运动的物体"单元中的第三课时,内容是"辨析物体运动的方式",是大段落"观念探析"中的一个小段落,其整个学习过程

第七章 设计学习过程(二)

如下。

一、先行学习

自己制作一个斜面,观察同一物体在斜面上会有哪些不同的运动方式,用图文或视频的方式记录。

二、交互学习

〖实验探究〗

1.搭建一个能让方木块、小六棱柱、小球在斜面上运动起来的斜面装置。

2.观察三个不同物体沿斜面向下运动时的情况并画出运动路线图。

3.同一物体改变摆放方式,观察它们沿斜面向下运动的情况并画图分析。

4.改变斜面的坡度大小,同一物体在斜面上用同样方式摆放,观察沿斜面向下运动的情况并画图分析。

〖小组合学〗

围绕探究活动2、3、4,通过小组研讨、展示评析,达成共识(略)。

〖练习应用〗

1.画出下面三种物体在斜面上的运动路线并写出运动方式。

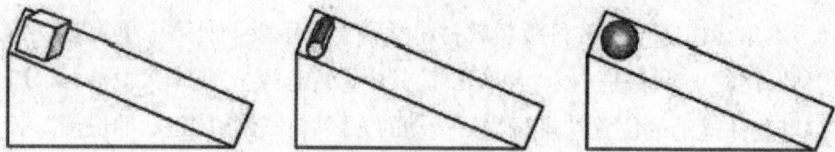

2.通过实验观察,我们发现小球放在斜面的任何位置都会( )。

A. 滑动　　B. 滚动　　C. 静止不动

3.把小木块放在一个斜面的最高处,它静止不动。把小球放在同一个斜面的最高处,它却滚了下来。这说明( )会影响物体在斜面上的运动情况。

A. 斜面的高度

B. 物体的形状

C. 物体在斜面上的放置方法

4.六棱柱像图甲那样放,是滑动的;像图乙那样放,是滚动的。这说明(　　)会影响物体在斜面上的运动情况。

A. 斜面的光滑程度

B. 斜面的高度

C. 物体在斜面上的放置方法

甲　　　　乙

5.如右图,将斜面一端抬高,小球的运动变化是(　　)。

A. 从静止到运动

B. 运动变快

C. 运动方式发生改变

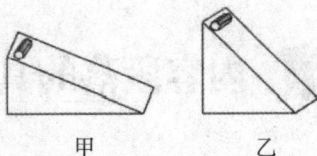

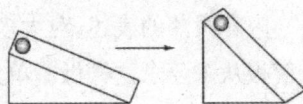

三、后续学习

设计不同的斜面或运动物体不同的摆放方式,让物体制造不同的运动方式并记录运动路线图。

围绕"辨析物体运动的方式",从"先行学习—交互学习—后续学习",内容段落相对完整,学习过程因此也相对完整。

五　内容段落的具体表述

内容段落的表述,对大多数教师来说是非常陌生的,因为以前的教学设计模板从未要求这样做。单元教学设计模板之所以要求把它用一组小标题的形式表述出来,是为了更好地按照学习过程"双线并进"结构的思路把学习过程设计好,让内容段落线与学法组合线有机地交织在一起。

要把内容段落表述好,以下三点是我们必须要注意的。

(一)表述的是学习的内容

单元教学设计模板要求学习过程从内容段落线和学法组合线两个方面并列陈述,前一条线呈现学习内容,后一条线呈现学习方法,组成"内容段落+学法组合"的对应结构,所以两条线的内容不能重复杂糅。

请看普高数学"椭圆"单元设计的"双线并进"结构(见图7-16)。

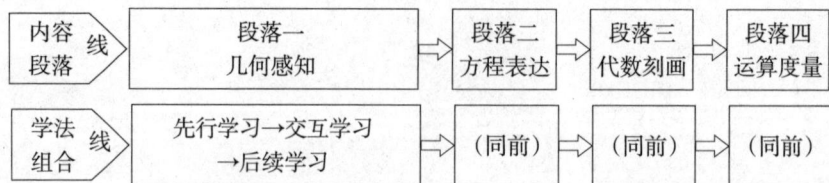

图7-16　普高数学"椭圆"单元"双线并进"结构

这表明,四个内容段落各自所匹配的正好是一个完整的"学法组合"。如此就把"学什么""怎么学"两条并进的过程线陈述清楚了。

下面是初中科学"氧化和燃烧"单元所陈述的内容段落线(见图7-17),

它的问题就是把学习内容与学习过程杂糅在一起了。

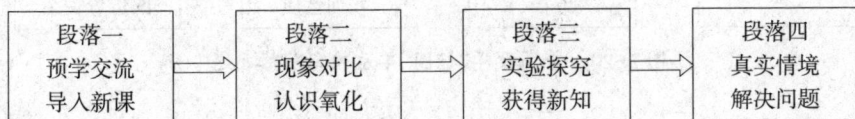

```
┌──────────┐    ┌──────────┐    ┌──────────┐    ┌──────────┐
│  段落一   │    │  段落二   │    │  段落三   │    │  段落四   │
│ 预学交流  │ ⇒ │ 现象对比  │ ⇒ │ 实验探究  │ ⇒ │ 真实情境  │
│ 导入新课  │    │ 认识氧化  │    │ 获得新知  │    │ 解决问题  │
└──────────┘    └──────────┘    └──────────┘    └──────────┘
```

图7-17　初中科学"氧化和燃烧"单元内容段落表述

(二)从学生的立场进行表述

大家知道,单元教学设计模板整个表述体系发生了重大变化,如将"教学内容"换成了"学习内容",将"教学目标"换成了"学习目标",将"教学过程"换成了"学习过程"。在"学习过程"栏中,要求教师按照"先行学习—交互学习—后续学习"这样的流程来设计。这样做的目的不是做文字游戏,而是彰显"学为中心、教学生学"理念。既然"教学"就是"教学生怎么学",那么教学设计要做的就是"设计学生怎么学",因此内容段落的表述也不例外,要求站在学生学习的立场进行表述,省略的主语应该是"学生"。请看下面两则示例(见图7-18、图7-19)。

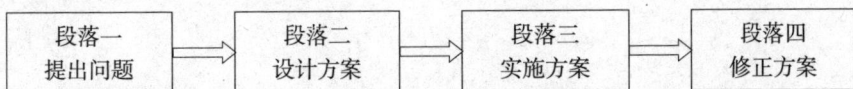

```
┌──────────┐    ┌──────────┐    ┌──────────┐    ┌──────────┐
│  段落一   │    │  段落二   │    │  段落三   │    │  段落四   │
│ 提出问题  │ ⇒ │ 设计方案  │ ⇒ │ 实施方案  │ ⇒ │ 修正方案  │
└──────────┘    └──────────┘    └──────────┘    └──────────┘
```

图7-18　普高生物"探究pH对过氧化氢酶的影响"单元内容段落表述

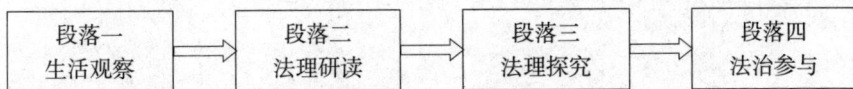

```
┌──────────┐    ┌──────────┐    ┌──────────┐    ┌──────────┐
│  段落一   │    │  段落二   │    │  段落三   │    │  段落四   │
│ 生活观察  │ ⇒ │ 法理研读  │ ⇒ │ 法理探究  │ ⇒ │ 法治参与  │
└──────────┘    └──────────┘    └──────────┘    └──────────┘
```

图7-19　普高政治"财政与税收"单元内容段落表述

(三)表述应有一定的概括性

上述普高数学"椭圆"单元的内容段落,我们能不能如图7-20所示这样来表述?

段落一 椭圆的定义	→	段落二 椭圆的标准 方程	→	段落三 椭圆的简单 几何性质	→	段落四 直线与椭圆 的位置关系

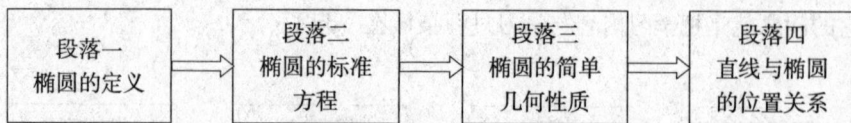

图7-20　普高数学"椭圆"单元内容段落表述

　　这样的表述,学习内容具体到了每个段落要学习的知识点,内容段落线就成了几个知识点的简单相加。如此,内容段落线就失去了其存在的意义。为什么要设置与表述内容段落线? 我们认为,最重要的一点是能通过从具体知识到上位内容的提炼,更好地揭示出某一类单元课型学习内容自身的学习规律。上述"椭圆"单元内容段落线用"几何感知—方程表达—代数刻画—运算度量"一组短语来表述,所揭示的就是这样的规律。

　　其实,这也是单元内容整合不可或缺的一步。当我们站在这样的高度来学习每一点具体知识的时候,离学科核心素养也就更近了。这与单元大概念的提炼是同一个道理。

第八章

设计学习过程(三)

——学法组合线设计

遵循学习过程"双线并进"结构,在设计内容段落线的同时,即要思考与其对应的学法组合线。

要让学生经历一个能促使他们真正养成素养的"正确的过程",在学法组合线的设计上,我们必须坚决摒弃陈旧滞后的教学方法,由"以教代学"转型为"教学生学"。

本章将在批判目前课堂上依然盛行的"点式课堂"现象的基础上,阐述在教学方式上我们应该秉承的"教学生学"理念以及需要坚持与优化的"先学后教"经验,然后重点介绍学法组合的一般范式以及先行学习与交互学习的具体设计策略。

一 目前的常态：点式课堂

多少年来，我们一直在呼喊"课堂改革""课堂革命"，但是，大多数老师如同在"教什么"上习惯于知识点的零碎教学超稳定那般，在"怎么教"上也是超稳定地习惯于"以教代学"。

当然，在今天的课堂上，"以教代学"也变招了，由传统的"满堂灌""满堂讲"变成"满堂问"了。对此，刘良华教授早就指出："在目前的课堂教学中，'满堂问'几乎成为一种普遍的现象，教师习惯于用自己设定的'问题'领着学生去找寻系列'标准答案'。"[①]

在一次大型区域性小学数学课堂教学观摩活动中，一位特级教师对课堂中的交互行为语言性质分布情况进行了调研。研究显示，15节观摩课上，教师的语言时间在课堂总时长中平均占比为65.07%，学生的语言时间平均占比为29.22%，非语言时间平均占比为5.71%。其中，非语言占比最低的一节观摩课上，教师语言占比高达88.08%，学生语言占比为9.93%，非语言占比仅为1.99%。也就是说，在这些已经作为优秀教学样板被观摩学习的课堂上，6成以上的耗时是教师在说，3成左右的耗时是学生在说，"沉默"的时间不足6%。这一连串数据说明什么？结论不难得出，课堂教学采用的主要方式是"满堂问"。

这种"满堂问"式的教学，张菊荣形象地称之为"点式课堂"，并进行了非常生动的描述："教师在'点式课堂'上疲于在时喜时忧中'一问一答''推进教案'，期待在学生的回答与自己备课的预设答案的一致中顺利地完成教

---

① 刘良华.什么是有效的讲授[J].人民教育,2014(8):37.

学,很难获得生生不息的课堂成长感。学生在'点式课堂'中疲于被牵着鼻子东奔西走,不知道自己究竟在学习什么,很难体会到思维方式得以不断改善的巨大收获。"①这种"点式课堂"的主要特征是整个教学过程以"点对点"的方式推进,它的主要表现是三个"点对点":第一是教学对象的点对点。一个教师面对着一个一个的学生进行问问答答,而往往不是整班的学生。第二是教学内容的点对点。"点式课堂"最显著的表现就是"教师在不断地提问""学生在不断地回答",而这种"问"与"答"非常零碎,教学内容处于非结构性的"点"的状态中。第三是思维方式的点对点。在"点式课堂"中,教师进行着"点状思维",学生随着教师的一个个"点式指令"进行"点式思维",课堂在密集型的"对答"中结束。

那么,这样的以"满堂问"为主要教学方式的"点式课堂"究竟存在哪些问题呢?

(一)从教学目的看,重在完成教师任务

笔者听过七年级历史与社会"现代化的牧场"一课,请看这堂课开始阶段的一个环节。

先播放澳大利亚人剪羊毛的视频。

师:视频中的人们在那干什么呢?

生:剪羊毛!

师:这说明澳大利亚什么产业发达呀?

生:畜牧业!

师:澳大利亚为什么畜牧业如此发达呢?

至此,老师已经三次提问,先不论前两次提问是否有意义,我们主要来分析第三次提问。请你先猜测一下,澳大利亚畜牧业之所以发达的原因会是只有"一条",还是会有"多条"?大家肯定会不假思索地回答有"多条"。那么,你认为接下来的教学环节应该怎么安排?估计很多教师的设想是:让学生在独立看书、思考、归纳的基础上进行小组交流,然后小组拿出一个"归

---

① 张菊荣.表现性评价"点式课堂"突围的一种路径[J].江苏教育,2012(4):30.

纳最全面、最完美的结论"在全班展示。

但是,现场老师的安排却出人意料。

第一步,小组内同学交流澳大利亚畜牧业发达的原因,统一出"一条原因",写在磁贴便笺上并粘贴到黑板上。

各小组呈现的结果如下:

——地理位置独特,地势较平坦辽阔,多为平原,地下水富含矿物质,适合牧草的生长。

——拥有先进的科技与现代化的农业机械。

——畜种优良,经济效益高。

——地表水相对较少,羊不容易患"烂脚病"。

——气候适宜,适宜牧草的生长。

——政府重视畜牧业研究与技术的应用。

第二步,面对黑板上如此多的原因,教师再次提问:这么多原因看上去杂乱无章,我们能不能将它们分分类?

接着通过对几名学生的"一问一答",归纳出有些属于"自然要素",有些属于"人文要素"。

第三步,教师再次提问:你们看这些自然要素和人类活动(发达的畜牧业)之间存在什么样的关系?

又通过对几名学生的"一问一答",得出结论:自然要素决定或影响人类活动。

现在我们终于明白这位老师让每个小组统一出"一条"原因的意图了,这样做的目的就是能引出她下一个"我们能不能将它们分分类"的提问。我们不禁要问,这样的"一问一答",究竟是为了"教师教",还是为了"学生学"呢?

对此,卜玉华教授分析说:"在一日日听课的过程中,我们发现,很多教师在课堂上最关心的问题是教什么内容、教到什么程度,请哪些学生配合自己完成预设的教学方案;即使这样的教法使大部分学生处于被动学习状态,教师们通常也并不感觉有何不妥。因为在潜意识里,教师们认为教什么和怎么教是作为教师应有的权利和责任,至于学习什么,怎样学习,或要不要学习,那是学生自己的事情;如果学生在课堂上不努力,主要原因不在于老师,而在于学生自己。"[1]在很多教师眼里,学生就是"配角",让一个一个学生站起来回答问题,就是为了配合教师完成预设好的教学任务。

(二)从教学过程看,未能经历完整学习

课堂上,教师提出问题后请学生回答,大致是两种情形。一种是圆满回答,被请学生立刻回答出教师需要的答案,教师表扬肯定后,有些用板书予以强调凸显,有些放PPT展示教师事先准备好的答案予以印证,接着就顺利地进入下一个问题。另一种是被请学生不能正确或全面回答甚至支支吾吾,于是改换另一名同学继续回答。对于大多数老师来说,内心当时是希望看到第一种情形的。这种情形,看上去很圆满,课堂"高效"而紧凑,教学进度有了保障。待到下课铃声响起,最后一个问题讲完,教师上了一节"完整的课"。但恰恰是这样对于教师来说是"完整的课",而对于大多数学生来讲恐怕是不"完整"的,他们未能经历一个完整学习的过程。为什么这样说?因为教师在与某一名学生"对话",很难顾及其他同学,很多时候一师一生在那里兴致勃勃地"对话",在推进教学过程的展开,但更多学生却只是坐在那里陪坐"看戏"或"心不在焉""心猿意马"。你能说他们的学习过程是"完整"的吗?

再从教师设计的问题来分析。在"点式课堂"上,教师习惯于让学生围绕老师提出的一个问题去教材中找一个个零星的"点",教师让不同的学生谈不同的"点",等所有的"点"由不同的学生谈(补充)完,教师就认为完成了教学任务。教师往往不注重教学内容的整合,更谈不上让学生进行整合学习。因此,对于学生来讲,思维是点状的,学习是零散的。

其实,我们判断一节课是否是"好课",主要不是看教师教学任务完成、教学过程展开、教学时间把握是不是"完整"的,关键要看学生学得是不是"完整"——是否经历了一个从学习内容、学习方式、学习时间上都"完整"的过程。

---

① 卜玉华.课型研究:架起理论与实践之间的桥梁[J].人民教育,2016(3-4):52.

(三)从学生主体看,依然还是被动接受

刘良华教授指出:"与'满堂灌'相比,'满堂问'的课堂虽然在形式上学生参与到教学中,实质却是一样的:都不承认学生是可以自主学习的人,没有改变学生被动接受的传统教学模式。在这种'满堂问'的课堂里,教学气氛是活跃了,甚至显得有些热闹,但学生受益不多。"①

为什么在"满堂问"的课堂上,没有改变学生"被动接受"的教学方式呢?因为所有问题都是教师设计的,是"教师的问题",是属于教师问题导向的。

对此,陈佑清教授进行了深刻的剖析:"教师问题导向的课堂教学过程组织可能存在两个方面的偏差。首先,教师的问题未能真实反映学生在学习中所实际遇到的问题。如此,教学过程按照教师预设的问题推进,主要的教学时间花费在解决教师的问题上,教学事实上成为'以教师为中心的教学'。而学生在学习中遇到的真实的问题又未被教学所关注并得到解决。其次,在大班教学中,'教师的问题'可能也是来自学生。但是,从教师预设问题的针对性的覆盖面大小来看,教师的问题有三种类型:针对个别学生实际的问题、针对部分学生实际的问题、针对全体学生实际的问题。在教学中,经常有教师将部分学生的问题甚至个别学生的问题当作全班学生的问题,而组织面向全班学生的教学。如此导致的结果是,那些没有这方面问题的学生在陪同有问题的学生在学习,而自己的问题又得不到教学的关照。"②

陈佑清教授进一步指出,在教学中,从问题导向分类看,有教师问题导向与学生问题导向两种;从教学活动选择偏向看,也有教师活动为本与学生活动为本两种。它们可能组合成四种不同的教学过程形态和对应的学习状态(见表8-1)。③

---

① 刘良华.什么是有效的讲授[J].人民教育,2014(8):37.
② 陈佑清."学习中心课堂"教学过程组织的逻辑及其实现策略[J].全球教育展望,2016(10):41.
③ 陈佑清."学习中心课堂"教学过程组织的逻辑及其实现策略[J].全球教育展望,2016(10):44.

表8-1　四种教学过程形态和学习状态

	教师活动为本	学生活动为本
教师问题导向	被动、旁观式学习	被动、加工性学习
学生问题导向	主动、接受式学习	主动、探究性学习

无疑,"满堂问"式的教学过程形态,其学习状态是"被动、旁观式"的。

(四)从教学结果看,低效现状难以改变

综上,"点式课堂"从教学目的上,教师只为了在规定的课时内"圆满"完成自己的教学任务;从教学过程上,未能让学生经历一个完整而有意义的学习过程;从教学方式上,难以让学生主动地进行建构性、探究性学习。如此,教学的结果必然只有一种:低效!当某一次检测成绩出来后,总有老师会在学生面前埋怨责怪,"这道题目我是不是讲了三遍? 你们怎么还是考不好?"其实,责任还得归咎于教师自己,这种"满堂问"式的教学,虽然问了,答案也凑齐了,但对大多数学生来说,学习其实还是没有真正发生!

二 秉承的理念：教学生学

无论是"满堂灌""满堂讲"还是变了招的"满堂问"，它们的实质都是"以教代学"，"教"与"学"关系错位了。

时下，"学为中心""学习中心""为学而教""以学定教"之类的提法颇多，其用意都是强调"学"在整个教学过程中的中心地位。这无可非议。但有些教师也不免产生疑惑，这样是不是意味着，教师"教"的地位需要降低、"教"的作用必须弱化？我们究竟应该怎样理解"教"与"学"的关系呢？

其实，关于"教"与"学"的关系，陶行知先生早就给出了完美的表达。他在1919年发表的教育名篇《教学合一》一文中指出："我以为好的先生不是教书，不是教学生，乃是教学生学。"先生的责任不在教，而在教学生学。教学自然需要教师"教"，而这个"教"不是把学生"教会"，而是要"教"学生自己学会。

因此，"教学生学"也理应成为学法组合线设计所秉承的核心理念。

请看一位初中语文老师执教《逍遥游》，其中文言翻译环节是这样设计与展开的。

课前要求学生完成下列任务。

1.试读课文，不会读的字词请查字典，做到读准、读顺。

2.在不看注解的前提下，先尝试着自己揣摩文句的意思。

3.借助注释，在翻译纸的第一条横线上，用黑色墨水的笔，在原句的下面对应地写下你的翻译。

课堂上，教师先安排学生小组合作学习，解决疑难词句。小组无法解决的，上前在黑板上(原文课前已抄写在黑板上)画线标注。

小组学习结束后，全班聚焦各组所标注的疑难词语研讨化解，教师适时解释、补充。

接着，要求学生在第二条横线上修改自己的译文。教师巡视查阅学生译文。

等大多数学生修改完毕后，教师引导：同学们，文言文翻译要做到三个字，一是"信"，要求译文能忠实于原文；二是"达"，就是语句要通达；三是"雅"，希望译文有文采，保留一些原文的味道，这是最高要求。大家想不想挑战一下？我们朗读原文，找到感觉后再次修改。

学生朗读、讨论，再次修改。

最后，小组派代表展示本组同学的"最佳译文"。

我们在中小学都学过文言文，在你的记忆里有老师是这么教文言文的吗？恐怕大多数人的记忆里，凡是文言文，教师一定是不厌其烦地、一字一句地讲，重点实词、虚词、句式、文学常识、文化知识等，唯恐落下其中的一个知识点。教师和学生都理所当然地认为，当文言知识积累到足够多时，自然而然便学会了文言文。但是，这样教这样学，文言文阅读最终我们学会、学好了吗？"其实，这里涉及了一个根本的教学问题：学习是教会的，还是学会的？我们的文言文教学从来没有教学生自己去学文言文，也就从来没有让学生树立信念：文言文是可以自己学会的，它是在不断学习的过程中学会的。同样，文言文教学效率之所以低下，是因为大家都认同：学习是教会的，当知识积累到足够多时自然就学会了。这种认识以教师的教取代学生的学，以知识储备替代学生真刀实枪地学。这也决定了我们的文言文教学进入不了学生的内心与真正的语文实践。"[①]

我们再来比较上述《逍遥游》课例中教师的"教"。他没有一字一句地串讲，而是让学生在读通文句的基础上，不看注释先揣摩文句之意，再借助注释第一次独立翻译，然后在教师和同学的帮助下修改完善，真正让学生经历了一个文言翻译环节的完整学习的过程。试想，如果我们的教师坚持这样"教"，几年下来，还怕学生学不好文言文？

---

① 吕洋，王元华.文言教学可以去掉注释这根"拐杖"吗[J].人民教育，2014(24)：36.

第八章　设计学习过程（三）

219

素养立意的单元教学设计

通过对大量成功课例的分析,我们认为,秉承"教学生学"理念的"教"与"学",它们的职能和价值取向应该是这样的,如图8-1所示。

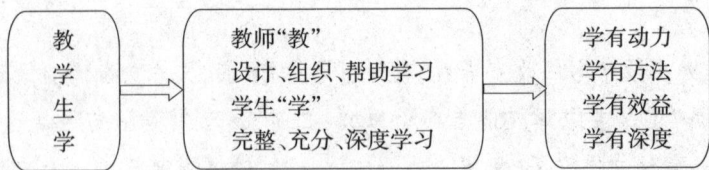

| 教学生学 | 教师"教"
设计、组织、帮助学习
学生"学"
完整、充分、深度学习 | 学有动力
学有方法
学有效益
学有深度 |

图8-1 "教"与"学"的职能和价值取向

与"点式课堂"相比,"教学生学"之"教",不是教师支配、控制、决定学生的教学过程,而是在教学活动展开之前,基于学生的立场精心设计好学习过程;在教学活动展开之时,组织、帮助好学生学习的过程。

与"点式课堂"相比,"教学生学"之"学",不是被教师牵着鼻子走,不是配合老师的"举手应答",而是奔着自己的学习目标与任务,在老师和同学的帮助下经历一个完整、充分而有深度的学习过程。

希望通过这样的"教学生学",让学生在"学会"知识、技能的同时"学会学习"。

——学有动力:正确认识和理解学习的价值,有积极的学习态度和浓厚的学习兴趣。

——学有方法:掌握适合不同内容的学习策略和方法,能自觉有效地获取、鉴别、使用信息。

——学有效益:掌握学科课程要求的知识与技能,形成积极的情感态度和价值取向。

——学有深度:体悟把握学科思维方式与思想方法,能解决新情境中的问题。

对什么是"学习中心教学",陈佑清教授的定义是,"学习中心的教学强调要将学生能动、独立的学习当作课堂教学全过程中目的性或本体性活动,而将教师的教导当作引起和促进学生能动、独立学习的手段或条件性活动。也就是说,在学习中心教学看来,教学过程的中心(目的、本体)是学生

220

能动、独立的学习而不是教师的教导；教导只是为学生能动、独立学习的手段或条件。因此,学习中心教学,实际上是对传统的以教师及其讲授为中心的教学的一种转型性的变革,它试图将'以教为本的教学'转变为'以学为本的教学',以建立一种新的教学活动结构或教学活动形态"①。应该说,秉承"教学生学"理念的"教"与"学",与"学习中心教学"是高度契合的。

---

① 陈佑清.学习中心教学论[M].北京:教育科学出版社,2019:前言1.

三　借鉴的经验：先学后教

自20世纪70年代末80年代初开始到今天，先行者们对课堂教学改革的探索从未停止。这些探索也积累了宝贵的经验。当我们对这些经验进行深入的考察和分析后发现，无论是以魏书生、邱学华等为代表的学科范围内的课堂教学改革，还是以洋思中学、杜郎口中学等为代表的学校自主进行的整体课堂教学改革，或是以郭思乐等为代表的大学教授主持的课堂教学系统改革，他们的价值取向都有一个基本趋同点，即如何从"教为中心"转型到"学为中心"，而且在具体实施策略上有一条共同的经验，虽然表述不同，但实质却是高度的一致，那就是变"先教后学"为"先学后教"。

2010年前后，在全国各地众多课改名校的影响下，笔者所在的X区或以学校为单位，或以学科为单位，也纷纷自觉地加入了课堂教学改革的行列。梳理其中一些比较成功的案例，前后主要有两类不同的推进载体。

（一）以"一校一模"为载体

所谓"一校一模"，即一所学校所有学科通用一个学校提炼的教学模式。这些"一校一模"大多是基于全国各地改革名校成功经验的校本化表达。以A、B、C三所学校的模式为例，见图8-2、图8-3、图8-4。

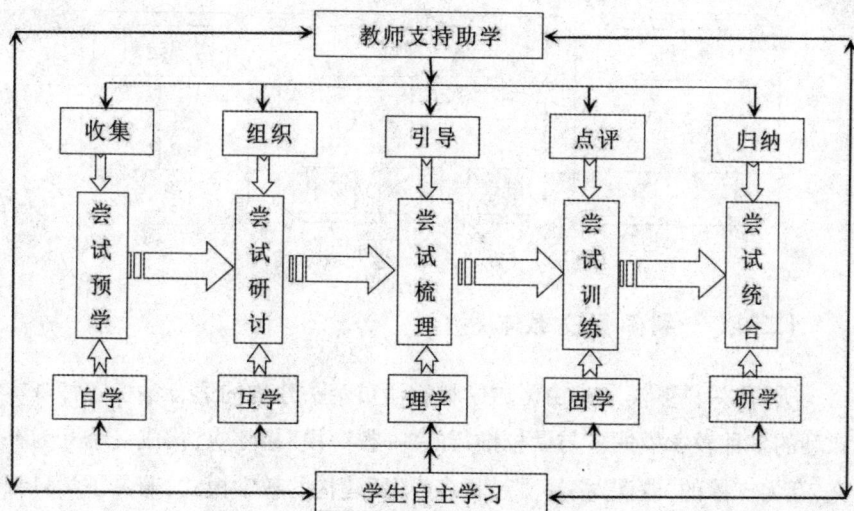

教师支持助学

收集　　组织　　引导　　点评　　归纳

尝试预学　→　尝试研讨　→　尝试梳理　→　尝试训练　→　尝试统合

自学　　互学　　理学　　固学　　研学

学生自主学习

图8-2　A校"五步尝试"导学模式

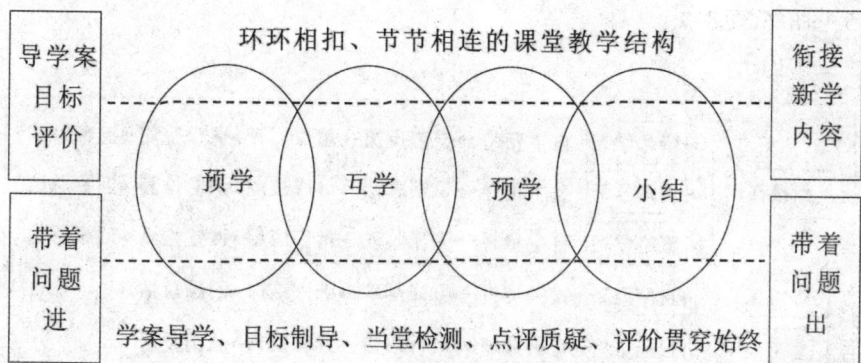

环环相扣、节节相连的课堂教学结构

导学案目标评价

带着问题进

预学　　互学　　预学　　小结

衔接新学内容

带着问题出

学案导学、目标制导、当堂检测、点评质疑、评价贯穿始终

图8-3　B校"四环"教学模式

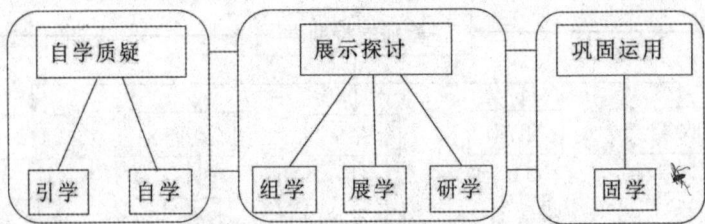

图8-4　C校"三环六学"教学模式

(二)以"一科多模"为载体

所谓"一科多模",是由区域学科教研员牵头建构的适合学科各种基本课型的多种教学模式。与学校推行的"一校一模"相呼应,构成一个互为补充、互为支撑的"改课"格局。"一科多模"所建构的教学模式,兼具了学科特质和课型特点。所以,它是对"一校一模"推进的深化,是对"一校一模"推进所存在不足的弥补,比如"一校一模"较难适合所有学科、较难适合学科的所有课型等。以小学数学、初中科学、高中语文三个学科的模式为例,见图8-5、图8-6、图8-7。

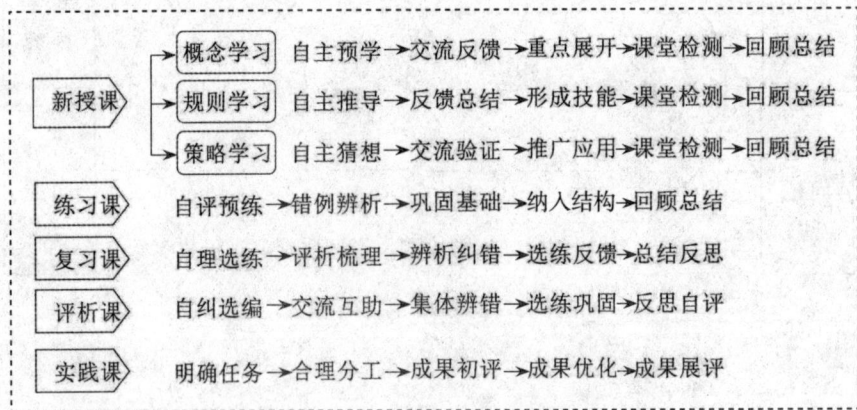

图8-5　小学数学学科"一科多模"

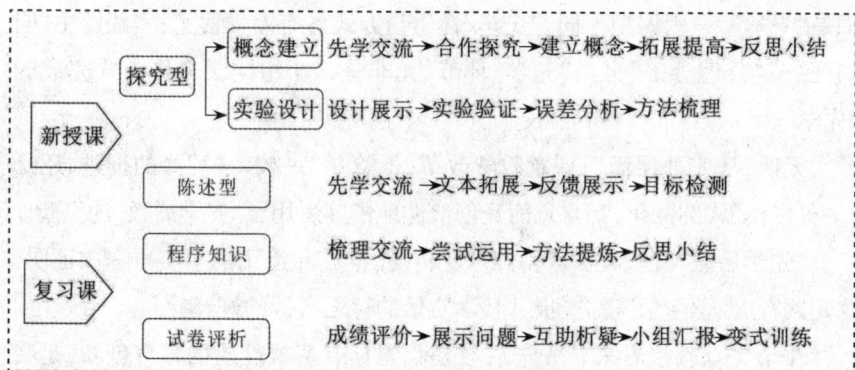

图8-6 初中科学学科"一科多模"

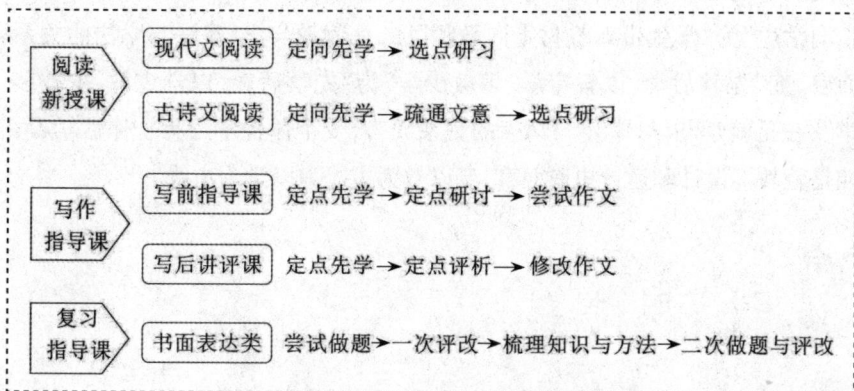

图8-7 高中语文学科"一科多模"

我们可以清楚地看到，无论是各校"一校一模"还是各学科"一科多模"，其共性与全国各地教学改革经验是基本一致的。一是在价值取向上力求体现"学为中心，教学生学"的理念，希望从"教为中心"转型到"学为中心"。二是在教学程序安排上均是"先学后教"经验的校本化、学科化表达。从所列举的三所学校的"一校一模"看，A校"五步"、B校"四环"、C校"三环六学"实际上都是两个阶段，即"先学+后教"。再看各学科的"一科多模"，虽然各学科不同的课型有不同的"模"，但也基本是"先学+后教"的具体化。比如小学数学学科，新授课三种课型的第一步"自主预学""自主推导""自主猜想"，练习课、复习课、评析课中的第一步"自评预练""自理选练""自纠选编"实质上

都是"先学"，只因课型不同，"先学"性质与方式各有差异罢了；实践课中"明确任务""合理分工"也是"先学"环节，无非是以小组同学合作方式完成的"先学"。

无疑，从实践层面看课堂教学改革，不管是"一校一模"式的推进，还是"一科多模"式的深化，都自觉而且创造性地借鉴运用了"先学后教"的经验。

"先学后教"经验在X区得到广泛传播、推广和运用的事实再一次证明，这是践行"教学生学"理念、提升教学质量的行之有效的好经验。

在余文森教授看来，"先学后教是我国具有草根性质的教育创新，是我国土生土长的教育学"[1]。对"先学后教"的理论创新，余文森教授从四个方面进行了阐述，一是就教师、教材、学生三者的关系而言，变"教师带着教材走向学生"为"学生带着教材走向教师"；二是就教与学、教法与学法的关系而言，变"先教后学、以教定学、多教少学"为"先学后教、以学定教、少教多学"；三是就学与学、学生与学生的关系而言，变个体性学习为合作性学习；四是就教学设计和运行机制而言，变以教为主线为以学为主线。[2]

---

[1] 余文森.先学后教:中国本土的教育学[J].课程·教材·教法,2015(2):7.
[2] 余文森.先学后教:中国本土的教育学[J].课程·教材·教法,2015(2):20-22.

四 学法组合的一般范式

作为践行"教学生学"理念的有效策略——先学后教,我们主张在单元教学设计中必须将其发扬光大,因此在设计模板中明确要求教师按照下面的学法组合的一般范式,见图8-8。

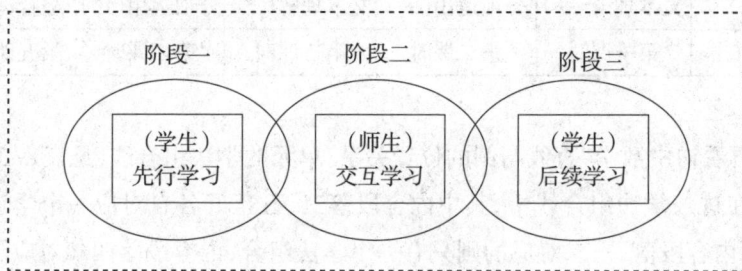

图8-8 学法组合的一般范式

其中,"先行学习"指学生按照教师布置的先学任务先行独立学习;"交互学习"指在课堂教学现场师生、生生之间围绕着共同的学习目标与任务展开的讨论、展示、评价等系列学习活动;"后续学习"指"交互学习"结束后,根据学习内容的特点,学生仍需跟进的巩固性、评测性、迁移性、拓展性学习。

这三个阶段正是教师怎样去"教学生学"必须回答的几个基本问题:第一阶段回答的是"怎么让学生自己先去学而且尽量让他自己学会";第二阶段回答的是"学生学了之后如何展示、如何评估? 还需要展开怎样的针对性教学?哪些问题需要强化与深化";第三阶段回答的是"学生学习的成果如何去巩固、如何去运用、如何去拓展"。由此可见,"先学后教"与"教学生学"的关系其实就是,"教学生学"是教学的理念,"先学后教"是实施的策略。

一个单元哪怕是一个"小单元",其学法组合线都是由上述这样的若干个学法组合构成的。从现有的单元设计课例看,大多数时候一个内容段落对应的正好是一个学法组合,当然也有其他的情形。

如小学英语"How tall are you?"单元学法组合线设计。教师在单元整体设计视角下,根据本单元五个内容段落知识特点,安排了五个学法组合,一个内容段落正好对应一个学法组合,见表8-2。

表8-2 小学英语"How tall are you?"单元学法组合线

学法组合	组合(一)	组合(二)	组合(三)	组合(四)	组合(五)
内容段落	段落一 文本理解(一)	段落二 分项运用(一)	段落三 文本理解(二)	段落四 分项运用(二)	段落五 综合运用
课时安排	第一课时	第二课时	第三课时	第四课时	第五课时

再看初中数学"直线与圆的位置关系"单元的学法组合线(见表8-3)设计。在这条学法组合线中,其中内容段落三、五正好各自对应一个学法组合,而内容段落一、二对应的则只有一个学法组合,内容段落四却对应了两个学法组合。但是,它们有一个共性特征,即每个课时(即前文所述的"课段")对应的都是一个学法组合,上述小学英语"How tall are you?"单元学法组合线也是如此。可见,这样设计都是为了适应分课时教学的实际需要。

表8-3 初中数学"直线与圆的位置关系"单元学法组合线

学法组合	组合(一)	组合(二)	组合(三)	组合(四)	组合(五)
内容段落	段落一 定义对象 段落二 代数刻画	段落三 推理判定	段落四 性质探究		段落五 运算应用
课时安排	第一课时	第二课时	第三课时	第四课时	第五课时

五　适配的先行学习

在"先行学习—交互学习—后续学习"这样一个学法组合中,决定学习过程质量高低的关键要素是先行学习。先行学习与我们习惯了的预习有什么不同?先行学习是不是提供一套练习让学生提前试做?先行学习一定是让学生打开教材学习新知吗?另外,在一个需要多课时完成的单元中,先行学习应该怎样布设?与传统的单节单课有什么不同?这一系列问题都是需要予以科学解答的。

(一)先行学习设计的主要策略

实践层面,我们通过对众多先行学习设计案例的分析,总结了以下三个方面的先行学习设计策略。

1.变革性:让学生试着自己学会

在推行"先学后教"课堂改革的历程中,我们经常能见到下面这样的先学设计。

例1　初中思想品德"党的基本路线"先学设计

1.制定党的基本路线的依据是_____。

2.党的基本路线的内容是_____,核心内容是"_____",即"_____"。

3.以经济建设为中心就是要把集中力量_____摆在首要位置。

4._____是兴国之要,是我们党、我们国家兴旺发达和长治久安的根

本要求。

5._____是立国之本,是我们党、我们国家生存发展的政治基石。_____是强国之路,是我们党、我们国家发展进步的活力源泉。

6.改革开放以来,我们之所以取得举世瞩目的辉煌成就,最根本的一条就是_____。

例2 初中科学"地球的形状和内部结构"先学设计

1.请你根据你的了解,画出你心目中的地球形状。

2.现有圆柱、圆锥、球形、圆盘四种模型,如果你拿一个手电筒从其正上方照下来,地面的影子呈什么形状?

3.回家尝试切开一个熟鸡蛋,由外而内观察熟鸡蛋由哪几部分组成。

例1要求学生先自学教材然后完成填空题,意图很明确,让学生先熟悉教材内容。例2要求学生先画出心目中的地球形状,然后观察模型形状、鸡蛋结构,主要意图是让学生先积累一些感性认识,为新课的学习做一些铺垫。这样的设计与传统的预习没有什么两样,这并不是我们所要的先行学习。那么,传统的预习与先行学习的不同在哪里呢?

再看两则例子。

例3 小学数学"四边形内角和"先学设计

请同学课前独立完成下列学习任务。

●我知道

正方形和长方形都有( )个角 ,这些角都是( )角,分别是( )。

●我猜想

我猜想四边形的四个内角的度数之和是( )度。

●我验证

其他四边形和长方形、正方形的内角和的度数一样吗?

(1)验证方法一:量一量,算一算。

量出下面各个四边形中四个内角的度数,标在图上,并计算出它们的内角和。

(2)验证方法二:想一想,还可以怎样来验证你的猜想,先写出方案,再进行检验。

●我尝试

你知道下面图形的内角和吗? 你能发现什么?

我的发现:_____

例4　初中科学"运动和力的关系"先学设计

请同学阅读下列材料并完成三项任务。

亚里士多德:如果使一个物体持续运动就必须对它施加力的作用,如果这个力撤销,物体就会停止运动。力是维持物体运动的原因。

伽利略:在水平表面,如果没有摩擦,一旦物体具有某一速度,物体将保持这一速度运动下去。物体运动不需要力来维持,运动之所以会停下来是因为受到了摩擦阻力的作用。力是改变物体运动状态的原因。

1.你认同谁的观点? 请用生活中的实例加以证明。

2.你觉得"在水平表面,如果没有摩擦"能实现吗? 如果你是伽利略,你会设计怎样的实验来验证自己的观点?(提供材料:木块、小车、小钢球、毛巾、棉布、带斜面的木板、可弯曲的轨道等)

3.请你解释:不同的摩擦阻力对物体的运动会产生怎样的影响？如果运动的物体不受摩擦阻力呢？

例3设计了一个让学生自己去发现、验证四边形和多边形内角和的学习过程;例4先摆出了关于运动与力的关系的两种观点,然后让学生进行选择,进而设计方案验证并从理论上做出解释。这两例先学设计显然不同于前面的例1、例2,学生完成这样的先行学习,实质上已是经历了一个聚焦于新单元核心知识内容的完整学习、建构学习的过程。

因此,传统的预习与"先学后教"之中的先行学习是有着本质区别的。传统的预习是学生先看看书熟悉课本内容,先去积累一些感性知识或学习资料,其本质意义是一种"备教",是为课堂上教师的教而准备的。而先行学习并不仅仅是简单地在课堂教学之前增加一个铺垫或熟悉的学习环节,更重要的是对我们习惯的"先教"方式的一个颠覆,旨在引导学生自己去尝试学会和探究发现,所以它具有改革的意义。

2.导学性:指导学生学会自己学

在很多人眼里,先行学习就是提供一套练习让学生提前做,即"练习前移",如下面这则设计。

例1 初中语文《我的老师》先学设计

任务1:读通读顺课文,然后完成下面几个小题的练习。

1.给下列加点的字注音

巍( ) 芸( ) 榆钱( ) 黑痣( ) 海鸥( ) 褪色( )

磕头( ) 卜问吉凶( ) 模仿( ) 模模糊糊( ) 模样( )

2.解释下列词语

心清如水 纠纷 援助 莫大

3.抄写以下词语两遍

巍 芸 痣 褪 焚 磕 啰 榆钱 狡猾 存心 背诵 海鸥 占据

牵挂 援助 劝慰 纠纷 慈爱 依恋 时辰 珍宝 迷迷糊糊

模模糊糊

任务2:阅读课文,回答下列问题。

1.文中回忆蔡芸芝老师,写了几件事情?

2.蔡老师是一个什么样的老师?

3.“我”对蔡老师的感情是怎样的?

这则设计就是一套纯粹的练习题。学习的指向相当明确,给加点的字注音,解释词语,抄写词语,回答问题,知识点齐全了。但是学习内容是封闭的,学习情感、方式是被动的。其中最大的问题就是缺乏学法指导,未能引导学生自己怎么去学。

再来比较另一则同为语文学科的先学设计。

例2　普高语文《念奴娇·赤壁怀古》
《永遇乐·京口北固亭怀古》先学设计

课前请完成以下几项任务。

任务1:诗歌鉴赏首先要了解作者,了解当时的时代背景。请你阅读下面有关作者的文字材料,走近作者,为作品鉴赏做准备。

●苏轼(1037—1101)

苏轼,字子瞻,号东坡。其词开豪放一派,与辛弃疾同是豪放派代表,并称“苏辛”。苏轼为人乐观、旷达,但一生仕途坎坷,有才难伸。因“乌台诗案”被贬黄州团练副使,在任期间他曾多次到黄州城外的赤壁山游览,写下了《赤壁赋》《后赤壁赋》和《念奴娇·赤壁怀古》等千古名作,以此来寄托个人的思想感情。苏轼曾这样描述自己的生活状态:“得罪以来,深自闭塞,扁舟草履,放浪山水间,与樵渔杂处,往往为醉人所推骂,辄自喜渐不为人识。平生亲友,无一字见及,有书与之亦不答,自幸庶几免矣。”

●辛弃疾(1140—1207)

辛弃疾,字幼安,号稼轩,南宋人。其词多抒写报国雄心和有志难伸的感慨,慷慨悲壮,豪纵奔放。《永遇乐·京口北固亭怀古》写于辛弃疾66岁,当时韩侂(tuō)胄执政,正积极筹划北伐,赋闲已久的辛弃疾被起用。从表

面看来,朝廷对辛弃疾似乎很重视,然而实际上只不过是利用他那主战派元老的招牌作为号召而已。辛弃疾一方面反对朝廷当局不作为;另一方面又不赞同韩侂胄贸然北伐,草草出兵。梁衡曾经说过,中国历史上由行伍出身,以武起事,而最终以文为业,成为大诗词作家的只有一人,这就是辛弃疾。

任务2:请反复诵读这两首词,要求:①读准字音,注意断句。②尝试用你认为合适的语气语调加以朗诵。

任务3:请你在不看注释的前提下先试着解释这两首词词句的意思,然后结合注释修正优化,准备在课堂上解释给大家听。

任务4:苏轼与辛弃疾的这两首词虽同为豪放词,但细读起来,却也有着许多不同之处,你认为两首词的不同在哪里?

任务5:你的疑惑:_____

任务1,让学生了解两首词的作者和写作背景,比较苏轼的文人气概和辛弃疾内在的武将特质,让学生把握这两首词的情感基调,思考两位词人不同的经历和这两首词语言风格形成的内在联系。任务2,让学生能准确诵读这两首词,在品读中初步把握两首词的情感基调。任务3,让学生在不看注释的前提下先试着解释词句的意思,然后再结合注释修正优化,一是让学生整体把握诗词的内容,二是促进学生自己去读懂词句。任务4,让学生在初步理解诗词内容的基础上对两首词的内容、手法、情感等进行比较探究;问题具有开放性,学生可以从内容、手法、情感等不同的角度进行分析评述。任务5,引导学生主动发现问题、提出问题,也便于教师发现共性问题展开针对性教学。

这样的先行学习,显然就不是机械的"练习迁移"了,它是在引导学生积极主动并且有方向、有方法地尝试学习。我们之所以倡导"先学后教",主要目的之一是培养学生的学习力,让学生学会学习。因此,先行学习要摒弃那种要求学生机械、被动回答的"练习迁移",而必须充分发挥其导学功能,指导学生学会自己学。

3.适合性:适合所学知识的特性

先行学习是不是一定要让学生带着教师布置的任务先行自学教材呢?答案显然也是否定的,因为所学知识的特性是有差异的。如果所学的属于事实性知识,这样做当然适合。而事实上,很多知识的学习承载了重要的学科思维方式和思想方法,教学中必须展开知识的形成过程,让学生在知识的形成过程中去发现、去体悟。如此,就不宜采用先学教材的方式,而必须引导学生在不明现存结论的前提下自己去探究发现。

下面两则同为小学数学学科的先行学习设计,看看它们在设计策略上有怎样的差别。

例1 小学数学 "百分数的意义与写法"先学设计

同学们,我们将要开始一个新的单元——百分数的学习,先请打开课本,仔细阅读,联系以前有关分数的知识,试着完成先学单。

●**我尝试**

可以先阅读书本第82、83页中有关读、写百分数的内容,然后尝试完成下面的题目。

1.写一写　百分之一写作＿＿＿＿＿　百分之零点零五写作＿＿＿＿＿

2.读一读　17%读作＿＿＿＿＿　121.7% 读作＿＿＿＿＿

3.评一评　百分之零点零五写作＿＿＿＿0.05%＿＿＿

你觉得上面这位同学的书写有什么可以改进的地方?

●**我查阅**

阅读书本第82、83页的内容,把什么叫百分数的内容画一画,并把什么叫百分数的内容写下来。＿＿＿＿＿

●**我记录**

1.找一找:在家里找一找,哪些物品上标有百分数?并选一个你最想和同学交流的百分数记录下来:物品＿＿＿＿百分数＿＿＿＿

2.说一说:我找的百分数的含义是:(　　)是(　　)的(　　)。这个百

分数表示( )和( )在比。(提示:如果有困难,再阅读书本第77、78页有关的内容)

3.画一画:用你认为合适的方法画出这个百分数的意思,并且在图的旁边加上说明。

我有新发现:	我要求助:

例2　小学数学"梯形面积的计算公式"先学设计

同学们,本单元我们根据"新图形转化为已学的图形"的方法探究了平行四边形和三角形面积计算,今天我们继续利用这种方法探究梯形面积的计算。

●我解决

请在下面的方格纸上分别画上梯形,然后用前面推导平行四边形与三角形面积公式的经验来推导梯形的面积计算公式。

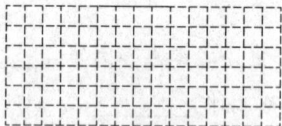 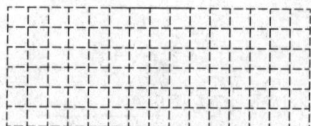

方法2: 方法1:

●我猜想

梯形面积的计算方法是_____

●我反思

比较你想到的推导梯形面积计算公式的方法,你认为哪一种推导思路比较简便?请在下面的方格纸(略)上画出一个梯形,并用这种方法求出所画梯形的面积,然后验证。

例1要求学生打开课本自己先学教材,例2则不是如此。为何先学方式有这样的不同？原因就是，例1中的"百分数的意义与写法"属于事实性的知识，适合的方式是学生通过自学教材"读一读""写一写"等自己把它学会。例2是要求用前面推导平行四边形与三角形面积公式的经验来推导梯形的面积计算公式，需要学生经历一个探究发现的过程，当然就不能先看教材提前知道结论了。

其他学科大致也是这样，旨在让学生自己去学会采用先学教材的策略，旨在让学生探究发现的则有意不让学生先学教材。当然，对科学、数学等学科来说，因为其探究发现的特质尤为显著，第二种策略使用的频度应该更高。请看下面三则初中科学学科的先行学习设计，它们都很好地运用了这种策略。

例1 初中科学"溶液中溶质质量分数（一）"先学设计

提前两天下发先学单，要求学生以小组为单位先做一做。提示：先不翻阅教材查阅前人已有的结论。

①每组分发两根长势相同的黄杨枝条、相关实验仪器及药品；

②配制两份营养液：成分是硝酸铵和水，配制的比例按照导学案指定的比例；

③把两根黄杨枝条插入两杯营养液中；

④两天后观察黄杨枝条的生长状况，如果有差异，请讨论分析差异形成的原因，准备到课堂上来交流。

例2 初中科学"调光台灯的奥秘"先学设计

请你设计一个能调节亮度的台灯的方案，方案中请你选用以下器材：

干电池3节、开关1只、小灯泡1只、不同规格（长度不同、粗细不同）的电阻丝2根、导线若干（部分导线带鳄鱼夹）、酒精灯1只。

任务1：在右框（略）中画出你设计的调光台灯电路图（电阻丝用

━〜〜〜〜〜〜━ 表示)。

任务2:请你设计改变台灯亮度的方案(至少两种)。你估计实际调光台灯用的是你的哪种设计思路？为什么？

任务3:你认为这种设计思路的调光原理是什么？

例3 初中科学"流体压强与流速关系"先学设计

温馨提示:为了保持科学的神秘性,请在先学时不要翻阅教材!

任务1:你走过如右图这种结构(俯视图)的地下通道吗？请亲临现场,走一走这种老式的地下通道,感受过道的通风状况。

任务2:请你设计一个方案,改善过道的通风状况。把你的方案写下来,可以是文字的,也可以用图示的方法。

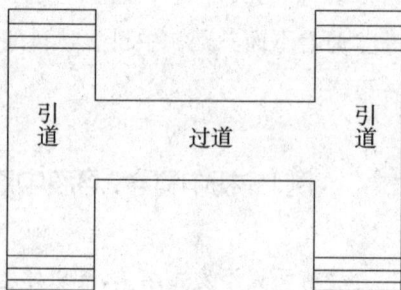

(二)先行学习在单元中的布设

对"单节单课"来说,整个学习流程大多只是经历一次"先行学习—交互学习—后续学习"的历程,但一个单元特别是"大单元"的学习就不同了。因为学习内容多,需要的课时也多,所以大多数时候需要经历多次这样的历程。那么,先行学习在一个单元中应该怎样布设?

通过对各类单元设计的梳理分析,我们发现先行学习大致有三种布设方法,如图8-9所示。

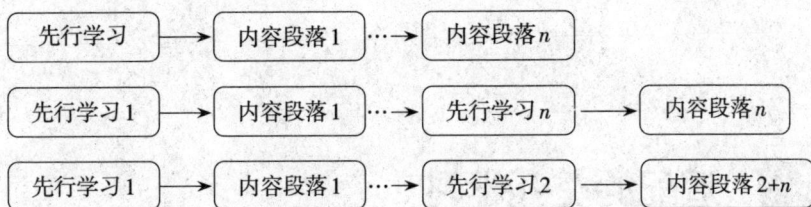

```
┌──────────┐     ┌──────────┐        ┌──────────┐
│  先行学习  │ ──→ │ 内容段落1 │ ···→  │ 内容段落n │
└──────────┘     └──────────┘        └──────────┘

┌──────────┐     ┌──────────┐        ┌──────────┐     ┌──────────┐
│ 先行学习1 │ ──→ │ 内容段落1 │ ···→  │ 先行学习n │ ──→ │ 内容段落n │
└──────────┘     └──────────┘        └──────────┘     └──────────┘

┌──────────┐     ┌──────────┐        ┌──────────┐     ┌───────────┐
│ 先行学习1 │ ──→ │ 内容段落1 │ ···→  │ 先行学习2 │ ──→ │ 内容段落2+n │
└──────────┘     └──────────┘        └──────────┘     └───────────┘
```

图8-9　先行学习在单元中的布设方法

　　第一种,与"单节单课"一样,一次先行学习统领所有内容段落,大多出现在二三节课完成的"小单元"之中。第二种,有多次先行学习,一次先行学习针对一个内容段落,正好也是一个课时。第三种,在同一单元中,有一次先行学习对应一个内容段落的,也有对应两个以上内容段落的。需要3节课以上完成的单元,大都采用第二、三两种布设方法。

六　适配的交互学习

当学生完成独立的先行学习之后,便进入了课堂交互学习阶段。设计怎样的交互学习环节才能与先行学习有机衔接,并促使学习有效推进、持续深化,最终达成目标? 这些学习环节在单元教学设计模板中又该如何呈现呢?

(一)交互学习的主要环节

基于各地"先学后教"的经验,围绕某一(几)个内容段落的学习,交互学习的主要环节,如图8-10所示。

图8-10　交互学习的主要环节

小组合学:一般以4人小组为单位,根据先学任务或课堂上新布置的其他任务,在学生独立思考形成"个人成果"的基础上,展开小组交流、研讨进而达成共识,形成"小组成果",并在全班进行展示交流的学习活动。这是交互学习阶段必选的环节。

深化研讨:在小组合学的基础上,就需要深化、提高、拓展的问题展开进一步讨论的活动。该环节可根据教学需要灵活安排。

练习运用:旨在促进巩固、促进理解、促进迁移的当堂练习并讲评的活动。因为是当堂练习,学生独立完成之后肯定需要安排反馈、讲评、订正、补缺等互动性活动,所以也把它归入交互学习范畴。这一环节的安排同样是根据需要灵活选用。

学后反思:指在一个课时或单元学习结束后,通过检测、完成自评表等手段对学习情况进行自我评价的活动。其频次与时段应根据单元各段落内容酌情确定。

当然,教师还可根据学习需要再穿插诸如当堂检测等其他环节。

在这样一个交互学习环节序列中,为什么小组合学是必选环节?因为从国内外课堂变革的经验看,小组合学已成为当代课堂教学最被推崇的学习方式之一。邱学华的"小学数学尝试教学法"、魏书生的"中学语文六步教学法"、上海育才中学的"八字教学法"、洋思中学的"先学后教,当堂训练"模式、杜郎口中学的"三三六"模式……无一例外地高度重视并成功运用了小组合学的方式。

小组合学作为一种独特的学习方式,对学生的学习和发展具有多种功能。相比于个体独自学习,学生与他人开展的学习过程具有更积极的影响。对于这些影响,著名的合作学习研究专家约翰逊兄弟将其概括为五个方面。[1]

第一,相互提供帮助和支持。在大多数任务情境下,当个体之间相互提供与任务相关的帮助和支持时,学习效率会大大提高。与竞争性和个体化的学习环境相比,在合作学习情境中,相互帮助和指导的行为发生得更加频繁和有效。

第二,相互交换所需的资源。与竞争性和个体化学习相比,在合作学习中,合作伙伴之间通过互换信息、材料和观点,能提高个体和集体的洞察力,促进信息加工。

第三,互相提供反馈。促进性互动的一个重要方面是,小组成员之间相互提供关于完成任务和承担责任情况的反馈。在合作学习中,来自合作同伴的反馈常常既特别生动又富有个性,因而能大幅度提高学习成绩。

---

[1] 陈佑清.学习中心教学论[M].北京:教育科学出版社,2019:275.

第四，挑战和争论。当小组成员持有不同信息、观点、推理过程和结论时，他们就相互争论并向对方提出挑战，相互质疑和解释彼此的观点，如此能促进对所讨论的问题更加深入的理解，并产生高质量的观点。

第五，激发学习的成就动机。成就动机从根本上说来源于人际交往的过程，是通过内化的人际关系或当前学习情境中的互动模式而产生的。学生在合作小组中会感觉到，小组成员之间的关系可能比因完成某一任务而得到的奖励更重要；小组成员所提供的"意义"（如尊重、喜欢、责备和拒绝）可能会补充和取代那些由任务表现所产生的"意义"（如分数）。

关于小组合学对学习所产生的积极影响和作用，余文森教授还指出："互帮互助（互学互教）有助于解决班级授课制中集体教学与因材施教、一个教师与众多学生的矛盾。在合作学习中，学生在学习中遇到的许多具体问题和困难都能在组内得到其他同学的帮助而被解决，这些能够帮助其他同学的优秀学生，发挥了任课教师所不能发挥的作用，使学生不同的学习需求能够得到及时和富有针对性的满足，一定程度上解决了在大班课堂上一个教师无法满足每一个学生的特殊需要的问题，缓和了教学中的'一和多'的矛盾。成绩较差的同学因成绩优秀的同学帮扶而得以提高；成绩优秀的同学因为帮扶成绩较弱的同学而使自己理解知识的水平进一步深化。"[1]试想，在很多教师习惯的"点式课堂"上，积极应答的就是那几个成绩好、表达能力强、表现欲强的"尖子生"，对于大多数同学特别是学习成绩落后、性格又内向的"差生"来说，他们能得到这样的温暖与帮助吗？

各学科单元设计的研究实践证明，学生先行学习之后接续安排"小组合学—深化研讨—练习运用……"这样的交互学习，是普适于大多数学科的大多数学习内容的教学流程设计程序。其合理性主要表现在：一是完整性，它打破了"点式课堂"上"一问一答"的程序，所有环节的设计以学生的学习为主线，学生经历的是一个完整学习的过程。二是丰富性，从整个学习过程看，有独立学习，有小组合学，有全班研讨，各种学习方式合理搭配，有利于激发学生的兴趣，保持学习的热情，提升学习的效益。三是灵活性，在围绕

---

[1] 余文森.先学后教：中国本土的教育学[J].课程·教材·教法，2015(2)：22.

一个内容段落的学习中,除小组合学外,其他环节的安排可根据需要灵活安排;所有环节都可重复使用,如"小组合学1""小组合学2";环节之间的位置也可以适当调换。

(二)交互学习的呈现方式

交互学习在单元教学设计模板中应该如何呈现?本着"把教案写简约"的原则,我们总结的呈现方式是,无论是小组合学还是其他环节,都要大致说明三个方面:一是要完成什么学习任务;二是通过怎样的环节、方式来完成;三是评价的标准是什么。

请看两则某一个具体环节呈现的示例。

示例1　初中数学"特殊平行四边形"单元中的 一次"小组合学"设计

〔小组合学〕
围绕先学任务1、2,通过小组研讨、展示评析,学生能从平行四边形角度说出矩形、菱形和正方形的概念:
有一个角是直角的平行四边形叫作矩形。
有一组邻边相等的平行四边形叫作菱形。
有一组邻边相等并且有一个角是直角的平行四边形叫作正方形。

示例2　小学语文"'舐犊情深'主题阅读与表达"单元中的 一次"深化研讨"设计

〔深化研讨〕
播放《朗读者》中采访梁晓声的视频片段,再次体会母亲宁可吃苦受累,也无怨无悔地支持"我"读书的伟大与无私。
研讨问题:联系上下文,结合各组最想拍的电影"场景"以及刚才看的采访视频,说说为什么"我"拿到钱时会"鼻子一酸"?

通过独立思考、小组交流、全班研讨,学生能归纳出:

①因愧疚、难过而"鼻子一酸"。"我"是个很懂事的孩子,知道家庭条件困难,知道母亲工作很辛苦。但是,当"我"第一次走进母亲工作的厂房时,还是被那恶劣的工作环境、忙碌劳累的母亲震撼了。而"我"还因看闲书向母亲要钱。

②因心疼母亲而"鼻子一酸"。"我"家很穷,连破收音机都卖了换吃的。母亲在那样的工作环境中挣钱养家,那么忙碌,那么疲惫。

③ 因感动而"鼻子一酸"。"我"特别想要一本《青年近卫军》,但家庭条件特别差,可问母亲要钱时,母亲毫不犹豫地把辛苦挣来的钱塞给"我","我"被伟大的母爱感动了。

示例1中,学习任务是"围绕先学任务1、2",完成任务的方式是"小组研讨、展示评析","学生能从平行四边形角度说出矩形、菱形和正方形的概念"属于评价学习目标达成情况的内容标准。示例2中,学习任务是研讨"为什么'我'拿到钱时会'鼻子一酸'"这个问题,完成任务的方式是"独立思考、小组交流、全班研讨",希望学生最终能归纳出的三个方面则是评价目标达成情况的具体标准。

下面是一则一个内容段落完整的交互学习设计示例。

示例3 "Unit 3 How do you get to school?"单元第二课时内容段落"学习理解"之"获取梳理"的交互学习设计

〖小组合学〗

围绕先行学习中的四个任务,通过小组研讨、展示评析,学生能:

1.根据调查结果,绘制统计图。

2.把对话中的第一、第二人称转换为第三人称进行转述,并进行role-play。

3.根据上下文推测判断take和ride的意思。

4.对Grammar Focus 中的句子进行语法规律探讨。

①不同的疑问词分别用于什么话题?

②特殊疑问句和一般疑问句的语序有何异同?

③不同的人称代词分别使用什么助词?

④特殊疑问句中使用了助词后,实义动词的位置和形式有何变化?

⑤How long 和 How far 中的 it 分别指代什么,具有什么含义。

5.完成书本3a和3b,组内进行讨论与答案校对。

〖深化研讨〗

研讨问题1:我们应该如何用第三人称转述对话?

通过独立思考、全班研讨,学生能利用摘录句型编制对话:

①How does he get to ...?

②How far is it from ... to ...?

③The bus ride takes about ... (period of time)

④How long does it take ... to ...

⑤About ... minutes by ...

⑥It's good exercise.

⑦Have a good day at school.

⑧You, too.

研讨问题2:特殊疑问句和一般疑问句的语法差异是什么?

通过独立思考、全班研讨,学生能归纳出单元目标句的语法特征:

①特殊疑问句。

1	How	do	you	get	to school?
2	How	does	he	get	to his aunt's home?
3	How long	does	it	take	to get to school?
成分及词性	疑问词	助动词 do/does	主语、人称代词	动词原形	其他部分

1	Does	Mary	walk	to work?
2	Do	they	take	the bus to school?
成分及词性	疑问词	助动词 do/does	主语、人称代词	动词原形

②一般疑问句。

〖练习运用〗

请同学完成下面练习。

1.根据表格内容，两人一组操练对话。

1.How do you get to school?
bus　walk　taxi　train　other
2.How long does it take?
≤15 minutes　15 to 30 minutes　30 to 60 minutes
60 to 90 minutes　≥90 minutes
3.How far is it?
≤1km　1to 5 km　5 to 10 km　10 to 15 km　≥15km

通过练习、讲评，学生能：

正确运用 How_____, How long_____, How far_____句型进行问答，能注意 It takes_____ 第三人称单数的表达。示例如下：

A：How do you get to school?

B：I get to school by bike.

A：How long does it take?

B：It takes me about 10 minutes.

A：How far is it?

B：It is about 3 km.

2.根据小组合学中绘制的统计图进行组内口头汇报。

通过练习、讲评，学生能：

根据 How_____, How long_____, How far_____三个方面的内容进行语言表达，做到准确、得体、连贯。示例如下：

In our class, most students take the bus to school.It takes most students 30 to 60 minutes to get to school.Most students live about 1 to 5 kilometers from the school. ...

〖学后反思〗

完成下面自我评价表，总结本节课的学习收获，反思学习中存在的问题。

1.阅读对话后能回答以下问题(totally5)	Yes	Not sure	No
①How does Jane get to school every day?_____ ②How does Lisa get to school?_____ ③How far is it from Lisa's home to school?_____ ④How long does the bus ride take?_____ ⑤How long does it take Jane to get to school?_____			
2.能对全班同学进行上学方式的调查,并画出调查结果统计图(totally 5)			
3.能归纳所学的语法规律(totally 5)			
①不同的疑问词分别用于什么话题?_____ ②特殊疑问句和一般疑问句的语序有何异同? _____ ③不同的人称代词分别使用什么助词?_____ ④特殊疑问句中使用了助词后,实义动词的位置和形式有何变化? _____ ⑤How long 和 How far 中的 it 分别指代什么,具有什么含义。_____			
4.根据调查报告统计图,能进行书面表达(totally 8)			
要求包括写出: ①the number of students_____ ②the ways to school_____ ③the time and the distance to school_____ Handwriting_____			
你的遗憾是:_____			

　　在这个完整的交互学习阶段,"小组合学""深化研讨""练习运用""学后反思"四个具体环节,皆是按照前面提出的要完成什么任务、怎样来完成、评价的标准是什么三个方面加以呈现的。

附 录

单元教学设计示例三则

小学数学"长方形和正方形"单元教学设计

【学习内容】

内容组合：人教版小学数学三年级上册第七单元。

统领要素：四边形、长方形、正方形的特征；周长的含义和测算方法。

【学习目标】

1.认识多边形、四边形以及长方形、正方形的几何特征。

1.1 结合户型结构图归纳得出多边形的特征。

1.2 在点子图上画出不同的四边形并能描述四边形的特征。

1.3 用量一量、折一折等方法得到长方形和正方形边与角的特征，说出边的名称，并正确区分它们与其他常见图形。

1.4 利用长方形和正方形的关系在长方形中画出最大的正方形并求出各条边的长度。

2.理解周长含义并测算周长。

2.1 正确指出物体表面或封闭图形的一周，能给周长下定义。

2.2 用"化曲为直"等方法测量并计算周长，并比较各种测量方法的优劣。

2.3 正确辨析同一图形中的周长，且会比较周长。

2.4 建立长方形、正方形的计算模型，运用乘法"求几组相等边的和"简化其他图形的周长计算方法。

2.5 利用长方形、正方形周长公式计算场地的周长与花边、篱笆的长度。

3.运用周长的相关知识解决测量问题。

3.1 用形状大小一样的正方形拼成长方形或正方形,会计算它们的周长。

3.2 推理得出"长方形个数不变,长和宽越接近时周长越短,长和宽相差越大时周长越长"的规律,并利用规律设计出最能节约材料的方案。

3.3 计算比较3×4的方格图中去掉一个或连续去掉两个格子时周长如何变化,发现从角开始拿和从中间开始拿周长的变化规律。

3.4 运用周长变化规律测量图形周长。

【核心任务】

现在很多家庭在室内装修中都会安装踢脚线。踢脚线,顾名思义,就是脚踢得着的墙面区域所安装的面板。因为这个区域较易受到冲击,所以它具有保护功能。同时,踢脚线与室内地面相互呼应,也具有很好的美化装饰效果。

根据你家房子的户型图,请你算一算:你家用了多长的踢脚线?

要完成这项大任务,我们依次要完成的分任务是:

1.画出你家每个房间的大致结构图。分一分,它们分别是什么图形?

2.计算每个房间踢脚线的长度,可以用房间的周长减去障碍物的长度(如门的宽度)。那么,什么是周长呢?

3.在房间大小不变的情况下,你家房间(长方形或正方形)的踢脚线是否已经用得最少? 如果不是,请你来设计,怎么才能让踢脚线用得最少?

4.计算每个房间的周长时,你有什么简便方法?

为了完成上述任务,让我们开启本单元的学习吧!

【课时安排】

本单元学习共5课时。第一课时完成段落一"几何感知"之"四边形的认识"。第二课时完成段落一"几何感知"之"周长的认识"、段落二"度量运算"之"周长的测算"。第三课时完成段落三"建立模型"之"长方形、正方形的周长计算方法"。第四课时完成段落四"寻找规律"之"正方形个数不变,周长最短"。第五课时完成段落四"寻找规律"之"周长的变与不变"。

第一课时

【内容段落】

段落一,"几何感知"之"四边形的认识"。

【侧重目标】

目标1.1、1.2、1.3、1.4。

【评价任务】

1.完成"小组合学1",评估目标1.1。

2.完成"小组合学2",评估目标1.2。

3.完成"深化研讨",评估目标1.3。

4.完成"练习运用",评估目标1.3、1.4。

【学习过程】

一、先行学习

任务1:根据户型图,画出你家每个房间的大致结构图。分一分,它们分别是什么图形?

任务2:在画出房间的结构图时,我们会发现很多房间是长方形的。长方形是四边形的一种,四边形还有哪些呢? 请在点子图上画出来,并把你的想法写下来。

(1)我认为＿＿＿＿＿＿＿＿＿＿的图形叫四边形。

(2)在生活中,＿＿＿＿＿＿＿＿＿＿等也是四边形。

二、交互学习

段落一 "几何感知"之"四边形的认识"

〚小组合学1〛

围绕先学任务1,通过小组交流、展示评析,得到:

1.户型图结构可以分为不规则图形和多边形。

2.由三条或三条以上的线段首尾顺次连接所组成的封闭图形叫作多边形。

3.有$n(n≥3)$条边就叫n边形。

4.很多房间是四边形(长方形)。

〖小组合学2〗

围绕先学任务2,通过小组交流、展示评析,得到:

1.四边形都有四条直的边,都有四个角。

2.右图这样的图形具有四条直的边、四个角,也是四边形。

3.我们的身边,像黑板的表面、课桌的表面等都是四边形。

〖深化研讨〗

问题:长方形和正方形是比较特殊的四边形,特殊在哪儿呢?

通过独立思考、全班研讨,得到:

1.可以用三角尺量出长方形和正方形的角都是直角。通过折一折或者量一量,可以得到长方形的对边相等,正方形四条边都相等。

2.长方形长的两条边叫"长",短的两条边叫"宽",正方形四条边叫"边"。

〖练习运用〗

请你用10分钟完成下列练习。

1.猜一猜,它是什么图形?

教师将一个正方形放入信封,通过不断显露它的结构,让学生不断猜想,最后得出结论。

2.书本练习十七第7题。

通过练习讲评,明确答案如下。

(1)6　(2)6，2　(3) 2

第二课时

【内容段落】

段落一,"几何感知"之"周长的认识"。

段落二,"度量运算"之"周长的测算"。

【侧重目标】

目标2.1、2.2、2.3。

【评价任务】

1.完成"小组合学1",评估目标2.1。

2.完成"小组合学2",评估目标2.2。

3.完成"练习运用",评估目标2.3。

【学习过程】

一、先行学习

任务1:请你用手指一指下面硬币、树叶、五角星、彩旗四个物体的周长,然后想一想:周长是什么? 怎样的图形是没有周长的,你能举出反例吗?

任务2:小蚂蚁要沿着上面四个物体的周长跑一圈,沿着哪个跑会比较快呢? 请你利用直尺、卷尺、绳子这些工具测量这些物体的周长,告诉小蚂蚁沿着哪个跑会比较快。

在测量时请思考以下问题。

1.有哪些不同的测量方法?

2.有万能的方法吗?

3.有简便的方法吗?

4.各种方法有哪些优点和不足?

二、交互学习

段落一 "几何感知"之"周长的认识"

〖小组合学1〗

围绕先学任务1,通过小组交流、展示评析,得到:

1.以物体或图形表面外围一点为起点,顺时针或者逆时针沿着物体表面指一圈回到起点,就是周长。

2.右图图形没有周长,因为是不封闭的。怎样让它有周长? 可以首尾用直线或曲线连接起来。

3.封闭图形一周的长度,是它的周长。

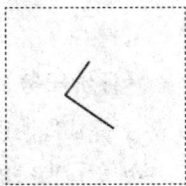

段落二 "度量运算"之"周长的测算"

〖小组合学2〗

围绕先学任务2,通过小组交流、展示评析,得到:

1.硬币可以在纸上滚一圈,留下周长,测出长度;树叶可以用绳子沿周长绕一圈,拉直后测出绳子的长度就是周长;五角星和彩旗可以用直尺测量。

2.用绳子或者卷尺绕是万能的方法。

3.五角星只需要量出一条边的长度,再乘10,就可以算出周长。

4.卷尺比绳子好用,能直接测出长度,可以代替绳子;量直边用尺子比较方便,量曲边用卷尺更方便。

〖练习运用〗

请你用6分钟完成下列练习。

右图的长方形分成两个部分,哪个部分的周长长?

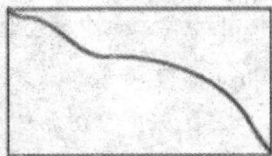

通过全班研讨,明确方法如下。

用不同颜色的笔描出两部分的各条边。根据长方形对边相等,并明确中间是共有的边,得出:周长一样。

第三课时

【内容段落】

段落三,"建立模型"之"长方形、正方形的周长计算方法"。

【侧重目标】

目标2.4、2.5。

【评价任务】

1.完成"小组合学1",评估目标2.4。

2.完成"小组合学2",评估目标2.4。

3.完成"练习运用",评估目标2.5。

【学习过程】

一、先行学习

任务1:测量计算数学书本表面(长方形)和教室开关表面(正方形)的周长,数据取整厘米数。思考:你测量了哪几条边,在计算时有没有简便方法?

任务2:有没有与长方形和正方形类似的图形,在求周长时也可以用到简便的计算方法? 请你举例子画出图形,标出数据,写出计算方法。

二、交互学习

段落三 "建立模型"之"长方形、正方形的周长计算方法"

〖小组合学1〗

围绕先学任务1,通过小组交流、展示评析,得到:

1.数学书最少需要量出一条长和一条宽,开关最少需要量出一条边长。数学书长约26厘米,宽约18厘米。教室开关边长约9厘米。

2.长方形、正方形的周长计算最优算法是:正方形周长=边长×4;长方形周长=(长＋宽)×2。

〖**小组合学2**〗

围绕先学任务2,通过小组交流、展示评析,得到多种不同的答案:

如:等腰梯形可以上底+下底+一条腰×2;正 n 边形($n \geq 3$)可以一条边长×n。

〖**练习运用**〗

请你用10分钟完成下列练习。

1. 一个长方形花坛的长是5米,宽是3米。这个花坛的周长是多少米?

2. 一块正方形桌布(如右图),要在它的四周缝上花边,花边的长是多少米?

3. 一块长方形菜地,长18米,宽9米。这块菜地一面靠墙,其他三面要围上竹篱笆,至少需要竹篱笆多少米?

4. 一个长方形和一个正方形的周长相等。正方形边长是10厘米,长方形的长是12厘米,长方形的宽是多少厘米?

通过练习讲评,明确答案如下。

1.(5+3)×2=16(米)

2.20×4=80(分米)=8(米)

3.9×2+18=36(米)

4.10×4÷2-12=8(厘米)

三、后续学习

课后完成下列任务。

1.测量计算家里每个房间的周长。

2.绘制大致的平面图,标出测量数据。

3.写出计算方法。

第四课时

【内容段落】

段落四,"寻找规律"之"正方形个数不变,周长最短"。

【侧重目标】

目标3.1、3.2。

【评价任务】

1.完成"小组合学1",评估目标2.5。

2.完成"小组合学2",评估目标3.1。

3.完成"练习运用1""练习运用2",评估目标3.2。

【学习过程】

一、先行学习

任务:张叔叔打算养16只兔子,一只兔子需要的活动场地是边长为1米的正方形。张叔叔想给兔子建一个长方形或者正方形的活动场地,围上围栏,但又想要节约成本,怎么设计这个图形才能使围栏用得最少?

提示:

1.16个边长为1米的正方形拼成长方形或正方形,有几种不同的拼法?哪种拼法围栏用得最少?

2.可以用小正方形拼一拼或者在方格纸上画一画、算一算。

二、交互学习

〔**小组合学1**〕

围绕上节课"后续学习"任务小组交流、展示评析,评价标准如下。

1.画图清晰,有数据标识。

2.结合数据有清晰的周长计算步骤与结果。

段落四 "寻找规律"之"正方形个数不变,周长最短"

〖小组合学2〗

围绕先学任务,通过小组交流、展示评析,学生能:

1.由( )×( )= 16得到三种拼法,完成表格。

长	16	8	4
宽	1	2	4
周长	(16+1)×2=34	(8+2)×2=20	4×4=16

2.提出猜测:

小正方形个数一样,拼法不同,周长会不一样。

长和宽一样的时候,周长最短。相差越大时,周长越长。

〖练习运用1〗

自选总方格数,拼成长方形或正方形。画出所有拼法,有困难的可以摆一摆。将数据填入表格,验证猜想。

通过独立操作、小组交流、展示评析,得到:

1.不是所有情况都能拼出正方形。

2.长和宽最接近时周长最短,长和宽相差最大时周长最长。

3.拼出的图形公共边越多,周长就越短。

〖练习运用2〗

请你用10分钟完成下列练习。

1.书本第87页练习十九第4题。

2.书本第86页"做一做"。

通过练习讲评,明确答案如下。

1.花边最少的情况是设计成长为6×2=12(分米),宽为3×2=6(分米)的长方形。

2.将12盒保鲜膜叠成4×3的长方形。长为4×5=20(厘米),宽为3×5=15(厘米),周长是(20+15)×2=70(厘米)。

三、后续学习

课后请选择一个长方形或者正方形的房间,边取整米数。

1.判断一下,在房间大小不变的情况下,房间踢脚线是否已经用得最少?

2.如果不是,请你来设计,怎么才能让踢脚线用得最少?

第五课时

【内容段落】

段落四,"寻找规律"之"周长的变与不变"。

【侧重目标】

目标3.3、3.4。

【评价任务】

1.完成"小组合学1",评估目标3.3。

2.完成"小组合学2""小组合学3",评估目标3.3。

3.完成"练习运用",评估目标3.4。

【学习过程】

一、先行学习

任务:右图是12个边长是1厘米的小正方形,从外侧去掉一个小方块,周长会变化吗?请画出去掉一个小方块后的各种情况,计算周长。跟原先的图形周长作比较,思考:为什么周长不变?或者为什么周长变了?哪里变了?

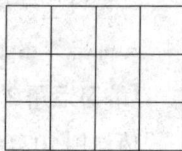

二、交互学习

〖小组合学1〗

围绕上节课"后续学习"任务,通过小组交流、展示评析,学生能:

1.判断在房间大小不变的情况下,房间踢脚线是否用得最少。

2.运用"正方形个数不变,周长最短"的规律设计让踢脚线用得最少的方案。

段落四 "寻找规律"之"周长的变与不变"

〖小组合学2〗

围绕先学任务,通过小组交流、展示评析,得到:

1.有三种方法。

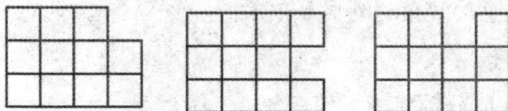

(1)周长不变　(2)周长变长　(3)周长变长

2.通过线段移动认识到红线平移后跟原来的周长一样,所以(1)周长不变。绿线则是多出来的长度,所以(2)和(3)周长变长了。(红线、绿线见课本,下同)

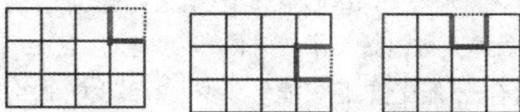

(1)周长不变　(2)周长变长　(3)周长变长

〖小组合学3〗

任务:如果在3×4的方格图外侧开始连续去掉两个小方块,周长又会怎么变化呢? 要求:小组合作画出所有可能性,根据线段移动情况标出不变的红线和多出来的绿线。

通过小组交流、展示评析,得到:

1.有五种方法。

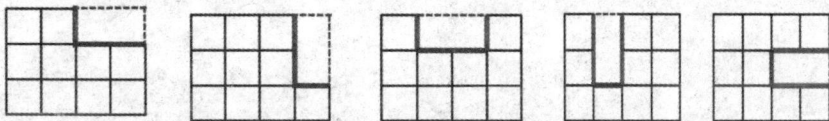

(1)周长不变　(2)周长不变　(3)周长变长 (4)周长变长 (5)周长变长

2.从角开始连续拿走小方块,周长不变。从边上中间开始连续拿,形成凹字,周长变长。

〖练习运用〗

学习了这节课的内容,回顾我们在第三节课完成的回家作业,思考:如果房间是类似这节课中这样的形状,你能改进自己的测量和计算方法,更简便地计算房间周长吗?

通过独立思考、全班研讨,得到:

可以减少测量的边数达到同等效果。

三、后续学习

课后请你用15分钟完成下列任务:

活动室按照2×3的摆法将6张边长为1米的小方桌摆在一起,每1米的边上坐一个学生(如右图),可以坐10人。现在学生人数增加不够坐,教室里还有2张小方桌,需要在不改变原来6张桌子摆法的情况下拼在一起,增加就座人数。拼桌子的时候要边与边完全重合,不能交错,最多能坐多少人?最少能坐多少人?

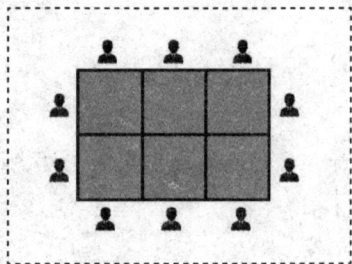

通过练习讲评,明确答案如下:

共18种。坐12人,最少。坐14人,最多。

(王飒飒设计,徐和平指导)

初中语文"新闻阅读、采访与写作"单元教学设计

【学习内容】

内容组合：统编教材初中语文八年级上册第一单元"新闻阅读、采访与写作"。

统领要素：新闻类文体的基本知识及运用。

【学习目标】

1.正确朗读文章，积累字词。

1.1正确朗读和书写"读读写写"栏目中的40个字词。

1.2正确解释"读读写写"栏目中15个词语的意思。

2.理解把握单元文章的内容和写法。

2.1概述单元每篇文章的内容。

2.2例析新闻带有作者主观倾向的特征。

2.3归纳消息、特写、通讯、新闻评论四种不同新闻体裁的特点。

2.4归纳新闻六要素。

2.5归纳消息的构成要素。

2.6归纳、赏析特写、通讯文学化的表现手法。

3.完成新闻采访任务。

3.1以小组为单位选定采访的主题。

3.2制订出小组采访方案，设计出采访提纲，完成实地采访。

4.撰写消息与新闻特写。

4.1设计出"消息、新闻特写写作评价表"。

4.2 撰写一则消息。

4.3 撰写一则新闻特写。

【核心任务】

新闻是我们了解世界的窗口,每天都有各种各样的新闻,通过报纸、广播、电视、互联网等渠道出现在我们的身边。本单元的文章都是新闻体裁,通过对这一组文章的学习,相信你对新闻会有更加清晰深入的认识。

任务一:新闻阅读。阅读消息、新闻特写、通讯、新闻评论等不同体裁的新闻,把握各自的特点。

任务二:新闻采访。熟悉新闻采访的一般方法和步骤,选定主题并拟订采访提纲。完成一次新闻实地采访,收集新闻素材。

任务三:新闻写作。10月,学校将举行一年一度的田径运动会。你作为校新闻社的一位小记者,需要撰写一则消息和一则新闻特写,对校运会进行报道。

【课时安排】

本单元学习共7课时。第一、二、三课时完成段落一"新闻阅读";第四课时完成段落二"新闻采访";第五、六、七课时完成段落三"新闻写作"。

第一课时

【内容段落】

段落一,"新闻阅读"之"积累字词""把握文意"。

【侧重目标】

目标1.1、1.2、2.1、2.2。

【评价任务】

1.完成"小组合学1""当堂检测",评估目标1.1、1.2。

2.完成"小组合学2",评估目标2.1。

3.完成"小组合学3",评估目标2.2。

【学习过程】

一、先行学习

任务1:朗读单元课文,你认为容易读错的字词有哪些?容易写错的词语有哪些?哪些重点词语需要我们理解?

任务2:阅读单元课文,概述每篇文章的内容。

任务3:新闻是客观的报道,但有时也带有作者的主观倾向。有的新闻,隐含着作者的态度和立场;有的新闻,鲜明地体现了作者的立场和观点。请你根据《消息二则》和《国行公祭,为佑世界和平》的内容,仿照示例,摘录相关语句,写出你的理解。

【示例】

我的摘录:和中路军所遇敌情一样,我西路军当面之敌亦纷纷溃退,毫无斗志,我军所遇之抵抗,甚为微弱。

我的理解:用"纷纷溃退""毫无斗志"叙述对方的战斗情况,着力表现敌军抵抗之"微弱",是为了突出我军的英勇善战,对战斗胜负结果的个人倾向十分明显。毛泽东作为人民解放军统帅的自豪和喜悦表露无遗。

二、交互学习

段落一 "新闻阅读"之"积累字词"

〖小组合学1〗

围绕先学任务1,通过小组交流、展示评析,学生能:

1.整理出容易读错的字音(见教材"读读写写")。

2.整理出容易写错的词语(见教材"读读写写")。

3.整理并解释需要理解的词语(见教材"读读写写")。

〖当堂检测〗

1.给下面加点的字注音。

溃(　　)退　　锐不可当(　　)　　椹(　　)杆　　悄(　　)然

遗嘱(　　)　　翘(　　)首　　屏(　　)息敛声　　镌(　　)刻

杀戮(　　)　　篡(　　)改　　惨绝人寰(　　)

2.根据拼音写出汉字。

仲 cái（　　） 　　xiè（　　）气 　　hào hàn（　　）

xián（　　）熟 　　xiāo（　　）洒 　　由 zhōng（　　）

初 zhōng（　　） 　　dùn（　　）形

3.写出下列词语的意思。

①锐不可当：＿＿＿＿＿＿＿＿＿＿＿＿＿＿＿＿＿

②殚精竭虑：＿＿＿＿＿＿＿＿＿＿＿＿＿＿＿＿＿

③眼花缭乱：＿＿＿＿＿＿＿＿＿＿＿＿＿＿＿＿＿

④摧枯拉朽：＿＿＿＿＿＿＿＿＿＿＿＿＿＿＿＿＿

⑤振聋发聩：＿＿＿＿＿＿＿＿＿＿＿＿＿＿＿＿＿

段落一 "新闻阅读"之"把握文意"

〖小组合学2〗

围绕先学任务2，通过小组交流、展示评析，学生能概括出每篇文章的内容：

①《我三十万大军胜利南渡长江》：我三十万大军胜利南渡长江。

②《人民解放军百万大军横渡长江》：人民解放军百万大军横渡长江。

③《首届诺贝尔奖颁发》：首届诺贝尔奖颁发。

④《"飞天"凌空——跳水姑娘吕伟夺魁记》：跳水姑娘吕伟夺得亚运会女子金牌。

⑤《一着惊海天——目击我国航母舰载战斗机首架次成功着舰》：我国航母舰载战斗机首架次成功着舰。

⑥《国行公祭，为佑世界和平》：中国人民永远牢记南京大屠杀历史，与全世界爱好和平与正义的人们共同维护和平。

〖小组合学3〗

围绕先学任务3，通过小组交流、展示评析，学生按照示例分析表明作者观点和立场的内容（至少两处）：

①我的摘录：战犯汤恩伯二十一日到芜湖督战，不起丝毫作用。

我的理解：称汤恩伯为"战犯"，明显代表了己方的战斗力场，主观上认为人民解放军是正义之师，而对方是战争罪犯，一如文中称呼"国民党反动派"一般；"不起丝毫作用"体现出对对方的不屑，对自己军队的自信。

②我的摘录：国民党反动派经营了三个月的长江防线，遇着人民解放军好似摧枯拉朽，军无斗志，纷纷溃退。

我的理解：称"国民党反动派"则认为他们非正义之师，是腐朽势力，认为"共产党"才是正义之师。另外，"军无斗志"和"纷纷溃退"暗示中国共产党必将最终取胜，国民党已经毫无还手之力！

三、后续学习

请你抄写单元课后"读读写写"的字词两遍，并熟记。

第二课时

【内容段落】

段落一，"新闻阅读"之"分析体裁（一）"。

【侧重目标】

目标2.3、2.4、2.5。

【评价任务】

1.完成"小组合学1"，评估目标2.3。

2.完成"小组合学2"，评估目标2.4。

3.完成"小组合学3""练习运用"，评估目标2.5。

【学习过程】

一、先行学习

任务1：请你从新闻体裁的视角思考，这6篇文章可以分成几类，并试着从两个以上角度区别各类体裁的特点。

任务2：读了这组新闻后，你认为作为一则新闻具有哪些共性要素？

任务3：本单元中有几篇课文属于消息，请你归纳一则消息由哪几部分组成。

二、交互学习

段落一 "新闻阅读"之"分析体裁(一)"

〖小组合学1〗

围绕先学任务1,通过小组交流、展示评析,学生能:

1.从新闻的视角区别每篇文章的体裁。

①《我三十万大军胜利南渡长江》《人民解放军百万大军横渡长江》《首届诺贝尔奖颁发》:消息。

②《"飞天"凌空——跳水姑娘吕伟夺魁记》:新闻特写。

③《一着惊海天——目击我国航母舰载战斗机首架次成功着舰》:通讯。

④《国行公祭,为佑世界和平》:新闻评论。

2.归纳出每一种体裁的特点。

	消息	新闻特写	通讯	新闻评论
时效性	强	一般	较弱	较强
报道对象	新闻事件整体	新闻事件的某一场景	新闻事件整体及细节	对新闻事件、社会现象、重要问题等发表评论
篇幅	一般比较短	篇幅比较灵活	较长	一般比较短
表达方式	以记叙、说明为主	以记叙、描写为主	综合运用多种表达方式	以记叙、议论为主

〖小组合学2〗

围绕先学任务2,通过小组交流、展示评析,学生能归纳出新闻的共性要素:

何时、何地、何事、何人、何故、如何。

〖小组合学3〗

围绕先学任务2,通过小组交流、展示评析,学生能归纳出消息的构成要素:

标题、电头、导语、主体、背景、结语，有时背景和结语可以暗含在主体中。

〖练习运用〗

请你根据消息的构成要素，梳理填写《我三十万大军胜利南渡长江》《人民解放军百万大军横渡长江》《首届诺贝尔奖颁发》每个要素所对应的具体的内容。

通过独立思考、全班研讨，学生能梳理出：

	《我三十万大军胜利南渡长江》	《人民解放军百万大军横渡长江》	《首届诺贝尔奖颁发》
标题	我三十万大军胜利南渡长江	人民解放军百万大军横渡长江	首届诺贝尔奖颁发
电头	新华社长江前线二十二日二时电	新华社长江前线二十二日二十二时电	路透社斯德哥尔摩1901年12月10日电
导语	英勇的人民解放军二十一日已有大约三十万人渡过长江	人民解放军百万大军，从一千余华里的战线上，冲破敌阵，横渡长江	瑞典国王和挪威诺贝尔基金会今天……为人类做出最大贡献的人
主体	渡江战役于……坚决地执行毛主席朱总司令的命令	西起九江……业已切断镇江、无锡段铁路线	今年诺贝尔奖的获得者……诺贝尔奖评委会
背景	国民党反动派经营了三个月的……纷纷溃退	此种情况，一方面由于……听见南京拒绝和平，都很泄气	1867年，瑞典化学家……用来设立诺贝尔奖奖金
结语	人民解放军正以自……执行毛主席朱总司令的命令	我军前锋，业已切断镇江、无锡段铁路线	诺贝尔奖的评议权……诺贝尔奖评委会

第三课时

【内容段落】

段落一,"新闻阅读"之"分析体裁(二)"。

【侧重目标】

目标2.6。

【评价任务】

完成"小组合学""练习运用",评估目标2.6。

【学习过程】

一、先行学习

任务:我们已经初步感知新闻特写和通讯两种新闻体裁具有文学化特征。请你再次品读《"飞天"凌空——跳水姑娘吕伟夺魁记》和《一着惊海天——目击我国航母舰载战斗机首架次成功着舰》,归纳、赏析这两篇文章采用哪些表现手法使文章具有文学化特征的。

二、交互学习

段落一 "新闻阅读"之"分析体裁(二)"

〚小组合学〛

围绕先学任务,通过小组交流、展示评析,学生能归纳出新闻特写和通讯所采用的文学化表现手法:

1.修辞手法;

2.细节描写;

3.侧面烘托。

〚练习运用〛

请你完成下面两张表格,赏析《"飞天"凌空——跳水姑娘吕伟夺魁记》和《一着惊海天——目击我国航母舰载战斗机首架次成功着舰》是怎样具体运用文学化表现手法的。

通过独立思考、全班研讨,学生完成:

《"飞天"凌空——跳水姑娘吕伟夺魁记》	
镜头	形象化描写分析
准备起跳	以白云、飞鸟之动衬托运动员的沉静,描写游泳场紧张的氛围
起跳	用一连串动词刻画起跳时的动作,以敦煌壁画"飞天"为喻,突出她轻盈、优美的体态
腾空	细致地描写短短1.7秒的翻腾及空中转体动作
入水	描写入水动作,将其比作"箭",凸显其迅捷;称其为"仙女",赞叹其优美
完成跳水之后	通过侧面描写外国记者的赞扬及游泳池沸腾的场面,突出她的跳水动作完成得十分精彩

《一着惊海天——目击我国航母舰载战斗机首架次成功着舰》	
过程	文学化的表现方式
起飞前,工作人员就位	通过两段文字,回望历史期盼,点出这次飞行的非凡意义;呈现统计数据,表明本次着舰的难度之大
舰载战斗机起飞	以"刀尖上的舞蹈"比喻着舰飞行,形象地体现其难度之大;通过对起飞指令的描述,营造出紧张的现场氛围
舰载战斗机飞来,准备着舰	具体描写飞行员与着舰指挥员的对话,着力表现其配合默契,营造出现场感
舰载战斗机着舰	具体刻画着舰过程,以"凌波海燕"为喻,刻画出舰载战斗机着舰的优美画面,以诗句"声如千骑疾,气卷万山来"描写着舰瞬间的惊心动魄
成功着舰后	描写工作人员激动的情绪和他们的对话,回溯攻坚路上受到的质疑与付出的艰辛

第四课时

【内容段落】

段落二,"新闻采访"之"确定选题""制定提纲""实地采访"。

【侧重目标】

目标3.1、3.2。

【评价任务】

1.完成"小组合学1",评估目标3.1。

2.完成"小组合学2",评估目标3.2。

【学习过程】

一、先行学习

任务1:一年一度的校田径运动会即将举行,学校为此成立了小记者新闻工作站,将对运动会进行详细、全面的报道。作为一名校新闻小记者,你觉得哪些内容值得报道?

任务2:请你根据值得报道的新闻内容,设计一个采访提纲。

二、交互学习

段落二 "新闻采访"之"确定选题"

〖小组合学1〗

围绕先学任务1,通过小组交流、展示评析,学生能梳理出新闻选题:

1.赛事、项目:结果、比赛转折点、运动员的表现、成绩、战术安排等;

2.焦点人物专访:成绩突出、人气高、意外失利的运动员、黑马选手;

3.精彩瞬间:感动的事、惊喜的事、震撼的事、有趣的事;

4.幕后志愿者或后援团:卫生、宣传报道、安全保卫、摄影人员等;

5.场外元素:运动会的天气、场地等,运动员的装备、班旗等。

段落二　"新闻采访"之"制定提纲"

〖**小组合学2**〗

围绕先学任务2,通过小组交流、展示评析,各小组能按照下表样式设计好新闻采访提纲:

时　间		地点	
采访对象			
采访目的			
采访方式			
采访器材			
采访问题	(1) (2) ……		

三、后续学习

段落二　"新闻采访"之"实地采访"

以小组为单位,根据选题和采访提纲进行现场采访,记录采访内容,收集新闻素材。

第五课时

【**内容段落**】

段落三,"新闻写作"之"明确标准""撰写新闻"。

【**侧重目标**】

目标4.1、4.2。

【**评价任务**】

1.完成"小组合学",评估目标4.1。

2.完成"当堂写作",评估目标4.2。

【学习过程】

一、先行学习

任务:请你尝试填写"消息、新闻特写写作评价表",归纳提炼消息和新闻特写两种新闻体裁写作的评价标准。

二、交互学习

段落三 "新闻写作"之"明确标准"

〖小组合学〗

通过小组交流、展示评析,学生能归纳提炼出如下标准。

消息、新闻特写写作评价表

	消息	新闻特写
标题	标题高度、形象地概括了内容,吸引读者	标题能吸引读者
导语	突出新闻事实中最新鲜、最具吸引力的事实,能够激起读者的阅读兴趣	—
主体	主体内容充实,新闻要素完备;新闻背景起到了说明补充、衬托新闻事实的作用	—
结构	消息格式(外在结构)正确、清晰;层次清晰,主体内容运用倒金字塔结构,按重要性递减原则推进	循序渐进,能够分镜头呈现动作完成的整个过程
语言	具有客观性、准确性、简洁性、通俗性等特点	能够运用细节描写、侧面烘托、修辞手法、动静结合等多种文学化的表现手法,语言生动、优美

段落三 "新闻写作"之"撰写新闻"

〖当堂写作〗

请你根据采访的内容,写一则关于运动会的消息,字数250字左右。

第六课时

【内容段落】

段落三,"新闻写作"之"评析习作(一)""修改习作(一)"。

【侧重目标】

目标4.2、4.3。

【评价任务】

1.完成"小组合学1""小组合学2",评估目标4.2。

2.完成"当堂修改",评估目标4.2。

3.完成"后续学习",评估目标4.3。

【学习过程】

一、先行学习

任务:阅读印发的五则消息和小组其他同学所写的消息,请你按照"消息写作评分规则"先给习作评分,然后指出习作存在的问题并提出修改建议。

消息写作评分规则

等第	标题 (5分)	导语 (5分)	主体 (15分)	结构 (15分)	语言 (20分)
A 60~ 54分	标题高度、形象地概括了内容,吸引读者	突出新闻事实中最新鲜、最具吸引力的事实,能够激起读者的阅读兴趣	主体内容充实,新闻要素完备;新闻背景起到了说明补充、衬托新闻事实的作用	消息格式(外在结构)正确、清晰;层次清晰,主体内容运用倒金字塔结构,按重要性递减原则推进	具有客观性、准确性、简洁性、通俗性等特点
分项得分	5分	5分	15~13分	15~13分	20~18分

等第	标题 (5分)	导语 (5分)	主体 (15分)	结构 (15分)	语言 (20分)
B 53~ 43分	标题概括了新闻事实,但只是要素的叠加,不够醒目	简洁地呈现新闻核心事实,但表达稍显死板	主体内容较为充实;有些新闻背景显得多余	消息格式(外在结构)正确、清晰;层次不够清晰,未按重要性递减原则推进	语言不够准确,信息表达模糊;语言不够简洁,有不必要的描写;专业术语过多
分项得分	4分	4分	12~10分	12~10分	17~15分
C 42~ 32分	标题信息冗杂,包含另一些次要信息,不够简洁	导语呈现信息过多,包含了许多次要信息	新闻要素有残缺,读者读完后,对于新闻事实还会有不明之处	消息格式(外在结构)有问题;内容混杂	议论、描写、抒情过多,写成了类似记叙文的文章
分项得分	3~2分	3~2分	9~7分	9~7分	14~11分
D 31~ 0分	标题并未揭示新闻的主要事实	导语呈现的并非新闻的主要内容	基本上没有主体内容,类似于一条短讯	缺少新闻的基本格式;类似于一篇记叙文	语言表达混乱,不符合记录事实的基本要求
分项得分	1~0分	1~0分	6~0分	6~0分	10~0分

二、交互学习

段落三 "新闻写作"之"评析习作(一)"

〖小组合学1〗

围绕先学任务,通过小组研讨、展示评析,学生能知晓课前印发的五则消息存在的问题并提出修改建议。

预设的问题:

①标题不够醒目,不能形象概括内容;

②结构不完整;

③导语不够精练,不能呈现新闻的主要内容;

④语言不够准确。

〖小组合学2〗

围绕先学任务,通过小组展评,学生能知晓自己所写的消息存在的主要问题以及修改的意见。

段落三 "新闻写作"之"修改习作(一)"

〖当堂修改〗

任务:修改自己的习作。

通过独立修改、小组交流、展示评析,学生能修改好自己所写的消息。

三、后续学习

请你仔细观看运动会《跳高男孩》《百米冲刺瞬间》等短视频,写一则新闻特写,字数300字以上。

第七课时

【内容段落】

段落三,"新闻写作"之"评析习作(二)""修改习作(二)"。

【侧重目标】

目标4.3。

【评价任务】

1.完成"小组合学1""小组合学2",评估目标4.3。

2.完成"当堂修改",评估目标4.3。

【学习过程】

一、先行学习

任务:阅读印发的五则新闻特写和小组其他同学所写的新闻特写,请你按照"新闻特写写作评分规则"先给习作评分,然后指出习作存在的问题并提出修改建议。

新闻特写写作评分规则

等第	标题(10分)	结构(20分)	语言(30分)
A 60～ 54分	标题高度、形象地概括了内容,吸引读者	能循序渐进,分镜头展示整个动作的完成过程	具有优美、生动等特点,能使用修辞、侧面烘托、细节描写等表现手法
分项得分	10～9分	20～18分	30～27分
B 53～ 43分	标题概括了新闻事实,但只是要素的叠加,不够醒目	能够分镜头展示整个动作的完成过程,但是前后衔接不够顺畅	语言不够简洁、生动、优美,只会使用修辞手法来表现文章的文学性
分项得分	8～7分	17～14分	26～22分
C 42～ 32分	标题信息冗杂,包含另一些次要信息,不够简洁	只呈现了整个完成动作的一两个镜头	议论、描写、抒情过多,写成了类似记叙文的文章
分项得分	6～5分	13～10分	21～17分
D 31～ 0分	标题并未揭示新闻的主要内容	没有展示整个完成动作的镜头,只是简单罗列几个动作	语言表达混乱,不符合记录事实的基本要求
分项得分	4～0分	9～0分	16～0分

二、交互学习

段落三 "新闻写作"之"评析习作(二)"

〖小组合学1〗

围绕先学任务,通过小组研讨、展示评析,学生能知晓课前印发的五则新闻特写存在的问题并提出修改建议。

预设的问题:

①标题不能吸引读者的阅读兴趣;

②没有呈现整个动作的各个分镜头;

③文学化的表现形式不够多样化,多数同学只会运用修辞和拟人;

④语言不够生动、优美,语言有些直白、生硬。

〖小组合学2〗

围绕先学任务,通过小组展评,学生能知晓自己所写的新闻特写存在的主要问题并提出修改意见。

段落三 "新闻写作"之"修改习作(二)"

〖当堂修改〗

任务:修改自己的习作。

通过独立修改、小组交流、展示评析,学生能修改自己所写的新闻特写。

(冯晓波设计,徐和平指导)

普高物理"磁场"单元教学设计

【学习内容】

内容组合:人教版新教材普高物理必修第三册第十三章第1、2节:磁场和磁感线、磁感应强度与磁通量及相关习题。

统领概念:磁场是传递磁体或电流间磁相互作用的客观存在的物质,对放入其中的磁体或电流产生力的作用。

【学习目标】

1.认识磁场。

1.1解释磁体和电流之间的相互作用产生与传递原因。

1.2用磁感线描绘出条形磁铁、长直导线周围的磁场情况。

1.3用安培定则判断长直导线、环形电流、通电螺线管周围的磁感应强度方向。

1.4根据已知的磁感线描述磁场强弱、方向等特性。

2.理解磁感应强度。

2.1解释磁感应强度的概念。

2.2通过电流元计算磁场中某一点的磁感应强度大小。

2.3能叠加磁感应强度。

2.4解释磁通量的含义。

3.理解磁场中的安培力。

3.1解释电流、磁感应强度和安培力三者大小与方向的关系。

3.2使用左手定则判断导线所受安培力方向。

3.3计算磁场中的安培力大小。

4.应用磁场知识解决实际问题。

4.1在匀强磁场模型中分析电流受力并计算磁场或力学相关物理量。

4.2依据磁场知识制作简易电流天平并完成电流天平的定标。

4.3在"电磁炮"等类似情境中解释其原理并计算其炮弹速度。

【核心任务】

同学们,托盘天平是我们常见的质量测量仪器,但是其测量精度并不是很高,而且操作比较麻烦,无法完成一些快速测量任务,所以现在实验室里配备了电流天平。

在本单元学习中,我们一起来制作电流天平。要制作电流天平,我们需要思考与解决的问题有:什么是磁场?磁场中的电流受到什么力作用?磁场中的力有什么特点,如何计算这个力?如何利用这个力的特性制作电流天平?电流天平的刻度如何标定?

让我们带着这些任务进入新单元的学习吧!

【课时安排】

本单元学习共4课时。第一、二课时完成段落一"观念认知";第三课时完成段落二"观念整合";第四课时完成段落三"观念应用"。

第一课时

【内容段落】

段落一,观念认知。

【侧重目标】

目标1.1、1.2、1.3、1.4。

【评价任务】

1.完成"小组合学1",评估目标1.1。

2.完成"小组合学2",评估目标1.2、1.3。

3.完成"小组合学3",评估目标1.4。

【学习过程】

一、先行学习

任务1:阅读书本第105页"电和磁的联系"和"磁场"两块内容,观察书本中图13.1-2和图13.1-3,思考:

(1)什么是磁场?

(2)图13.1-2可以看作导线放在磁体产生的磁场中受到了力的作用。如何用这种观点来解释图13.1-3的现象?综上,你可以总结出磁场存在怎样的特性?

任务2:阅读书本第106页"磁感线"和"安培定则"两块内容,完成:

(1)每组配备一块条形磁铁和通电直导线以及15枚小磁针,通过小磁针摆放,确定条形磁铁和通电直导线周围的磁感线,并说明理由。

(2)利用通电直导线的磁感线分布,介绍如何使用安培定则确定磁场方向。

(3)利用安培定则,描绘下图所示的环形电流和通电螺线管的磁感线分布。

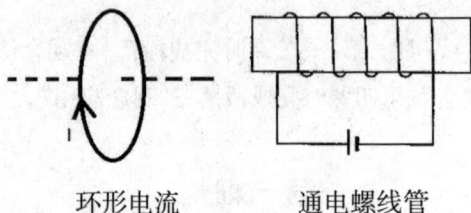

环形电流   通电螺线管

任务3:

(1)据任务1和任务2,总结磁感线的特点(2条以上)。

(2)观察下列地磁场的磁感线,总结地磁场特点(4条以上)。

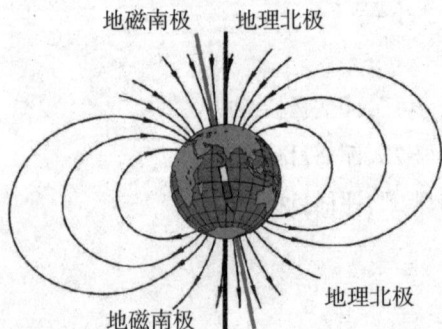

二、交互学习

段落一 观念认知

〖**小组合学1**〗

围绕先学任务1,通过小组研讨、展示评析,学生能:

(1)说出磁场是传递磁力相互作用的物质。

(2)磁场可以由电流或磁体产生,对放入其中的电流或磁体产生力的作用。两根电流产生磁力,可以理解为一根电流产生磁场,磁场对其中的电流产生力。

〖**小组合学2**〗

围绕先学任务2,通过小组研讨、展示评析,学生能:

(1)通过小磁针N极指向确定磁场的方向,通过小磁针形成的轮廓线,画出如下图所示的条形磁铁和通电直导线的磁感线。

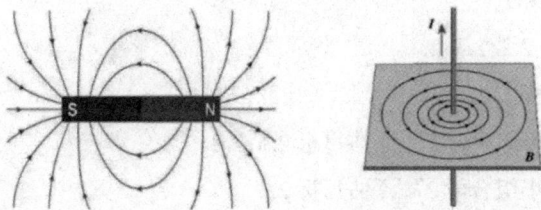

(2)明确让右手握住导线,让伸直的拇指与电流方向相同,弯曲的四指方向就是磁感线环绕的方向。

(3)根据安培定则,画出如下磁感线图。

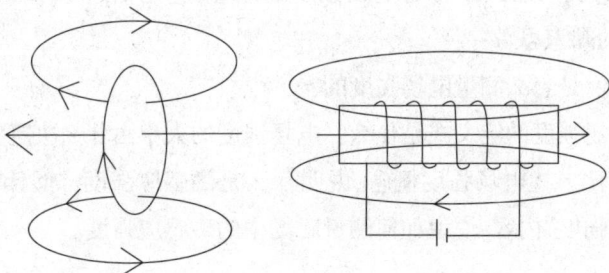

〖小组合学3〗

围绕先学任务3,通过小组研讨、展示评析,学生能总结:

(1)①磁感线的疏密表示磁场的强弱。②磁感线切线方向表示磁场方向。③磁感线是闭合曲线。④磁感线不能相交。⑤磁感线不是真实存在的。

(2)①磁感线从地理南极指向地理北极。②与条形磁铁磁场类似。③两极磁场较强,赤道较弱。④高度越高,磁场越弱。⑤存在磁偏角。⑥北半球磁场斜向下,南半球磁场斜向上,赤道磁场和地面平行。

第二课时

【内容段落】

段落一,观念认知。

【侧重目标】

目标2.1、2.2、2.3、2.4。

【评价任务】

1.完成"小组合学1",评估目标2.1、2.2。

2.完成"小组合学2",评估目标2.3。

3.完成"练习运用",评估目标2.3。

4.完成"小组合学3",评估目标2.4。

【学习过程】

一、先行学习

任务1:我们已经学习过电场强度的概念,它是描述电场强弱的大小。根据所学的知识思考:

(1)我们是怎么测量电场强度的?

(2)电场强度的定义式是什么?电场强度的大小由什么决定?

(3)类比上述电场强度概念,说明什么是磁感应强度。阅读书本第110页"磁感应强度"内容,说说如何测量磁场中的磁感应强度。

(4)若把长0.10m的直导线全部放入匀强磁场中,保持导线和磁场方向垂直。当导线中通过的电流为3.0A时,该直导线受到的安培力的大小为1.5×10^{-3}N,则该匀强磁场的磁感应强度大小为多少?

任务2:

(1)电场强度的叠加遵循什么规律?为什么?那么磁感应强度呢?

(2)如下图,两根导线A、B中通大小相同,方向相反电流,求其连线中点的磁感应强度方向。

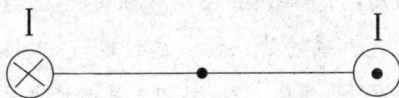

任务3:阅读书本第112页"磁通量"内容,思考:

(1)什么是磁通量?如何计算磁通量?

(2)计算下图中Ⅰ、Ⅱ、Ⅲ、Ⅳ四个区域的磁通量,并思考计算磁通量时应该注意什么?(至少写两条)

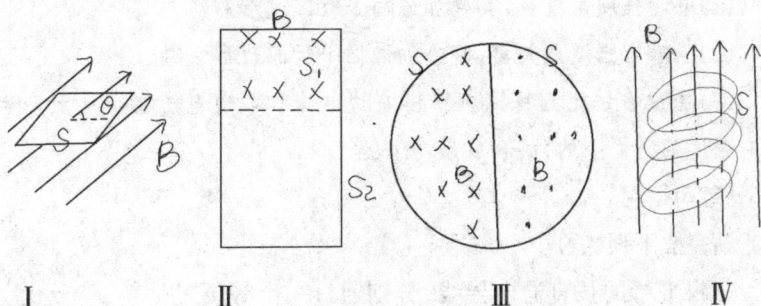

Ⅰ   Ⅱ   Ⅲ   Ⅳ

Ⅰ.将面积为S的矩形线框水平放置,匀强磁场磁感应强度为B,与水平方向夹角为θ。

Ⅱ.线框面积为S_2,匀强磁场磁感应强度为B,方向垂直于纸面向里,局限于S_1区域内。

Ⅲ.面积为$2S$的圆形线框,一半放置于向里磁场,一半放置于向外磁场,磁感应强度为B。

Ⅳ.匝数为n、面积为S的线圈水平放置,磁场竖直向上,磁感应强度为B。

二、交互学习

段落一　观念认知

〖小组合学1〗

围绕先学任务1,通过小组研讨、展示评析,学生能:

(1)测量电场强度是根据试探电荷在电场中的受力来确定电场的。

(2)定义式为$E=F/q$,电场强度由场本身性质决定,与F和q无关。

(3)磁感应强度,代表磁场的强弱。通过电流元在磁场中受力测量,若电流与磁场垂直的情况下,有$B=F/IL$,其中F是电流元所受的力,I是电流元电流的大小,L是导线的长度。

通过$B=F/IL$可以计算得$B=5\times10^{-3}$ T。

〖小组合学2〗

围绕先学任务2,通过小组研讨、展示评析,学生能:

(1)电场强度是矢量,其叠加遵循平行四边形法则。

(2)磁感应强度是矢量,其叠加遵循平行四边形法则。

(3)通过右手定则可以判断出左边电流和右边电流在中点上产生的磁感应强度都是向下的,故合成后向下。

〖练习运用〗

请完成下列练习。

三根平行的长直通电导线,分别通过一个等腰直角三角形的三个顶点且与三角形所在平面垂直,如右图所示。现在使每根通电导线在斜边中点O处所产生的磁感应强度大小均为B,则下列说法中正确的有(　　)(多选)。

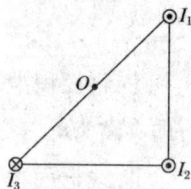

Ⅰ.O点处实际磁感应强度的大小为B

Ⅱ.O点处实际磁感应强度的大小为$\sqrt{5}\ B$

Ⅲ.O点处实际磁感应强度的方向与斜边夹角为90°

Ⅳ.O点处实际磁感应强度的方向与斜边夹角正切值为2

通过练习讲评,明确如下。

由题意可知,三根平行的通电导线在 O 点产生的磁感应强度大小相等,方向如右图。

则：$B_合 = \sqrt{B^2 + (2B)^2} = \sqrt{5}\,B$,故 I 错误,II 正确,设 O 点处实际磁感应强度的方向与斜边的夹角为 α,根据平行四边形法则,结合三角函数关系,则有：$\tan \alpha = \dfrac{2B}{B} = 2$。所以磁感应强度的方向与斜边夹角正切值为 2,故 III 错误,IV 正确。

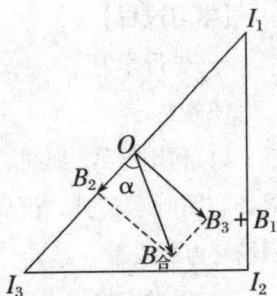

〖小组合学3〗

围绕先学任务3,通过小组研讨、展示评析,学生能：

(1)用磁通量表示磁感应强度和面积的乘积。

(2)其中,$\phi_A = BS\sin\theta$、$\phi_B = BS_1$、$\phi_c = 0$、$\phi_D = BS$。应注意：①非垂直情况下,计算磁通量需要乘以夹角正弦值。②其中 S 为有效面积。③磁通量有正负,表示的是进出线圈,且运算时正负值会抵消。④磁通量与匝数无关。

第三课时

【内容段落】

段落二,观念整合。

【侧重目标】

目标3.1、3.2、3.3。

【评价任务】

1.完成"小组合学1",评估目标3.1。

2.完成"小组合学2",评估目标3.2。

3.完成"练习运用",评估目标3.2。

4.完成"小组合学3",评估目标3.2、3.3。

【学习过程】

一、先行学习

任务1：

（1）利用导线、细线、马蹄形磁铁等道具完成如右图所示实验。设计实验表格探究电流、磁场与力的关系。

（2）通过表格记录结果，尝试用最简洁的话归纳三者关系的规律。

任务2：阅读"左手定则"后思考：

（1）该定则符合我们的实验结论吗？用该定则演示一组实验结果。

（2）尝试解决以下问题。

如下图所示，在匀强磁场中用两根柔软绝缘的细线将金属棒ab悬挂在水平位置上，金属棒中通入由a到b的恒定电流I，这时两根细线均被拉紧，现要想使两根细线对金属棒的拉力变为零，可采用以下哪种方法（　　）。

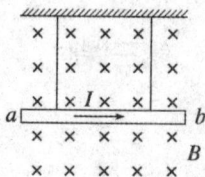

I．适当增大电流I　　　　Ⅱ．将电流反向并适当改变大小

Ⅲ．适当减小磁感应强度　　Ⅳ．将磁场反向并适当改变大小

任务3：

（1）通过磁感应强度的定义，思考如何计算电流在磁场中受到的力，即安培力。

（2）确定以下情境中的安培力大小与方向，并思考对于安培力的计算需要注意哪几点（至少写两点）。

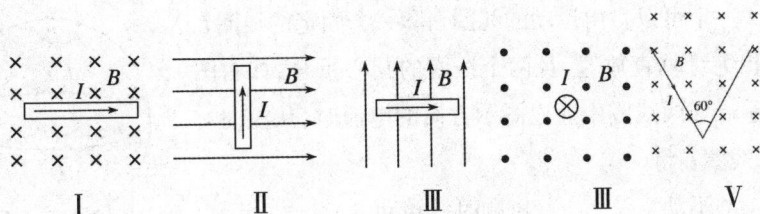

I   II   III   III   V

二、交互学习

段落二　观念整合

〖小组合学1〗

围绕先学任务1,通过小组研讨、展示评析,学生能:

(1)填写表格:

组	磁场方向	电流方向	受力方向
1	N在上	向左	前
2	N在上	向右	后
3	S在上	向左	后
4	S在上	向右	前

(2)达成结论:

①磁场方向、电流方向和受力方向三者两两垂直。

②单独改变电流或磁场方向,受力会变化。若同时改变电流磁场方向,受力不变。

〖小组合学2〗

围绕先学任务2,通过小组研讨、展示评析,学生能:

(1)用左手定则演示一组实验数据,说明该定则符合实验结论。

(2)由左手定则可知,金属棒所受安培力方向竖直向上,由此可知 $BIL + 2F = mg$(F 为每根细线的拉力),要想使两根细线对金属棒的拉力变为零,可增大安培力大小,由安培力公式可知选项 I 正确。

〖练习运用〗

请完成下列练习。

一个可以自由运动的线圈 L_1 和一个固定的线圈 L_2 互相绝缘垂直放置,且两个线圈的圆心重合,如右图所示。当两线圈中通以图示方向的电流时,从左向右看,线圈 L_1 将(　　)。

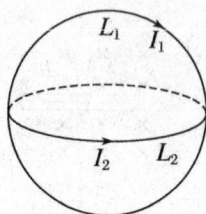

A.不动　　　　　B.顺时针转动

C.逆时针转动　　D.在纸面内平动

通过练习讲评,学生能:

(1)明确B为正确答案。

(2)知晓自己的表现属于哪一层次,并知道应该达到哪个层次,在该题上存在哪些问题。

层次	问题解决水平简述	在该题上的表现
1	不能理解问题,被问题中的无关信息迷惑	无法形成思路
2	只使用一个线索简单推论,便立即跳到结论,无法做出中间的推理	知道要从安培力角度,判断 L_2 的旋转情况,但是由于不知道磁场情况或是不知道怎么判断安培力方向,从而无法得到正确答案
3	能够找到多个线索,寻找到本题的关键步骤,但无法完成整合这些线索进行顺利或者完备的推理	能够通过 L_2 的电流情况得到磁场情况,但是在左手定则判断上存在问题
4	能够使用所有线索,形成一条完整的思路,并组织线索进行顺利的推理	能够通过 L_2 的电流情况得到磁场情况,再通过左手定则得到安培力方向并得到正确的答案
5	能够形成多条思路,拓展问题本身的意义,归纳解决问题的方法	能够通过 L_2 的电流情况得到磁场情况,在通过左手定则得到安培力方向并得到正确答案的基础上,想到该模型与同向电流相吸模型的相似之处,进而做出快速判断

〖小组合学3〗

围绕先学任务3,通过小组研讨、展示评析,学生能:

(1)通过磁感应强度定义$B=F/IL$得到安培力表达式:$F=BIL$。

(2)分别计算得到安培力:

$F_A = BIL$,向上;$F_B = BIL$,向里;$F_C = BIL$,向外;$F_D = 0$;$F_E = BIL$,向上。

应注意:①磁场和电流垂直时,$F=BIL$。②磁场和电流平行时:$F=0$。③任意情况:$F=BIL\sin\theta$。④安培力的等效长度:将一段电流的首尾相连的长度为等效长度,安培力垂直于该线段。

第四课时

【内容段落】

段落三,观念应用。

【侧重目标】

目标4.1、4.2、4.3。

【评价任务】

1.完成"小组合学1",评估目标4.1。

2.完成"小组合学2",评估目标4.2。

3.完成"练习运用",评估目标4.3

【学习过程】

一、先行学习

任务1:如下图所示,在倾角为$\theta = 30°$的斜面上,固定一宽$L = 0.25$m的平行金属导轨,在导轨上端接入电源和滑动变阻器R。一质量$m = 20$g的金属棒ab与两导轨垂直并接触良好。整个装置处于磁感应强度$B = 0.80$T、垂直于斜面向上的匀强磁场中(导轨与金属棒的电阻不计)。金属导轨是光滑的,取$g = 10$m/s^2,金属棒在导轨上保持静止,求通过金属棒的电流的大小。

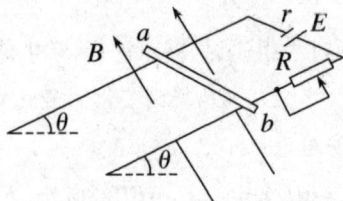

任务2:要求学生分组制作简易电流天平。提供仪器:中空通电螺线管、平衡塑料板(连接指针)、轻质导线、底座与指示板、不同规格质量砝码、尺子、电流表、dis磁感应传感器、学生直流电源、滑动变阻器等。要求:

(1)组装仪器,并说明该电流天平的操作方法与原理。

(2)如何确定该问题中的磁场与电流以及安培力的大小与方向。

(3)如何用电流天平测量质量未知的物体,尝试测量身边某物体并展示说明。(若测量不精确,思考有什么方法可以改进)

二、交互学习

段落三　观念应用

〖小组合学1〗

围绕任务1,通过小组研讨、展示评析,学生能:

分析金属棒静止在金属导轨上受力平衡,如右图所示,$F_安 = mg\sin 30°$,代入数据得 $F_安 = 0.1$ N,由 $F_安 = BIL$,得 $I = \dfrac{F_安}{BL} = 0.5A$。

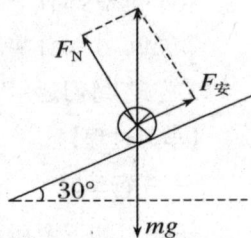

〖小组合学2〗

围绕任务2,通过小组研讨、展示评析,学生能:

(1)完成电流天平制作。

说明其本质原理为:能够画出电流天平的大致原理图。如下图所示,螺线管通电后,能够在内部产生水平方向的类匀强磁场,将平衡板右端放置导线(导线垂直于磁场),通上电流,则导线会受到向下的安培力,进而和右边的重物平衡。故通过电流就可以知道右边重物的质量。

(2)可以通过磁感应强度传感器测量出导线处的磁感应强度大小,通过电流表测量通过导线的电流大小，通过尺子测量出导线的长度，即可以求得安培力大小。

(3)①明确答案，通过安培力＝重力进行计算，得到电流 $I = \dfrac{mg}{nBL}$，故该问题只要知道出线圈匝数 n，重力加速度 g，导线在磁场内的有效长度 L，磁感应强度 B，即可测量。

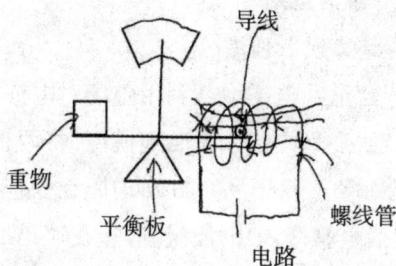

②明确自己的表现属于哪一层次，并知道应该达到哪个层次，在该题上存在哪些问题。

层次	问题解决水平简述	在该题上的表现
1	不能理解问题，被问题中的无关信息迷惑	无法形成思路，不知道测量未知质量的物体
2	只使用一个线索简单推论，便立即跳到结论，无法做出中间的推理	能够知道利用安培力测量，但是无法说出它和质量有什么关系
3	能够找到多个线索，寻找到本题的关键步骤，但无法完成整合这些线索进行顺利或者完备的推理	知道控制平衡板两边长度相等，根据安培力＝重力，从测量出安培力得到重力的大小。但是在实际测量上存在问题，不知道应该测量哪些量来计算
4	能够使用所有线索，形成一条完整的思路，并组织线索进行顺利的推理	可以根据安培力＝重力，从测量出安培力得到重力的大小，且在实际测量中也可以测量出安培力大小，但是无法解释实验误差，无法做出改进
5	能够形成多条思路，拓展问题本身的意义，归纳解决问题的方法	可以利用现有仪器，如将已知质量的砝码质量与电流天平的电流进行对应，进而根据电流与质量的线性对应关系对其他电流对应的质量进行分析，此过程为更精确的定标过程，进而提高电流天平的精确性

〖练习运用〗

请完成下列练习。

轨道式电磁炮是利用磁场对电流的作用力,把电能转变成机械能的发射装置。下图为一电磁炮模型,将两根长为S_0=100m、互相平行的铜制轨道放在垂直于轨道平面的磁场中,磁感应强度B=2.0×10⁻⁵T,质量m=2.0g的弹体(包括金属杆PQ的质量)静止在轨道之间宽L=2m的金属架上,通电后通过弹体的电流I=10A,弹体在运动过程中所受阻力$f_{\text{恒}}$为4.0×10⁻⁵N,求该弹体最终以多大速度离开轨道。

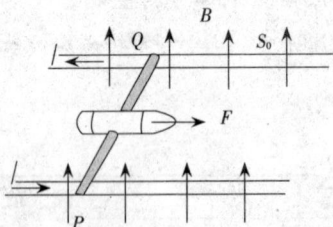

通过练习讲评,明确如下。

对弹体进行受力分析,受到安培力F和摩擦力f作用,其中安培力$F=BIL$,对弹体使用动能定理有:

$$(F-f)S_0 = \frac{1}{2}mv^2,\ \text{解得}: v = \sqrt{\frac{2(BIL-f)S_0}{m}} = 6\text{ m/s}\text{。}$$

三、后续学习

请完成下列练习,评测、反思本单元学习。

1.“特斯拉”是下述哪个物理量的单位( )。

A.电容　　　B.电场强度　　　C.磁通量　　　D.磁感应强度

2.关于磁场和磁感线,下列说法正确的是( )。

A.单根磁感线可以描述各点磁场方向和强弱

B.磁体之间的相互作用是通过磁场发生的

C.磁感线是磁场中客观真实存在的线

D.磁感线总是从磁体的N极出发,到S极终止

3.关于通电直导线在匀强磁场中所受到的安培力,下列说法正确的是( )。

A.安培力的方向可以不垂直于直导线

B.安培力的方向总是垂直于磁场的方向

C.安培力的大小与通电直导线和磁场方向的夹角无关

D.将直导线从中点折成直角,安培力的大小一定变为原来的一半

4.如下所示的四幅图都是通电直导线放入匀强磁场中的情况,其中直导线所受安培力为零的是( )。

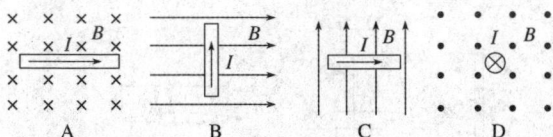

5.如下图所示的四个实验现象中,不能表明电流能产生磁场的是( )。

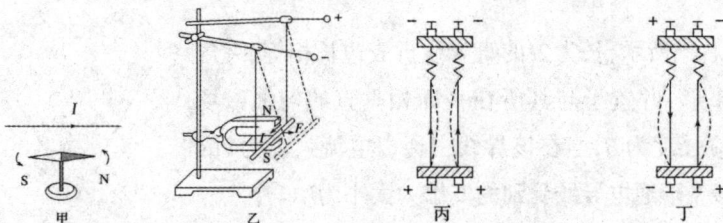

A.甲图中,导线通入电流时小磁针发生偏转

B.乙图中,通电导线在磁场中受到力的作用

C.丙图中,当电流方向相同时,导线相互靠近

D.丁图中,当电流方向相反时,导线相互远离

6.右图是条形磁铁的部分磁感线分布示意图,关于图中 a、b 两点磁场的描述,正确的是( )。

A.a 点的磁场方向为图中 B_a 指向

B.b 点的磁场方向为图中 B_b 指向

C.a 点的磁感应强度大于 b 点的磁感应强度

D.a 点的磁感应强度小于 b 点的磁感应强度

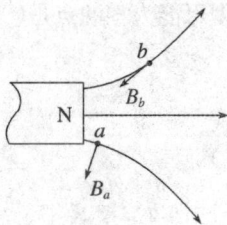

7.在磁场中某区域的磁感线如下图所示,则( )。

A.a、b 两处的磁感应强度的大小不等,且 $B_a > B_b$

B.a、b两处的磁感应强度的大小相等

C.同一通电导线放在a处受力一定比放在b处受力大

D.同一通电导线放在a处受力一定比放在b处受力小

8.下列各图中,已标出电流I、磁感应强度B的方向,其中符合安培定则的是(   )。

9.如右图所示,长为$2l$的直导线折成边长相等、夹角为$60°$的V形,并置于与其所在平面相垂直的匀强磁场中,磁感应强度为B,当在该导线中通以电流强度为I的电流时,该V形通电导线受到的安培力大小为(   )。

A.0   B.$0.5Bl$

C.Bl D.$2Bl$

10.如下图所示,两根相互平行的长直导线分别通有方向相反的电流I_1和I_2,且$I_1>I_2$;a、b、c、d为导线某一横截面所在平面内的四个点,且a、b、c与两导线共面;b点在两导线之间,b、d的连线与两导线所在平面垂直,磁感应强度可能为零的点是(   )。

A.a点   B.b点   C.c点   D.d点

11.如下图所示,用天平测量匀强磁场的磁感应强度。下列各选项所示的载流线圈匝数相同,边长MN相等,将它们分别挂在天平的右臂下方,线圈

中通有大小相同的电流,天平处于平衡状态。若磁场发生微小变化,天平最容易失去平衡的是( )。

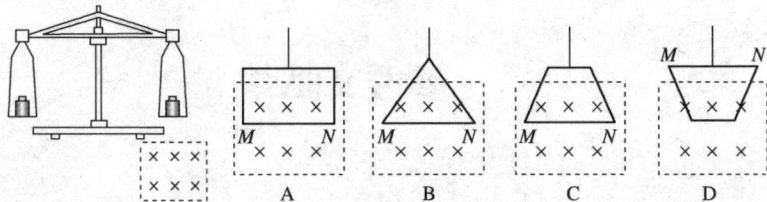

12.如右图所示,条形磁铁放在水平粗糙桌面上,它的正中间上方固定一根长直导线,导线中通过方向垂直纸面向里(与条形磁铁垂直)的电流,与原来没有电流通过时相比较,磁铁受到的支持力 FN 和摩擦力 Ff 将( )。

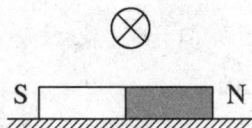

A.FN 减小,$Ff = 0$ B.FN 减小,$Ff \neq 0$

C.FN 增大,$Ff = 0$ D.FN 增大,$Ff \neq 0$

13.如下图所示,PQ 和 MN 为水平平行放置的金属导轨,相距 $L = 1m$。导体棒 ab 跨放在导轨上,棒的质量为 $m = 0.2kg$,棒的中点用细绳经定滑轮与一物体相连(绳与棒垂直),物体的质量为 $M = 0.3kg$。导体棒与导轨的动摩擦因数为 $\mu = 0.5(g$ 取 $10m/s^2)$,匀强磁场的磁感应强度 $B = 2T$,方向竖直向下,为了使物体匀速上升,应在棒中通入多大的电流?方向如何?

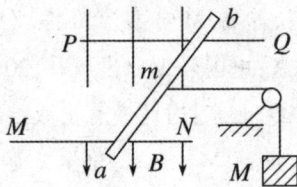

(鲍成章设计,徐和平指导)

参考文献

[1]余文森.核心素养导向的课堂改革[M].上海:上海教育出版社,2017.

[2]格兰特·威金斯,杰伊·麦克泰格.追求理解的教学设计(第二版)[M].闫寒冰,等译.上海:华东师范大学出版社,2017.

[3]格兰特·威金斯,杰伊·麦克泰格.理解为先单元教学设计实例:教师专业发展工具书[M].盛群力,等译.宁波:宁波出版社,2020.

[4]林恩·埃里克森,洛伊斯·兰宁.以概念为本的课程与教学:培养核心素养的绝佳实践[M].鲁效孔,译.上海:华东师范大学出版社,2018.

[5]尤小平.学历案与深度学习[M].上海:华东师范大学出版社,2017.

[6]皮连生.教学设计:心理学的理论与技术[M].北京:高等教育出版社,2006.

[7]诺曼·E.格朗伦德,苏珊·M.布鲁克哈特.设计与编写教学目标(第八版)[M].盛群力,等译.北京:中国轻工业出版社,2017.

[8]李秉德.教学论[M].北京:人民教育出版社,1991.

[9]张轶.教学原理与设计[M].北京:化学工业出版社,2010.

[10]卢明,崔允漷.教案的革命:基于课程标准的学历案[M].上海:华东师范大学出版社,2016.

[11]王少非.促进学习的课堂评价[M].上海:华东师范大学出版社,2018.

[12]周文叶.中小学表现性评价的理论与技术[M].上海:华东师范大学出版社,2014.

[13]詹姆斯·波帕姆.促进教学的课堂评价[M].国家基础教育课程改革

"促进教师发展和学生成长的评价研究"项目组,译.北京:中国轻工业出版社,2003.

[14]约翰·B.比格斯,凯文·F.科利斯.学习质量评价:SOLO分类理论可观察的学习成果结构[M].高凌飚,等译.北京:人民教育出版社,2010.

[15]崔允漷.有效教学[M].上海:华东师范大学出版社,2009.

[16]陈佑清.学习中心教学论[M].北京:教育科学出版社,2019.

[17]中华人民共和国教育部.普通高中课程方案(2017年版)[S].北京:人民教育出版社,2018.

[18]中华人民共和国教育部.普通高中语文课程标准(2017年版)[S].北京:人民教育出版社,2018.

[19]中华人民共和国教育部.普通高中数学课程标准(2017年版)[S].北京:人民教育出版社,2018.

[20]中华人民共和国教育部.普通高中化学课程标准(2017年版)[S].北京:人民教育出版社,2018.

[21]中华人民共和国教育部.普通高中历史课程标准(2017年版)[S].北京:人民教育出版社,2018.

[22]中华人民共和国教育部.全日制义务教育课程标准(实验稿)[S].北京:北京师范大学出版社,2001.

[23]钟启泉.基于核心素养的课程发展:挑战与课题[J].全球教育展望,2016(1).

[24]李润洲.继承与超越——"三维目标"与"核心素养"的异同辨析[J].当代教育科学,2016(22).

[25]李润洲.指向学科核心素养的教学设计[J].课程·教材·教法,2018(7).

[26]卜玉华.课型研究:架起理论与实践之间的桥梁[J].人民教育,2016(3-4).

[27]李松林.知识教学的突破:从知识到知识的知识[J].教育科学研究,2016(1).

[28]史宁中.学科核心素养的培养与教学——以数学学科核心素养的

培养为例[J].中小学管理,2017(1).

[29]钟启泉.单元设计:撬动课堂转型的一个支点[J].教育发展研究,2015(24).

[30]崔允漷.如何开展指向学科核心素养的大单元设计[J].北京教育(普教版),2019(2).

[31]崔允漷,雷浩.教—学—评一致性三因素理论模型的建构[J].华东师范大学学报(教育科学版),2015(4).

[32]崔允漷,尤小平.教学变革:从方案的专业化做起[J].当代教育科学,2017(9).

[33]郑葳.单元学习设计的价值追求[J].江苏教育,2019(30).

[34]程菊.重构学习单元,促进核心素养落地[J].基础教育课程,2019(7).

[35]温儒敏.统编高中语文教材的特色与使用建议[J].课程·教材·教法,2019(10).

[36]顿继安,何彩霞.大概念统摄下的单元教学设计[J].基础教育课程,2019(18).

[37]李卫东.大观念和核心学习任务统领下的大单元设计[J].语文建设,2019(21).

[38]叶海龙.逆向教学设计简论[J].当代教育科学,2011(4).

[39]张旭东,孙重阳.由峰至原:中学化学逆向教学设计的探讨与实践[J].化学教学,2019(3).

[40]包旭东,尤小平.学历案:促使每位学生"真学习"——江苏省南京市第一中学课堂教学方案的整体性变革探索[J].人民教育,2017(19).

[41]卞望来.指向深度学习的高中物理学历案设计研究——以"向心加速度"教学设计为例[J].物理教师,2019.

[42]颜士刚,冯友梅,李艺.聚焦核心素养的教育目标分类体系构建——兼论"三层结构"模型的生成逻辑[J].中国电化教育,2018(10).

[43]李艺,钟柏昌.谈"核心素养"[J].教育研究,2015(9).

[44]吴金财.高中地理"情感态度与价值观"目标及其设计、实施与评价[J].地理教学,2012(14).

[45]蔡永红.SOLO分类理论及其在教学中的应用[J].教师教育研究,2006(1).

[46]刘良华.什么是有效的讲授[J].人民教育,2014(8).

[47]张菊荣.表现性评价"点式课堂"突围的一种路径[J].江苏教育,2012(4).

[48]陈佑清."学习中心课堂"教学过程组织的逻辑及其实现策略[J].全球教育展望,2016(10).

[49]吕洋,王元华.文言教学可以去掉注释这根"拐杖"吗[J].人民教育,2014(24).

[50]余文森.先学后教:中国本土的教育学[J].课程·教材·教法,2015(2).

[51]任用镭.物理学科还应教给学生什么——结合实例谈物理学科核心素养如何达成[N].中国教育报,2016-07-13:012.

[52]李松林.走向整合的深度学习[N].中国教师报,2020-01-22:004.

[53]崔允漷.学历案:学生立场的教案变革[N].中国教育报,2016-06-09:006.

[54]柳夕浪.从课堂改革走向学科育人[N].中国教师报,2018-06-06:005.

后 记

　　近年来,作为学科教育新目标的学科核心素养理所当然地成了教育界研究与实践的重要课题。

　　如何让学科核心素养真正落地于课堂? 专家学者们高度一致地主张,就是必须从"课时主义"走向单元整体教学,而且大多从理论层面进行了充分的论证与初步的建构。

　　而对于一名基层教学研究者来说,着力要探索解决的是,如何把单元整体教学的理念与倡导转化为一线教师能认同、可实操的设计模板及可供他们借鉴的设计实例。倘若这个问题不解决,单元整体教学的改革主张恐怕很难化为广大教师常态化的、可持续的有效行动。

　　基于这样的理解,自2018年开始,"素养立意的单元教学设计"就成了笔者和研究团队共同研究的第一课题。当时我们确立的研究步骤为,第一步,研究普适于各学科的素养立意的单元教学设计原理与策略;第二步,进一步把普适原理和策略学科化与课型化,创立各学科新课型群。此书即是对第一步研究成果的阶段性总结。

　　本书说是"专著",其实是笔者的研究团队集体智慧的结晶。书中收录或列举的单元教学设计优秀课例,是他们在这两年中经过不断打磨形成的成果。研究团队的成员有冯晓波、鲍成章、王飒飒、陈柯钦、郑圆圆、陆佳、沈良、徐志燕、郭婷、朱旗平、朱昕旻、金伟国、胡建权、倪碧波、沈佳丽、王志汝、范佳琪、夏玲玲、汪文忠、戴志江、俞可、孔佳平、田小红、王滢、沈洋、俞波等。是他们把笔者的教学设计改革主张演绎成了具体的教学设计行为,使本书所介绍的单元设计模板与策略更具有实践性和操作性。在此,当由衷地说一声"谢谢"!

　　本书作为杭州市第三届重大教育科研成果,还要特别感谢课题指导教师——省教研室副主任张丰老师。他时时关注着本课题的研究进展情况,并多次提出方向性的意见建议,对笔者既有肯定,又有鼓励,更有鞭策,包括请他作序,一口应允,等等。这都是笔者所难以忘怀的。

　　本书在最后修改、增删、排版、定稿的过程中,笔者所在单位的徐云福、廖平才等几位同事也付出了辛勤的劳动,在此一并表示衷心的感谢!

　　限于本人水平,书中难免有错误和不妥之处,恳请广大教师批评指正。

徐和平

2020年10月8日

图书在版编目（ＣＩＰ）数据

素养立意的单元教学设计 / 徐和平著. —— 北京：
现代出版社, 2021.3
ISBN 978-7-5143-9039-1

Ⅰ. ①素… Ⅱ. ①徐… Ⅲ. ①教学设计－研究 Ⅳ.
①G42

中国版本图书馆 CIP 数据核字(2021)第040592号

作　　者：徐和平
责任编辑：窦艳秋
出版发行：现代出版社
通讯地址：北京市安定门外安华里504号
邮政编码：100011
电　　话：010-64267325　64245264（传真）
网　　址：www.xdcbs.com
电子邮箱：xiandai@cnpitc.com.cn
印　　刷：杭州万星印务有限公司
开　　本：710mm×1000mm　1/16
字　　数：29.5千字
印　　张：19.75
版　　次：2021年4月第1版　2021年4月第1次印刷
书　　号：978-7-5143-9039-1
定　　价：48.00元